보랏빛 영성

무아 방유룡 신부
영성의 심리학적 함의

일러두기

- 서론에서 일부는 제1권 《무아의 빛》에서 발췌했다.
- 《영혼의 빛》(1991년 판)은 방유룡 신부의 영가와 전례, 노래, 그리고 강론 등을 모아 놓은 책이다. 출처를 밝히지 않고 쪽수만 밝힌 것은 모두 《영혼의 빛》에 실린 글을 인용한 것이다.
- 제1권에서 주를 달았던 것은 중복하여 달지 않았으며, 본문에서 다룰 중요한 어휘는 주를 생략했다.
- 설명이나 해설을 붙이지 않고 인용한 글들은 독자의 이해를 돕고 필자의 해석을 검증하기 위한 것이다.
- 방유룡 신부의 강론은, 다른 사람이 강론 중에 빨리 빨리 받아 적은 것이므로 말이 생략되거나 어법이 맞지 않은 경우가 있음을 감안해서 읽어야 한다.
- 각 장이 시작되는 곳의 시는 방유룡 신부가 지은 노랫말에서 따온 것이다.

보랏빛 영성
무아 방유룡 신부 영성의 심리학적 함의

초판 1쇄 인쇄일_ 2012년 4월 21일
초판 1쇄 발행일_ 2012년 4월 27일

지은이_ 김춘희
펴낸이_ 최길주

펴낸곳_ 도서출판 BG북갤러리
등록일자_ 2003년 11월 5일(제318-2003-00130호)
주소_ 서울시 영등포구 여의도동 14-5 아크로폴리스 406호
전화_ 02)761-7005(代) | 팩스_ 02)761-7995
홈페이지_ http://www.bookgallery.co.kr
E-mail_ cgjpower@yahoo.co.kr

ⓒ 김춘희, 2012

값 22,000원

* 저자와 협의에 의해 인지는 생략합니다.
* 잘못된 책은 바꾸어 드립니다.

ISBN 978-89-6495-031-9 03230

이 도서의 국립중앙도서관 출판시도서목록(CIP)은 e-CIP홈페이지
(http://www.nl.go.kr/ecip)와 국가자료공동목록시스템(http://www.nl.go.kr/kolisnet)
에서 이용하실 수 있습니다.(CIP제어번호 : CIP2012001751)

보랏빛 영성

🌿🌿 무아 방유룡 신부 영성의 심리학적 함의

김춘희 지음

BG 북갤러리

無我 方有龍

修道根本精神
監牲 洗監 對越 麵彰

방유룡 신부의 친필

책을 펴내며……

어떤 분과 대화중에 책상 앞에 걸려 있는 사진을 가리키며 무아 방유룡 안드레아 신부님에 관해서 말을 하게 되었다. 그분은 "수녀님 아버지 사진인 줄 알았어요." 한다. 순간적으로 아니라고 말했지만 "아버지 맞긴 맞다. 우리 사부師父시니……"라고 한 적이 있었다. 다시 사부님의 아름다운 미소를 보며, 이 글을 쓰게 되는 시점까지 오게 되었음을 기쁘게 생각하며 깊은 감사를 드린다.

이 책은 필자의 박사 논문 〈동방의 빛-무아 방유룡 안드레아 신부의 해석적 전기와 통합신비 영성의 심리학적 함의〉(2009)를 펴낸 것이다. 제1권 《무아의 빛》(2011)은 방 신부님의 생애사를 다뤘고, 이 책 《보라빛 영성》은 신부님의 영성만을 다뤘다.

책의 제목을 '보라빛 영성'이라고 한 것은 사부님의 영성이 대통합을 이루는 영성이고 보라색은 통합을 상징한다고 생각한다. 파란색에 대극인 빨간색을 섞으면 보라색이 된다. 그래서 그런지 보라색을 영적인 색이라고 말하는 학자들이 있다. 무아 방유룡 신부님은 그의 영가에서 물과 불의 이미지를 많이 썼으며 자신 안에서 물과 불이 하나 되는 몸적·영적 신비체험을 많이 했다. 물은 파란색으로, 불은 빨간색으로 상징할 수 있다. 이현주 목사님도 방유룡 신부님의 영성의 빛깔을 '보랏빛'이라고 표현한 바 있다. 가톨릭교회 전례력에서 중요한 시기는 예수님의 부활과 성탄 시기다. 그래서 사제들은 부활을 준비하는 사순시기(40일)와 성탄을 준비하는 대림시기(4주)에는 보라색 제의를 입는다. 이만큼 보라색은 교회 안에서 중요한 상징적인 색깔이다. 아마도 이 시기에 우리는 내면의 분열성을 치유하고 통합, 극복해야 하는 내적 부름을 받고 있기 때문이 아닐까. 이런 것을 생각하면 그저 신비롭기만 하다.

얼마 전 한국트랜스퍼스날학회의 원로 학자들 앞에서 방 신부님의 영성을 발표한 적이 있었는데, 놀랍게도 방 신부님의 영적 담화 모임에 3년 동안 참석했다는, 동국대학교에 계셨던 김용정 교수님을 뵈었다. 그분은 늘 마음속으로 방 신부님의 영성을 누가 연구하기를 기다렸었다고 토로하셨다. 김 교수님은, 방 신부님은 동양의 유불선 여러 고전들을 많이 연구하셔서 이에 대단히 능통하셨으며, 당대 저명한 학자들과 동서를 넘나드는 대화에 거침이 없었다고 말한다. 또한 그분의 가르침과 나눔의 시간은 3시간 정도 이어졌는데도 전혀 지루하지 않았을 뿐만 아니라 재미있었다고 전한다. 당시 철학계나 다양한 종교계의 인사들은 — 특히 '도道와 정신치료'에 대한 연구로 정신치료나 심리학계에 선구적 역할을 했던 이동식 박사를 비롯하여 — 거의 방 신부님의 영적 모임을 거쳐 갔다는 것이다. 나는 다시 한 번 내 눈을 더 넓혀야겠다는 생각을 하게 되었다.

《무아의 빛》을 읽어주시고 재미있었다고 평을 해 주신 분도 많았다. 우리 공동체의 창설 신부님에 대한 새로운 앎과 자부심을 갖게 해 주어서 좋았다는 분들도 있었다. 방유룡 신부의 영성을 이해하기 위해서는 제1권을 먼저 읽기를 부탁하고 싶다. 방 신부님의 영성에 심리학적 해석을 붙이고 심리학적 함의를 캐어 내는 작업이 만만한 것은 아니었으나 더 깊이 있게 더 넓게 들여다보지 못한 아쉬움이 남는다. 어차피 방 신부님의 영성의 전모를 드러내는 것이 우선적 목표였으므로 적당한 미련을 남겨 두기로 했다.

우리는 아직도 우리의 정신문화에 자신이 없고 심지어 불교나 다른 동양 정신에 대한 연구도 서양의 학자들이 연구한 것을 역수입해 와 공부하고 있는 실정을 본다. 이제는 우리 민족의 드높았던 의식과 정신문화에 대한 눈뜸과 자부심을 가질 때가 되었다고 생각한다. 아울러 세계 그리스도교 영성사에 새로운 물길을 낸 방 신부님의 통합 신비 영성에 대한 연구가 계속 이어지고 이 영적 샘물을 많은 이들이 즐길 수 있게 되기를 희망하며 마음에 불을 댕긴다.

이 책에 사용한 그림들은 필자가 그려 놨던 것들을 사용했다. 새로 그리려니 시간적 문제로 부담이 되었다. 전형적 만다라 형식은 아니지만 신부님의 통합적 영성이 균형과 조화를 중시하고 있기 때문에 이 만다라 그림들을 곁들였다.

2012년 4월 21일 한국순교복자수녀회 창설기념일에
봄빛 충만한 청파언덕에서

나운비 A. 클라라 수녀

머리말

　가톨릭교회의 2,000여 년의 역사를 들여다보면 교회가 내적으로 쇠약해지거나 위기에 처해 있을 때마다 성인들이 출현하였고, 이들의 영성과 이들이 일군 수도 공동체가 교회 내에 영적 쇄신의 바람을 일으켜 왔다. 위기 때마다 이들이 새로운 혼을 불어넣어 줌으로써 교회는 장구한 역사의 맥을 지금까지 이어 오고 있는 것이다. 그래서 가톨릭교회는 수도자들을 '교회의 꽃'이라는 표현을 쓴다. 세상 사람들과는 단절하고 단순 소박하게 숨은 듯 살았던 수도 성인들이 누구보다 더 깊이 세상의 어려움과 아픔 속으로 다가오고, 세상을 향해 더 큰 울림을 준다는 것은 깊은 역설이 아닐 수 없다.

　오늘을 사는 세상 사람들은 – 종교를 갖고 있는 사람들과 자신들을 무신앙인 혹은 무종교인이라고 말하는 사람들조차도 – 물질과 과학이라는 두 신을 함께 섬기고 있는 듯하다. 상대적으로 인간의 드높은 정신과 영성은 억압되고 무시되고 고갈되어 가고 있으며, 기존의 종교들은 인류의 성장과 진화라는 우주적 목표에 힘찬 비전을 제시하지 못하고 있는 것 같다. 이는 기성 종교가 영적 자산은 가지고 있지만 현대인과 현대 생활에 적응, 쇄신하지 못하고 분열된 채로 세상 사람들과의 소통에 미흡하거나 실패하고 있음을 말해주고 있다.

한국 가톨릭교회만 보더라도 초기 교회 신앙인들과 순교자들 시대의 높은 비전과 영성은 점점 퇴색되어 왔다. 미래의 교회 모습을 분석하는 이들은 유럽의 교회와 마찬가지로 이 흐름은 앞으로도 계속 하향 선을 그을 것이라고 전망하고 있다. 이러한 현상에 대한 원인은 여러 가지가 있다고 볼 수 있으나, 신자들이 의식의 성장이나 영적 성장을 도모하는 의미에서의 신앙생활을 하기보다는 신앙적 가르침의 핵심에 도달하지 못하고 아직도 기복적 의식수준에 머물러 있는 현상을 본다. 이것은 가톨릭교회가 훌륭한 영적 보화를 보유하고 있으면서도 이 시대의 신자들의 내적·영적 갈증을 충족시켜 주지 못하고 있다는 것을 단적으로 말해 주고 있다.

가톨릭미래사목연구소는 '21세기 종교 환경에 대한 연구'(2005)를 발표하였다. 그 내용에 따르면, 그동안 인류는 물질주의와 인본주의에 뿌리를 두었던 제2의 물결을 헤치고, 제3의 물결을 맞이하며 균형의 중요성을 강조했다. 제4의 물결은 통합을 강조하게 되면서 이제 정보공학, 생명공학, 나노기술 등이 주도하는, 즉 제3, 제4, 제5의 물결이 통합적으로 가속화되어 인간이 그동안 잃어버렸던 '정신'에 대한 연구로 이어질 것이라고 보고 있다. 정신에 대한 관심과 연구는 또한 '영'의 세계를 추구하는 방향으로 갈 것이라고 전망한다. 그래서 인류에게 도래할 새로운 인간상은 영적 능력을 가진 '수퍼super 인간', '초인超人'이며, 이러한 거시 동향은 엄청난 소용돌이를 몰고 종교계를 강타할 것이라고 예견했다. 그러므로 그 잠재적 충격량을 미리 볼 수 있어야 한다고 강조한다.

영성의 부재인 이 시대를 극복하고 다가올 미래 '영성의 시대'를 준비해야 하는 21세기를 위해, 시대의 어둠을 밝히며 고요한 여명의 빛으로 다가오는 성자가 있으니 그가 바로 수도자이며 사제인 '무아 방유룡 안드레아 신부'이다. 그는 현대의 성자란 어떤 삶을 사는가를 자신의 전 존재로서 보여 주며 산 모델로서 이 시대에 우뚝 다가온다.

　무아 방유룡 신부는 진리를 위해 목숨을 바쳤던 선각자들, 한국 순교자들의 숭고한 정신과 얼을 계승하여 한국 교회에 그들의 영적 유산을 불어넣어 주려고 순교정신 함양에 투신했다. 한 예를 든다면, 방유룡 신부는, 한국 순교자들이 복자품위에 오른 후부터는 세례를 줄 때 한국 교회 최초로 한국 순교자들의 이름을 받도록 했으며 수도자들에게도 허원을 발할 때 그들의 이름을 부여했다. 방 신부는 한국 천주교회를 설립한 초기 신앙인들의 드높았던 정신과 한국 순교자들의 영성을 계승하였을 뿐만 아니라 더욱 풍성하게 성장시켰다. 방유룡 신부의 영성은 한국의 정신사적 결실이라고 말할 수 있다.

　그는 신적 합일로 면형무아麵形無我의 정점에 도달한, 한국 아니 동양 그리스도 교회의 최초의 신비가로서, 그리스도교의 토착화와 문화선교의 선구자로서, 전례 개혁자로서 동양의 정신적 유산과 한국 고유문화를 지키고 고취시키고자 헌신했다. 특히 일제 강점기 본당 사목생활에 전념할 때는 청소년들과 여성들의 교육에 열정을 쏟았다.

　그는 최초로 한국적 영성을 바탕으로 하는 다섯 종류의 순수 토종 수도회인 한국순교복자 대가족 공동체의 창설자이다. 특기할 것은 수녀회 창설인가를 받을 때 이미 관상 수도회의 필요성을 깨닫고 한국 최초로 관상 공동체 인가를 교황청에 청원하였다.

　무아 방유룡 신부의 통합신비 영성은 앞으로 한국뿐만 아니라 세계인에게도 영적 생명을 풍부하게 나누어 줄 수 있는 위대한 영성이라고 당당하게 주장할 수 있다. 방유룡 신부의 영성은 동방의 고요한 아침의 나라에서 밝아 오는 여명의 빛이 될 것이다. 그의 영성은 동서고금을 아우르는 탁월함을 지니고 있기 때문이다. 그의 영성은 동양과 서양을 통합하고 심리학과 영성을 통합하며, 일상과 신비를 통합하고, 영성과 예술을 통합한 통합신비 영성이다.

무아 방유룡 신부의 영성은 인성의 증진, 즉 자아의 성장과 완성 그리고 통합을 철저하게 다루며 무아無我에 이르는 영적 여정에서 자아부정이 아니라 자아긍정, 즉 '유아有我'를 먼저 주장했다. 이러한 방 신부의 사상은 동·서 영성에서는 찾아 볼 수 없는 가르침이며, 그의 영성이 매우 현대적이며 심리학적인 것임을 말하고 있다.

그의 '통합신비 영성모형'과 '자아초월 심리학적 성장모형'은 인성의 발달적 측면뿐만 아니라 영적·신비적 차원에서도 정교한 발달모형을 제시하였다.

그의 영성은 영적 갈증을 가진 사람이면 누구나 마실 수 있는 샘물이며, 동양 사람이든 서양 사람이든 모두가 먹을 수 있는 '면형무아' 빵이다.

이 책은 필자의 박사 학위 논문인 〈동방의 빛 : 무아 방유룡 안드레아 신부의 해석적 전기와 통합신비 영성의 심리학적 함의〉를 단행본으로 엮은 것으로 그의 생애와 정신문화 그리고 영성세계를 탐구하였다. 연구 방법론은 질적 연구의 틀 안에서 방유룡 신부의 영성을 현상학적·해석학적 관점으로 심층 탐구하는 방법을 적용하였다. 이 연구 방법론은 무아 방유룡 신부의 영성을 비교, 분석하는 방법이 아닌, 그의 영성에 대한 새로운 발견과 이해 그리고 새로운 시각을 제시하는 것을 가능하게 했다. 그동안 생애사 탐구를 통하여 그에 대한 새로운 발견과 이해를 갖게 되면서, 탁월하고도 풍부한 보물의 광맥이 한국 사회에 그리고 그리스도교 신앙인들에게 잘 알려져 있지 않고 있음에 대하여 안타깝게 생각했던 마음이 이전보다 더욱 커지게 되었다.

제1권 《무아의 빛》은 무아 방유룡 안드레아 신부의 실재적 삶과 잔잔한 일상의 자취들을 발굴한 생애사만을 다룬 것으로 2011년 4월 21일에 출간하였다. 방유룡 신부의 영성에 대한 이해를 돕기 위해서는 먼저 제1권을 읽어 보기를 적극 권하고 싶다. 제2권인 이 책은 무아 방유룡 안드레아 신부의 통합신비 영성을 해석적 시각으로 소개하였다.

이 연구의 본래 목적은 방유룡 신부의 영성과 심리학을 통합하는 작업으로서 방 신부의 면형무아麵形無我 영성을 자아초월自我超越 심리학적 시각으로 조명하는 것이다. 이러한 작업은 그의 영성을 현대 심리학적 언어로 해석해 줌으로써 영성을 갈망하는 사람들이 보다 쉽게 그의 영적 샘물을 마실 수 있게 하기 위함이다. 무아 방유룡 신부의 해석적 생애사 연구와 그의 영성이 갖는 심리학적 함의를 캐내는 작업은 이 연구가 처음이며, 이 연구의 의의라 하겠다.

무아 방유룡 안드레아 신부는 유불선 문화가 낳은 대영성가이다. 우리는 하루빨리 서양 신학에 의존하는 태도에서 벗어나야 한다. 방유룡 신부의 영성은 숨겨진 대광맥과도 같다. 그가 살아 있을 때, 그는 제대로 평가받지 못했으며, 아직도 그는 알려지지 않고 있기 때문이다. 그의 영성을 널리 알려서, 영성을 갈망하는 이들의 영적 갈증을 풀어 주고, 훌륭한 우리 민족의 얼을 다시금 고양시키고자 하는 데 이 책의 큰 의미를 둔다.

제1장에서는 방유룡 신부의 생애와 업적을 간략하게 소개하며 방 신부의 영성의 바탕이 된 그리스도교 영성과 순교정신을 이해하는 데 도움이 되도록 한국 가톨릭교회의 설립 역사와 천주교에 대한 4대 박해를 개괄적으로 소개했다.

제2장에서는 무아 방유룡 안드레아 신부의 삶을 통해 피어난 영성의 전모全貌적 윤곽이 드러나도록 노력하였는데, 새로운 해석적 시각을 제시함으로써 방 신부의 영성에 대한 이해를 촉진하고 보다 가깝게 방 신부의 영성에 접근하도록 시도한 것이다. 방 신부의 영성의 바탕이 된 그리스도교의 영적 유산을 간략하게 소개하며, 인간의 몸에 대한 방 신부의 관점과 방 신부가 창안한 영성의 발달적 체계를 단계적으로 다루었다. 점성點性정신, 침묵沈默수련, 대월對越관상, 면형麵形무아가 그것이다. 이어 면형사제司祭와 면형제사祭祀 그리고 순교정신과 면형무아 영성을 다룬다.

제3장은 2장에서 의도적으로 충분히 다루지 않은 부분과 방 신부의 면형무아 영성을 자아초월 심리학과 일반 심리학적 관점으로 조명할 것이다. 이 작업은 필자가 수도생활에 몸담고 있으면서 성경의 가르침과 그리스도교의 영적 전통 그리고 심리학과의 통합적 작업이 절실하게 필요하다고 느껴왔기 때문에 시도한 것이다. 영적 생활로 나아가는 데 있어서 장애가 되는 심리적 이슈들을 더 이상 간과해서는 안 된다. 과거의 많은 영적 가르침들은 이 부분에 취약했다. 이제 현대 심리학이 이 분을 보충해 주고 있는 것이다.

제4장은 제1권에서 무아 방유룡 안드레아 신부를 통합의 천재라고 말한 바 있는데, 그가 어떻게 대통합을 이룩했으며, 왜 그의 영성이 실천적 영성이며, 통합적이며, 신비영성인가에 대하여 논했다. 또한 무아 방유룡 신부의 신비세계와 신적 합일의 체험과 방유룡 신부의 통합신비 영성에 대한 개괄적 특징을 다룬다. 이어서 윌버Wilber의 통합모형으로 방 신부의 '통합신비 영성 발달모형'을 조명해 봄으로써 무아 방유룡 안드레아 신부의 영성이 얼마나 풍부하게 통합적 사상을 내포하고 있는지 그 근거를 제시하였다. 이어 무아 방유룡 안드

레아 신부의 영성의 특징을 10가지로 종합 축약하였다.

제5장은 이 책의 결론으로서 각 장의 주제에 의한 결론적 고찰을 했으며 방유룡 신부의 자아초월 심리학적 '통합신비 영성 발달모형'을 제시하고, 아울러 가톨릭교회가 나아갈 비전과 무아 방유룡 신부 영성의 보급을 위한 제안도 실었다. 무아 방유룡 안드레아 신부의 영성은 세계 영성사에 새로운 빛을 던져주고 있음을 다시 한 번 강조하며 이 장을 마감하였다.

불나무 : 방유룡 신부를 상징함

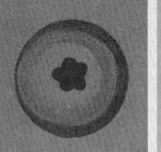

차례

책을 펴내며 …… / 6

머리말 / 9

제1장 대통합신비 영성가 무아 방유룡 신부
1. 무아 방유룡 안드레아 신부의 생애와 업적 … 23
2. 한국 가톨릭교회의 설립 … 39
3. 천주교 4대 박해 … 45

제2장 무아 방유룡 신부의 '면형무아' 영성
1. 그리스도교의 영적 유산 … 52
2. 인간의 몸에 대한 방유룡 신부의 시각 … 64
3. 점성정신點性精神 … 67
4. 침묵수련沈默修練 … 76
5. 대월관상對越觀想 … 85
6. 면형무아麵形無我 … 96
7. 면형사제와 면형제사 … 102
8. 순교정신과 면형무아 영성 … 107

제3장 면형무아 영성의 심리학적 함의
1. 무아 방유룡 신부의 인간관과 자아초월 심리학적 함의 … 115
2. 면형무아 영성의 심리학적 인성 발달론 … 136
3. 점성정신의 심리학적 조명 … 150

4. 침묵수련의 심리학적 조명 166
5. 고통의 신비의 심리학적 의미 200
6. 대월관상과 사랑의 심리학 214
7. 면형무아 심리학 239

제4장 '통합신비' 영성의 빛깔과 특징

1. 무아 방유룡 신부의 신비세계와 신비체험 256
2. 무아 방유룡 안드레아 신부의 '통합신비' 영성 262
3. 무아 방유룡 신부의 '통합신비 영성 발달모형'과
   윌버Wilber의 AQAL, IOS 통합 이론 274
4. 무아 방유룡 안드레아 신부 영성의 특징 288

제5장 결론 : 동방의 빛

1. 각 장의 주제에 의한 결론적 고찰 312
2. 자아초월 심리학적 '통합신비 영성 발달모형' 제시 321
3. 동방의 빛 324
4. 가톨릭교회가 나아갈 비전 330
5. 무아 방유룡 신부 영성의 보급을 위한 제언 332

책을 마치며 ...... / 334
참고문헌 / 341

제1장

대통합신비 영성가
무아 방유룡 신부

점성에서 싹트네
침묵으로 길나네
관상으로 빛나네

밤이 낮과 같아라
분심잡념 없는 맘
아! 참 찬란하여라

우리 사부師父님

이숙자 아오스딩 수녀

잔잔한 임의 미소 속에
주主님이 이루신 당신의 내밀을 엿보며
넘치는 희열에
우린 그저 잠잠할 수가 없습니다.
뵈오며 감탄합니다.

主님으로해 불타는 당신의 정념이
침묵沈默과 점성點性으로 조화 이루어
열성과 고요가 함께 어우르고
풍만과 소박이 함께하는
활기 넘친 평화를 이루었기에
어떤 솜씨 있어 당신을 이러히 아름답게 하셨답디까?

主님과 합일合一에만 마음 모두어
이름도, 물질도, 알음알이도 탐함 없이
'비움'만 바라 이름조차 무아無我라 하시더이다.

主님 사랑, 일치一致의 길을 풀어내시면
솔깃 당신께 귀 기울였던 우리
어느새 당신과 함께 높게 솟구치고
깊게 잠기면서

희희낙락 환희에 넘치었나이다.

나와 남의 짐에 눌리고 지쳐
쓴 상처에 메마른 마음을 가눌 길 없다가도
열띠우신 당신 말씀에
어느 듯 모든 시름 잊고
마음은 하늘을 날더이다.

자유가 무엇인지 임의 모습에서 배웠습니다.
천진하리만치 맑은 미소 속에
主님 안에 사랑으로 노니심 알게 하시니
순화純化의 극
極에 이른 단순함으로 말씀하실 때
뉘 있어 그 심오한 뜻을 모두 헤아리리까.
어느 듯 당신 사랑 우리에게 번져오고
다시 줄기찬 힘으로 이웃에게 번져갑니다.
작은 씨앗의 기적이 여기 있습니다.
당신 따라 우리 모두 오롯이 섬기는, 주님이 하신 일.
언뜻 보이는 인간의 연약함은
오히려 경탄을 자아낼 뿐입니다.

뉘 있어 당신을 이르라시면
태산준령도 당신이고
실개천 맑은 샘도 그렇다 하겠으며,
돌담 밑 과꽃의 순박도 당신이고

작열하는 태양 볕의
나리꽃 정열이라고도 하겠습니다.

또 다시 말하라 하면
가만히 입을 닫겠습니다.
고요히 사부師父님 안에 넘쳐흐르는 주님 사랑 들으렵니다.
부지런히 그 음률을 배워
어느 날 함께 노래하길 영원하렵니다.

들으십니까, 무한하신 주님이시여!
은은히 번져가는 저 찬가들을
主님이 택하신 우리 님께서,
오십년 전 첫 제단에서
시작한 노래이옵고
오늘 우리 모두 배워 합창하는 찬가입니다.
매일 더욱 아름답게, 더욱 우렁차게,
누리에 퍼져가게 하소서.
온 우주가 그로 해 主님의 찬미로 가득 차게 하소서.

1980년 방유룡 신부 금경 축일 헌시

무아 방유룡 안드레아 신부의
생애와 업적

  무아 방유룡 안드레아 신부는 20세기가 막 문을 연 1900년에 탄생하여 1986년에 선종했다. 방 신부가 영향을 받은 19세기와 20세기는 인류 역사에 있어서 대격변과 격동의 시대라고 할 수 있다. 이 시기에 우리 한국도 세계사와의 관계를 주고받으며 개혁과 변화를 위한 몸부림과 엄청난 피 흘림을 경험하며 수난의 역사를 겪어왔다.

  방 신부가 온 몸으로 체험한 것은 한국 가톨릭교회의 박해시대와 순교의 역사, 개방을 요구하는 외세의 거센 물결, 1, 2차 세계대전과 피폐한 구한말 조선 민족과 외세와의 부딪침, 한일합방(1910)으로 나라를 빼앗긴 암울함과 일제의 혹독한 탄압, 해방(1945)의 기쁨도 잠시 한국전쟁(1950)의 포화와 참혹한 피난의 행렬, 공산주의의 교회 박해와 민족 상쟁과 분단 그리고 연이어 독재자들에 저항하여 민주화를 위해 극심하게 몸부림했던 수난의 근현대사를 뚫고 지나 왔다.

  무아 방유룡 안드레아 신부는 서울 중구 정동(서소문 안 대한문 옆)에서 당시 궁내부 주사主事(정6품)로서 동시에 영국 공사관의 통역관으로 지내던 아버지 방경희 베드로와 어머니 손유희 아녜스 사이에서 육남매 중 네 번째 자녀로 탄생했다. 당시 고명한 한학자였던 조부 방제원 프란치스코는 예조판서를 지냈으며, 조선 교구 제8대 교구장인 뮈뗄 주교와 만주 연길 교구장이었던 브로이어 주교에게 학비를 받고 정식으로 한문을 가르쳤다.

방 신부는 신학교 초기(18세 때) 회심을 통하여 일대 혁명과도 같은 대전환을 이룬 후, 성인이 되겠다는 강한 입지를 세우게 된다. 이후 그는 일생 흔들림 없는 영적 여정을 통하여 깊은 관상적 생활에 몰입하게 되었다. 그는 신적 합일의 신비체험을 통하여 자신이 목표한 성인이 되었고, 더 나아가 '면형무아麵形無我'의 정점에까지 도달하였던 것이다.

방유룡 신부는 1930년 그의 나이 30세에 사제로 서품되면서 강원도 춘천 성당에서 사제직을 수행하기 시작하였다. 이어서 황해도의 장연, 재령, 해주, 개성 성당을 거쳐 서울의 가회동 성당과 제기동 성당에서 본당 사목자로 일했다. 황해도 재령 본당에서 방 신부는 34세의 청년 사제로서 남녀칠세부동석男女七歲不同席이라는 해묵은 유교적 폐습으로 생긴 성당 안에 설치되었던 남녀 구분 칸막이를 과감하게 철거하였다.

방유룡 신부의 집안은 서울에서 가장 먼저 상투를 잘랐다고 했는데, 집안의 정신문화를 받았기도 했겠지만 그는 자유로운 의식의 소유자였다. 참으로 자유를 누리는 자는 타인의 고통에 민감하며 타인을 자유롭게 만드는 데 노력을 경주하는 것이다.

황해도 지역에서의 사목활동은 상당히 활발했으며 넘쳐나는 신자들 때문에 성당을 증축하기도 하였다. 그의 사목활동의 특징은 일제 치하임에도 불구하고 그의 성당에는 언제나 젊은이들로 넘쳐났다는 것이다. 1936년 해주 본당에서는 획기적으로 젊은 여성 성가대와 혼성 합창단을 조직하여 당신이 작곡한 곡들을 가르쳤고 활발한 성가

대 활동으로 칭송을 받았다. 그 시대에 성가대를 조직한 것 자체가 큰 반향을 불러 일으켰다. 이는 일본에게 나라를 빼앗겨 억눌려 지내던 젊은이들의 정서를 돌보는 것이었고, 이들의 의식을 고양시키고 신앙생활에 생기를 불어 넣었던 것이다.

이때가 일제강점기였다는 것을 고려한다면 담력도 두둑하거니와 남녀가 함께 앉는 것뿐만 아니라 함께 노래하도록 만들었으니, 암울한 시기에 젊은이들이 방 신부로부터 화끈한 자유의식을 맛보았을 것은 넉넉히 짐작할 수 있는 것이다. 그는 부임하여 가는 곳마다 성가대를 조직했으며, 아울러 교육의 장을 펼치는 데 심혈을 기울였다. 그 시대에 드물게 유치원과 문맹퇴치를 위한 야간학교, 가난한 아이들을 위한 육영학교, 고등양재학원 등을 성당에서 운영하였다.

이러한 일은 우리 민족이 조선왕정 시대에 민초들의 무교육적 삶과 유교적이며 폐쇄적인 삶에 젖어 있다가 바로 일제의 고통스런 압제시대로 들어갔다는 면에서 생각해 볼 필요가 있다. 그동안 국악만 드물게 접했을 것으로 추측되는 평민들에게 오늘날과 같은 서양풍의 성가와 그레고리안 성가 등을 접하게 만든 것이다. 젊은이들의 의식을 계몽, 고취시키기도 한 음악선교를 통하여 정서적으로, 신앙적으로 활기차게 만들었다는 것을 생각하면, 방 신부와 가톨릭교회가 한국 사회의 개화에 끼친 영향은 매우 큰 것이다.

뿐만 아니라 방 신부가 자신의 곡들을 우리말로 가르치며 얼마나 민족적 혼을 성장시키려 노력했는가를 짐작해 볼 때, 그의 드높은 의식과 정신 그리고 폭력적 상황에도 굴하지 않는 기상을 엿볼 수 있는 것이다. 과연 선구적이며 미래 지향적인 방 신부였다.

최근 미래사목연구소에서 나온 연구물에는 미래의 사목 형태는 문화적이어야 한다고 강조하고 있는데, 방 신부는 그 옛날 그것도 일제강점기에 이미 문화 선교의 중요성을 통찰하고 실현하고 있었던 것이다.

방유룡 신부는 자신의 동양인이라는 정체성을 드러내면서도 서양의 가톨릭 영성을 수용하여 대통합을 이루었고, 자신만의 고유한 영성적인 새로운 물길을 내었다. 그의 신비체험, 즉 신과의 합일은 일상생활 안에서 자유인의 모습으로 드러났다. 그는 평범한 일상의 매 순간을 성화하고, 그 안에서 넘치는 희열로 신명나는 삶을 살았다.

이러한 영적 힘은 그로 하여금 끊임없이 창조적 작업에 몰두하도록 하였으며, 수많은 영가와 노랫말 그리고 전례 곡들을 쏟아내게 하였다. 동시에 주변 사람들의 영적 성장과 변혁 그리고 쇄신을 위해 헌신하는 모습으로 나타났다. 특히 한국 가톨릭교회의 전례 토착화와 개혁이라는 측면에서 방유룡 신부의 업적을 간과해서는 안 된다.

자유를 얻은 사람의 특징 중의 하나는 자신의 변화뿐만 아니라 자신이 속한 공동체에 변화와 개혁을 불러온다. 무아는 음악을 몹시 좋아했다. 그는 사목생활 초기에 이미 자신이 작곡한 곡들을 가르쳤다. 세상에는 음악적 재능을 지니고 훌륭한 곡을 작곡한 사람은 수도 없이 많다. 그러나 단순히 방 신부의 음악적 재능을 칭송하는 것이 아니라 그가 선구적인 변혁을 가져왔다는 데 위대함이 있는 것이다. 그는 많은 전례 곡을 작곡하고 우리말로 가사를 만들었다.

방 신부가 한국말로 성가와 기도 곡을 만들어 요령껏 신자들에게 부르도록 하였다는 것은 교회 음악사와 전례 역사에 빛나는 업적일 것이다. 이는 전례 토착화와 전례 개혁을 동시에 감행한 것이다. 그 당시 우리는 일본에게 우리말을 빼앗긴 시대요, 세계 모든 가톨릭교회에서는 미국이든지, 유럽이든지 라틴어로만 미사를 하고 성무일도[1]를 하는 시대였던 것이다.

세계 가톨릭교회는 2차 바티칸 공의회의 결정으로 1970년에 와서야 미사 때 자국어로 미사와 성가를 부르기 시작했다. 이런 상황을 감안해 볼 때 이미 1930년대에 한국말 노래 미사와 기도 그리고 전례 곡을 불렀다는 것은 전 세계 교회사에서도 빛나는 개혁자요, 선구자적인 모습이다. 물론 그러한 행위는 그 시대의 교회법을 어기는 행위였다. 이러한 행동들은 시대의 흐름을 거스르는 것이었으나 자유로운 영혼만이 할 수 있는 것이다. 이는 예수가 과감하게 인간을 옭아매는 율법들을 파기한 것과 비슷한 행위인 것이다.

> 방 신부님은 무엇보다도 새벽에 동정녀들을 성당에 모아 놓고 오랫동안 묵상을 지도하고 미사를 준비시키고, 다음 미사를 집전하셨는데, 가장 인상적이었던 것은 모든 것이 노래에서 시작되고 노래로 끝나는 것이었다. 노래는 기도의 효력을 배가시킨다는 말도 있고 보면 그것이 당연한 것으로 생각될 수도 있겠지만 당시로서는 매우 어려운 일이었다. 아직 라틴어로만 미사를 지내야 했던 시대였고, 대화 미사[2]마저도 어려웠을 때이고 보면 우리 성가로 미사를 지내고 공동 기도를 한다는 것은 더욱 어려웠다. 따라서 여기에 어떤 선각자적인 재능과 용기가 필요했던 것이다. 제2차 바티칸 공의회[3] 이후 많은 변화 중에서 가장 두드러진 것이 우리말과 우리 성가로 미사를 지내게 된 것과 같은 전례의 개혁임을 생각할 때 우리는 더욱 더 한국 교회의 전례 개혁에 미친 방 신부님의 공헌을 기억하게 될 것이다.
>
> 최석우 신부[4](1986), 〈순교의 맥〉, 제178호, p. 17.

---

1) 가톨릭 성직자와 수도자들이 하루 4번 또는 7번 드리는 기도로 시편과 성경 말씀으로 이루어져 있는 기도서.
2) 사제와 신자들이 서로 응답으로 주고받는 오늘날과 같은 미사. 1970년 이후 가능해짐.
3) 1962. 10.~1965. 12. 교황 요한 23세에 의하여 성 베드로 대성전에서 개최된 세계 공의회.
4) 루뱅대학교에서 석사, 독일 본대학에서 박사(1961). 한국 가톨릭교회사연구소 설립(1964).

방 신부는 남자 수도원 본원 건축을 직접 설계하였으며, 성광을 제작하고 남녀 수도회 로고와 수도복을 디자인하며, 영가와 찬미가를 쓰고, 노래를 만드는 예술혼을 가졌다. 그는 전례예식 때 쓰는 노래들을 많이 작곡하였는데, 이 곡들은 고유한 그의 한국적 정서와 영성을 담아 낸 것과 그레고리안 성가와 한국인의 얼을 담은 멜로디를 쉽고도 절묘하게 통합하는 식의 음악이다.

이 노래들은 현재 남녀 수도자들이 아침저녁으로 매일 그리고 특별한 전례예식 때에 사용하고 있다. 그는 수도자들이 부르는 노래에 그의 영성을 모두 담았다. 노래 하나만 불러도 그 안에서 중요한 가르침을 상기할 수 있도록 말이다. 그래서 방 신부의 강론을 못들은 사람들도 몇몇 노래만 불러도 그의 주요 영성을 꿰뚫을 수 있도록 했다. 이런 작업은 실로 대단한 작업이다. 단순히 하느님의 사랑을 노래하고 자연과 삶을 찬미하는 노래들과는 확연히 구별되는 것이다. 이러한 배려와 창조성은 참으로 놀랍고 경탄스러운 지혜의 소산이며, 이처럼 그는 자신의 영성을 예술과 통합하였던 것이다.

그는 진리를 위해 목숨을 바쳤던 선각자들, 한국 순교자들의 숭고한 얼을 계승하여 그들의 영성을 더욱 풍부하게 발전시킨 영성의 대가일 뿐만 아니라 신적합일로 면형무아麵形無我의 정점에 도달한, 동양 그리스도교회의 최초의 신비가로서, 토착화의 선구자로서, 전례 개혁자로서, 세계 영성사에 우뚝 선 존재다.

그는 1946년 한국 최초로 동양적이며 한국적 영성을 바탕으로 하는 순수방 수도회인 한국순교복자수녀회를 창설하였다. 방 신부가 창설한 한국순교복자수녀회는 지금 한국과 전 세계 곳곳에서 사부師父의 영성을 따르고 있으며, 활동 수도회와 관상contemplation 수도회가 있다. 관상부로서 대월 수도회가 있고, 활동부는 2개의 관구와 미주 지역에 1개의 지부를 설립하고 있는 큰 수도회로 발전하였다.

방 신부는 또다시 1953년 한국 최초의 방인 남자 수도회 한국순교복자성직수도회를 창설했다. 그리고 이제까지 교구 사제로서의 신분에서 벗어나 직접 수도생활을 하기 위해 자신이 창설한 수도회에 입회를 하여 1957년 종신 서원을 하였고, 수도원 초대 총장 신부로 평생 남녀 수도자들을 위해 헌신하였다. 현재 남녀 전체 공동체 생활을 하고 있는 수도자는 700여 명이 넘는다.

1957년에는 제삼회인 외부회를 설립하였는데, 현재 미국에 있는 회원까지 2,000여 명의 회원을 갖게 되었다. 1962년에는, 결혼은 했으나 가족 부양의 의무가 끝난 미망인들을 위한 수도 공동체인 빨마회를 창설하였다. 이 공동체는 현재 기혼 여성과 미혼 여성들 둘 다를 받아들이고 있으며, 한국순교복자 빨마수녀회로 명칭을 바꾸고 무아 방유룡 신부의 영성을 이어받고 있다. 또한 멕시코에도 새로운 선교 수녀회가 창설되었다. 이로써 무아 방 신부의 원대한 이상은 하나하나 결실을 맺으며 일곱 종류의 다양한 수도회가 형성된 대가족으로 성장을 거듭하고 있다.

무아 방유룡 안드레아 신부의 인성적 면모

방 신부의 성격이나 인간적 면모들은 제1권에서 일상의 예화들과 함께 많이 언급이 되었다. 그는 풍부하고 다양한 모습을 지닌 사람이다. 그는 단순하면서도 고요하고 밝고 명랑했으며, 뛰어난 탐구심과 집중력 그리고 타오르는 열정과 추진력을 지녔으며 재미와 유머를 즐겼다. 그러나 그 중에서 가장 두드러진 모습은 불과 물 같은 성격

을 동시에 지니고 있다는 점이다. 둘의 양극의 모습이 번갈아 나타나기도 하나 절묘하게 통합되어 신비스럽게 균형을 이루어 나타났다.

방유룡 신부는 일상에서 늘 맑게 깨어 있음과 동시에 심중천국을 누렸다. 미사 때는 끓고 타는 치열한 사랑으로 자주 두 눈에는 눈물이 맺혔고, 이럴 때는 즉흥적으로 경문에 곡을 붙여 노래하였다. 흥에 겨워 어깨를 들썩들썩하고 흥얼흥얼 노래를 부르는 모습은 그의 일상이었다. 그렇다고 도에 넘치지 않았다. 그는 늘 깨어 있기 위한 점성정신을 수도정신의 기본으로 삼았기 때문이다.

그는 일본의 압제 밑에서, 전쟁의 포화 속에서 대부분의 삶을 살았으나 고요를 누리며 자유를 획득한 자로서 흥에 넘쳐 살았다. 물질로부터, 인간관계로부터, 세상의 지식으로부터, 인습과 전통의 굴레로부터, 권력으로부터 그리고 마지막으로 자신으로부터 자유로워졌다.

토요일 찬미가

5. 영원무궁 사랑을 뉘라 느끼리.
   성의誠意에서 온 노력은 열을 발하네.
   높은 열은 불이니 불이 사랑일세.
   치열한 사랑엔 모두가 하나
6. 참 사랑의 표준은 양심불일세.
   끓고 타는 양심은 사랑으로 가
   사랑이신 천주를 느끼고 누려
   인격人格은 신격神格과 합격合格하였네.   p. 280.

그는 많은 영가를 썼는데, 이는 그가 황홀경에 취해 있기만 하지

제1장_대통합신비 영성가 무아 방유룡 신부

않았다는 것을 말해 준다. 자신의 신적 합일의 체험과 신비체험을 맑고 예리한 지적 작업을 통하여 동서고금의 정신과 신학 그리고 영성과 심리학을 통합하는 영성체계를 창안하였다. 뿐만 아니라 자신의 영성을 몸과 삶으로 표현하는 실천적 영성가요, 신비가였다.

무아 방유룡 신부가 지은 영가나 강론에는 물과 불에 대한 비유와 이미지가 상당히 많이 나온다. 이런 면은 진정 신기할 정도이지만 자신의 내면에 물과 불을 동시에 지니고 있기 때문에 그런 이미지가 나올 수밖에 없는 것이다. 예술 치료를 이해하는 사람들은 쉽게 이해가 될 것이다. 인간은 자신의 내적 심상을 표현할 수밖에 없고, 이 내적 심상과 공명되는 것을 밖에서 자신 안으로 끌어들이기 때문에, 방 신부가 자주 사용하는 상징인 물과 불은 바로 방 신부 내면의 상징물인 것이다.

방 신부의 이러한 모습에서 가까이 있는 사람들은 당혹스러워할 때도 있었다. 특히 수도자들이 방 신부의 주요 가르침인 '점성정신'과 '성의노력'에 위배되는 경우가 생겼을 때, 수도자들에게 불같이 호통을 치고 화를 낼 때가 있는 것이다. 사실 이런 모습은 일반 신자들이나 수도 가족 이외의 외부 사람들한테는 전혀 보이지 않는 모습이다. 평소에 그렇게 고요하고 인자하고 어린이처럼, 물처럼 맑은 미소를 띠고 있는 모습과는 전혀 다른 불같은 모습인데, 그런 불같은 모습에 수사수녀들은 당황해 했다.

그리고는 돌아서면 언제 그랬냐 하고 금시 생긋생긋 웃으며 혼이 났던 사람을 대하는 것이다. 그리고 용서를 청하면 즉시 용서하고 끝이 났다. 그는 물처럼 과거를 즉시 흘러 보낸 것이다. 이러한 태도에 대해 의아해하는 수도자들에게 그는 늘 당당하게 자신이 낸 화는 의노義怒이지 분노忿怒가 아니라는 말을 하곤 했다.

이 말을 있는 그대로 이해하는 사람들도 있었겠으나, 성경에 예수님이 폭력을 휘두르는 장면도 있고 화를 내고 저주하고 질타하는 장면이 꽤 여러 군데 나오는데도 불구하고 '화를 내서는 안 된다. 더구나 수도자들은 그래서는 안 된다.'는 유불선적 전통 관념과 윤리관을 가진 대부분의 사람들에게 이런 방 신부의 태도는 의혹을 가지게 만든다. 거룩해야 할 사람이 화를 내니 덕을 갖추지 못했다고 평가절하하였다.

현대의 심리학들은 이런 문제에 대해서 좀 더 명쾌하게 답을 제시하고 있다. 방 신부가 물론 화를 자주 내는 사람은 전혀 아니었으나 당당하게 화를 낼 줄을 알았다는 것은 전통적 사고방식에 젖어 있는 모습이 아니라 철저한 내적 탐구와 성찰을 통해 심리학적 진실에 접근한 현대의 성인이라고 칭할 수 있는 모습이다.

그는 당신의 화를 의노인지 분노인지 양심불을 밝히며 구별하였다. 만약 당신의 화가 사욕에 의한 분노였으면 그것을 주변 수녀들에게 말하고 스스로에게 철저한 보속을 하며 마음을 닦았다. 그는 즉시 물처럼 맑고 고요한 모습으로 되돌아 왔다.

> 이렇게 신부님께서는 당신이 잘못하셨다고 생각되셨을 때는 "내가 잘못했어요. 잘못을 느낍니다."라고 서슴없이 우리들에게도 당신의 잘못을 고백하셨다.
> 이영숙 수녀(2000), 〈순교의 맥〉, 제196호 p. 50.

영가 78.

자면서도 기도할지니 이는 찬란한 양심불일세
몸은 자도 마음은 깨어 밤새도록 그지없어라.

애덕은 끓고 타시면서 우리 맘에 쏟아지셨네.
끓고 타면서 밤새도록 꺼질 줄 모르는 성체불은
우리 양심불의 상징일세.
주는 얼마나 좋으신지! 끓고 타면서
주무시지도 않으시네.   p. 206.

  무아 방유룡 신부는 모세가 시나이 산에서 타는 불꽃을 체험한 것처럼 자주 불타는 가슴을 체험하였다는 것을 알 수 있다. 방 신부의 영가와 강론에는 영가 78에서와 같은 구절이 여기저기 많이 있다. 이 불꽃은 방 신부의 가슴에서 밤이나 낮이나 끊임없이 타 올랐으니, 때때로 "찬란한 양심불에 성령 칠은이 영롱한 황홀경에 황금대로 오르는 면형제사 그지없어라."(p. 258) 하고 노래하였다. 그는 또한 자주 "사랑이 병들었을 때 그 옆을 떠나지 아니하시고 주무시지도 아니하시고 밤새도록 돌보시고……"라고 노래한다. 그의 심장 안에서 타오르는 주主의 불꽃을 방 신부는 양심불과 동일시하기도 하고, 주님이라고 표현하기도 하며, 때로는 성령의 불이라고 표현하기도 한다. 표현이야 어떻든 방 신부는 자신의 몸에서 밤이나 낮이나 불을 체험함으로써 "주님이 주무시지도 졸지도 않으신다."는 말을 자주 한 것이다.

  방 신부가 갖고 있는 불같은 성격과 가슴에 늘 타올랐던 신비스런 불은 하나로 융합되어 나타난다. 방 신부는 전 생애가 불처럼 하늘로 타올랐고, 열정적인 삶을 살았으며, 그 열정은 물로 정련된, 그래서 고요히 타오르는, 그러나 꺼지지 않는 불꽃이었다. 그는 주변을 환하게 비추어 주었고, 따뜻한 모습으로 사람들에게 다가왔으며, 때로는 거침없는 불길처럼 용맹한 삶을 살았고, 자신 안에 있는 거짓된 사욕을 모두 태워버렸던 것이다. 이 에너지는 방 신부 안에서 늘 상승의 에너지처럼 작용하였다. 님을 향해 뻗은 그리움과 치열한 사랑으로 말이다.

> 물과 같이 겸허하고 겸손한 데로 내려가시려는 신부님께는 물에 대한 말씀도 많이 들었습니다. 물 신부님이라고나 할까요?
>
> 김규영 교수(1996), 〈순교의 맥〉, 제192호, p. 100.

무아 방유룡 신부는 물에 대한 상징을 무척 많이 사용하였을 뿐만 아니라 인품에서도 물 같은 이미지를 풍겨 '물 신부님'이라는 말까지 들었다. 보이지 않는 영적 실재와 그 신비를 말하기 위해서, 인간의 언어는 많은 한계를 지니고 있다. 때문에 상징을 사용하여 전달하는 수밖에 없다. 그래서 방 신부는 무아無我와 겸손을 말할 때 자주 물을 비유로 들어 말하곤 했다. 물의 내려가고 내려가는 이미지로 겸손을 말하고, 그릇의 모양대로 물이 담겨지는 모습과 그러면서도 자신의 정체성을 잃지 않는 물의 모습이야말로 무아와 자유의 진수를 상징해 주는 것으로서 방 신부는 물을 즐겨 노래하였다.

허무에서 빛이 나더니 무아에서 하늘빛이 비쳤네.
무아無我는 무사무욕無邪無慾이니 제 자신을 텅 비움일세.
주는 내리시고 내리셨네, 물과 같이 내리셨네.
하늘에서 땅으로, 땅 속까지 내리셨네.
모든 이에게 봉사하시고 발까지 씻어 주셨네.
자신을 텅 비우시고 땅 속까지 내리셨네.
그분은 무가 좋으시어 면형으로 가셨네.

제1장_대통합신비 영성가 무아 방유룡 신부

우리도 무로 가세, 무가 바로 면형일세.

아아! 이 어인 일인고! 불은 물이 되고 물은 불이 되었네.

이는 면형 신비의 계시啓示니 불은 천주시오, 물은 불이 되었네.

천주께서 사람이 되시고 사람은 천주가 되었네…….   p. 222.

산 넘고 물 건너 불을 지나야 안식에 든다는 말씀

침묵 중에 울려오는 메아리로 이 마음에 이는 고동

이제야 뼈저리게 느껴, 느낀 마음은 눈물일세.

그는 못내 울었네.

울면서 끓고 타서 불을 뿜었네.

그는 크게 소리쳤네. 면형이 어디냐고.

면형에 가신 그분이 못내 그리워 그는 날마다 울었네.

몸은 파란 산에서 마음은 삼중 천에 있었도다.

이루 말할 수 없는 신비를 보고서 그는 기뻐 용약했도다…….

우리도 물처럼 내려가세, 내려가야 올라가네.

영원한 면형이 되세. 그는 하늘 절정까지 올라갔도다.

허무에서 빛이 나고 천지만물이 생기더니

주를 따라 면형으로 간 무아에 칠색 칠은이 비쳤네.

그는 황홀경으로 들어갔네. 하늘에서 주와 군림하네.

더할 나위 없이 올라갔네. 그도 절정을 넘어갔도다.

신비가 보고 놀랐고, 그는 신비를 보고 놀랐네.

아 깨닫고 느낌은 신기도 하여라.

사랑의 눈물은 달고도 달도다.   p. 219.

끓고 타시면서 우리를 목말라 하시네.

주는 천만사에 모든 것이 되시더니
불도 되시고 물도 되셨네.
물이 되시어 우리를 정화하시고,
불이 되어 우리 갈 길을 비추셨네.
피땀과 눈물로 우리를 씻어 주시고
사랑의 불로 끓고 타게 하셨네.
물이 되시어 물같이 내려만 가시더니   p. 242.

  위의 영가에서 불의 올라가는 상승적 이미지의 초월적 하느님의 모습과 예수의 하강하는 이미지로서 내려가고 내려가 무덤의 땅 속까지 내려가 무아가 된 예수의 이미지를 대비시킨다. 방 신부는 불과 물은 신비롭게 하나가 된다고 여러 영가에서 노래하고 있다. 하느님이 인간이 되는 육화肉化의 신비와 인간이 하느님이 되는 신화神化의 신비를 노래하고 있으며, 마침내 신과 인간은 하나가 된다고 외치고 있다.

  이러한 무아 방유룡 신부의 신비체험은 그의 성품과 일상에도 그대로 반영되어 드러나고 있는 것을 알 수 있다. 불같이 화를 내고 물처럼 내면으로 깊이 내려가 그것에 대해 성찰하며 자신의 분노의 뿌리인 사욕邪慾을 자각하고 그것을 불로 태우고, 물로 정화하고, 새롭게 빛을 받아 소생하는 모습이다. 그래서 불과 물은 방 신부 자신 안에서 언제나 상승과 하강의 운동을 반복했으며, 방 신부는 절묘하게 물과 불이 하나 되는 신비체험을 하였다. 자신 안에서 하느님이 육화하고 자신은 신神이 되는 원운동으로 합일하는 체험을 하였던 것이다.

  이것은 방 신부의 불로 상징되는 성격의 동動적이고도 남성적이며 용감하고 굳건한 모습, 뜨겁게 타오르는 열정적 모습과 힘 있는 모습 그리고 물로 상징되는 정靜적이며, 고요하고 여성적이고 만물을 살려내고 양육하며, 온유하고 부드럽고 투명하고 천진난만하고 순진무구한 모습 그리고 자유의 모습으로 드러났던 것이다.

그는 상승과 하강 그리고 양극과 극을 통합한 십자가와 중앙에 둥근 모양의 성체聖體, 면형麵形이 그려진 상징화를 자신 안에서 완벽하게 그려내고 있다. 그는 원 안에 십자축이 표현된 만다라 상[5]의 완성이며, 진정 융Jung이 주장한 대극합일對極合一의 도道를 이룬 사람이다.

그는 신학교 초기에는 동쪽으로 기울어졌다가 대회심을 하고는 서쪽으로 기울어지다가 그 중심을 잡으며 인격의 대극의 합일의 도를 이룬 모습을, 물이 불이 되고 불이 물이 되는 신비를 온 생애를 통해서 투명하게 보여 주고 있다. 불이 물이 되고 물이 불이 되는 것은 그 풍부한 상징성뿐만 아니라, 이는 몸의 실제적인 체험임을 주목해야 할 것이다.

무아 방유룡 안드레아 신부는 인생의 맛과 멋을 즐기면서 사는 수도자였다. 수도자가 이렇게 즐기면서 살 수도 있다는 것을 보여주는 산 모델이다. 과거의 수도자나 성인들은 고행과 극기의 삶을 살았다면 현대의 수도자는 방 신부처럼 삶을 즐기며 자신의 창조성을 유감없이 발휘하며 신명나게 살아야 한다고 생각한다. 그는 그에게 주어진 삶, 그에게 허락된 조건 안에서 모든 것을 즐겼다. 술과 담배를 즐겼고, 음악과 노래와 작곡과 시를 즐겼으며, 우아한 모자와 망토를 입고 멋을 즐겼으며, 자연사랑, 만물사랑, 사람사랑, 하느님사랑에 황

---

5) 자기와 자기실현 : 《분석심리학 탐구》(이부영, 2006) 책 앞부분의 만다라 상 3개 참고.

홀해 했으며, 열띤 응원으로 스포츠를 즐겨 시청했고, 바둑에 빠지면 일어날 줄 모르는 마니아였다. 또한 늘 가꾸고 만들고 제작하고 꾸미는 일을 즐겼으며, TV, 냉장고, 시계, 라디오 등 자신의 주변에 있는 기계란 기계는 모두 뜯어보고 맞추는 취미를 노인이 된 후에도 유지했으나, 연로한 후에는 묵주 만들기로 대체했다. 무엇보다 그가 가장 즐겼던 것은 나무전지를 하는 취미였다. 그는 틈만 나면, 아니 하루 종일 나무에 붙어 있는 경우도 많이 있었다.

한국 가톨릭교회의 설립

　무아 방유룡 안드레아 신부의 영성은 순교정신에 바탕을 두고 있으며, 방 신부의 내적 토양이 된 조부와 부친의 삶이 천주교회의 전파와 박해가 극심했던 1800년대에 이루어졌기 때문에, 이 시대 조선 땅의 상황과 천주교 설립의 역사와 천주교 박해에 대해 간략하게나마 소개하고자 한다.

　우리나라의 종교적 역사를 살펴보면, 신라와 고려시대에 걸쳐서 1천여 년 동안 찬란하고도 독자적인 문화를 건설했던 불교적 사상이 산속으로 밀려나면서 조선 500년 동안에 이를 대신하여 유교적 사상이 주류를 이루게 된다. 그러나 조선 유교 사회는 차츰 병색을 띠게 되어 연산군 이후 약 50년 동안 무오사화(1498), 갑자사화(1504), 기묘사화(1519), 을사사화(1545)라는 네 번에 걸친 학자 대살해의 참상을 겪게 되고, 피비린내 나는 사색당파 싸움이 온 나라를 뒤흔들며 유학 숭상주의는 자체의 사상적 결함을 드러냈다. 결국 유교는 피폐한 나라와 백성들의 고통을 해결해 주지 못한 채, 조선은 임진왜란과 병자호란이라는 두 번의 민족적인 수치를 당했던 것이다. 이러한 와중에 정계와 시류에 영합하기를 꺼려하며 초야에 물러나 앉은 유학자들, 주로 남인학파의 진보적 사상가들이 중국으로부터 들여온 신학문인 서학西學과 천주학天主學 등을 연구하는 유례없는 일들이 생겨나기 시작했다.

이수광(호는 지봉, 1563~1628)이 서양의 새로운 지식과 천주교를 소개한 《지봉유설》(1614)이 널리 읽혀지게 되었다. 이어 유몽인(호는 어우당, 1563~1628)은 이조판서를 지낸 사람으로 《어우야담》이라는 책에 천주교를 소개하고 남인학파인 허균이 천주교를 신봉하였다고 기록했다. 이어 안정복과 연암 박지원도 허균이 천주天主를 섬겼다고 증언하고 있다. 허균은 《홍길동전》을 썼고, 만주족을 경계해야 한다고 설파했는데, 온당치 못한 사상이라 배척당하고 억울한 죽임을 당했다. 이수광과 허균에 뒤이어 계몽운동을 펼쳤던 남인학파 이익(호는 성호, 1681~1763)과 그의 제자 안정복은 서학 연구에 그치지 않고 천주학天主學을 연구하기 시작했다. 이리하여 홍유한, 이가환, 정약전, 정약종, 정약용 형제들과 이승훈, 이벽, 안정복의 사위 권일신, 권철신, 이기양, 이윤하, 황사영, 김범우 등과 같은 열렬한 천주교 신자들이 나타나게 되었다.

이들은 깊은 산중의 절에 모여서 '강학회講學會'라는 천주교 교리 연구 모임을 가졌는데, 다산 정약용의 《다산 전서》에 그 절이 광주군과 여주군의 경계를 이루고 있는 앵자산의 중턱에 있는 '천진암 주어사'라고 밝히고 있다. 이들은 이곳에서 《천주실의天主實義》[6] 등의 천주교 서적들을 연구하고 토론하며 마침내 천주교를 참 진리로 받아들였다. 이벽의 주도하에 이 신앙 공동체는 이승훈을 북경으로 보

---

6) 1595년(선조 28) 마테오 리치(중국식 이름은 利瑪竇)가 중국 구이저우貴州에서 한역서학서 漢譯西學書 2권을 썼다. 가톨릭 교리서로서 중세 동북아시아 사회에 가톨릭 신앙과 서구 윤리 사상을 유포하는 데 기여했으며, 서구인이 한자로 저술한 책 중 가장 큰 영향을 끼쳤다. '천주실의'는 '천주에 대한 참된 토론'이라는 뜻이다.

내어 세례를 받아오도록 파견하였다. 이 시기에 중국은 천주교가 황제의 보호를 받으며 활발하게 서양 문물, 특히 과학 분야와 함께 전파되고 있었던 때이다.

이승훈은 북경에서 1784년에 예수회의 드 그라몽 신부에게 베드로라는 이름으로 세례를 받은 후에 성서와 많은 교리 서적, 성물들을 갖고 돌아왔다. 한국 천주교회는 1784년을 교회가 시작한 해로 정했는데, 이승훈이 세례를 받은 해이기 때문이라기보다는 하느님을 받아들인 사람들의 공동체, 즉 교회가 형성되었다는 데 큰 의미를 두기 때문이다. 이승훈은 돌아와 이벽, 권일신에게 세례를 주고 이어 정약전, 정약용, 정약종 3형제가 세례를 받아 입교하게 되었다. 이들은 모두 실학파들인 남인학파였고 서로 혼인 관계로 일가친척들이었다.

천주교 설립자들인 이벽, 이승훈, 권일신, 권철신, 정약용 형제들은 뛰어난 학식과 덕성을 겸비한 양반가의 선비들로서 새로운 진리에 헌신하고 불타는 신앙으로 많은 이들을 입교시켰으며, 1784년 겨울에 서울 명례동, 지금의 명동에 있던 중인 김범우의 집을 교회로 삼아서 주일 첨례(미사)를 지내기 시작하였다. 이 신앙 집회에는 이미 수십 명의 신자들이 모였으나 몇 달 후 발각되어 모두 체포되었고, 중인인 김범우만 옥에 갇히고 나머지 양반들은 훈시 조치로 석방되었다. 김범우는 신앙을 포기할 것을 강요당하나, 끝까지 신앙을 주장하고 마침내 고문을 받고 죽음에 이르게 되어 한국 천주교회의 첫 순교자가 되었다(1785). 이 사건 이후 초기 교회 신자들에게는 이미 예수 그리스도처럼 죽음으로써 진리를 증거하려는 순교정신이 조용히 불타오르게 되었다.

1786년 이승훈과 교우들은 다시 신앙의 도리를 더욱 굳게 다지기 시작하여 교회를 재건했으며, 교회 공동체를 활성화하기 위한 대책안을 마련하였다. 이들은, 북경에는 주교와 신부 등의 성직자가 있고 미사 전례와 여러 가지 성무 활동이 있음을 고려하여 이승훈을 주교로 뽑았다. 다음에 권일신, 이단원, 유항검, 정약전 등 10명을 신부로 선택하여 각각 그 성무를 맡았으며, 제의도 갖추어 입고, 중국에서 가지고 온 금빛 성작[7]을 사용하여 미사와 강론과 일곱 가지 주요 성사聖事를 집행하였다. 이것이 이른바 '가성직제도假聖職制度'라는 것이었다. 이것은 2년 동안 계속되었다. 그러나 더 깊은 교리 연구를 통해서 자신들의 이러한 자생적 성직제도에 의문을 갖게 된 이들은 북경 구베아 주교에게 편지로 이러한 것들을 보고하고 질문을 하였다. 구베아 주교는 조그만 왕국에서 자생적인 천주교회가 설립되어 있다는 소식에 큰 놀라움과 기쁨을 금치 못하고 즉시 답장을 보내어 성직자는 스스로 정하는 것이 아니라, 성직 서품을 받은 자만이 할 수 있고 세례를 주는 것만 할 수 있음을 알렸다. 주교는 이들의 신앙과 전교 활동에 격찬과 성원을 보내는 동시에 가성직제도가 불법이었음을 꾸짖자, 이들은 가성직제도에 의한 성무를 중단했다.

열렬한 진리 추구와 신앙에 불탔던 이들, 신선한 초기 교회 공동체는 새로운 문제에 봉착했다. 좀 더 본래적이며 제대로 된 신앙생활에의 욕구가 커졌기 때문이다. 이들이 성장하기 위해서 상급 교회로부터 서품된 정식 성직자의 필요성을 긴박하게 느꼈고, 성직자 영입 운동을 펼치기로 결의한다. 그리하여 성직자를 파견해 줄 것을 북경 교구에 요청하기 시작했다.

여러 차례 서신이 오가며 마침내 1795년 정월에 첫 선교사로서 중국인 주문모 신부가 서울에 도착했다. 이때 조선 땅에는 이미 4,000

---

7) 미사 전례 때에 쓰는 제구로서 큰 잔 모양의 포도주를 담는 그릇.

명의 신자가 있었으며, 그동안 한국 천주교회는 성직자가 도착하기 전에 많은 박해를 피해서 깊은 산속으로 들어가거나, 그 속에서 무리를 이루어 공동체생활을 하기도 했다. 이 와중에 신앙을 포기하는 자들도 생겼지만 순교자들이 나오기 시작했다. 성직자 영입 운동은 계속되어 왔고 북경에 자주 밀사를 보내어 성직자 보충을 요청했다. 직접 교황청에도 1811년과 1825년 두 차례에 걸쳐 성직자를 보내 달라고 호소하는 탄원서를 보냈다.

이상에서 간략하게 본 바와 같이 한국 천주교회는 서양 성직자나 선교사에 의해 이 땅에 전파된 것이 아니라, 유학자들에 의해 자생적으로 연구하고 성찰하여 설립된 교회로서 한국 정신사와 종교사에 큰 의미와 특징을 갖는다. 당시 피폐한 조선 사회에서 유학에 한계를 깊이 느끼며 괴로워했던 선각자들이 진리를 추구하며 새로운 것에 마음을 열었다. 이들은 실학운동으로서 서학에 관심을 갖기 시작하였고, 자연스럽게 천주교 책들을 연구하였던 것이다.

이들은 학문적 고뇌와 성찰을 거치면서 신앙의 진리로 하느님에 대한 신앙을 받아들였다. 이른바 유학에서의 상재上宰 개념으로 천주天主에게 다가갈 수 있었던 것이다.

이들은 성직자들도 없는 상태에서 스스로 교회를 설립하며 신앙의 도리를 삶과 일치시키고 자신들의 삶에 대변혁을 일구어 내었다. 시대의 물결과 타협하거나 그것에 매몰되지 않고 힘차게 거슬러 올랐던 인물들이었다. 극심한 박해 속에서 용맹하게 자신의 목숨까지도 거침없이 내어놓았고 조용히 신앙의 도리를 깊이 있게 살아내고 열렬히 복음을 전파했던, 드높은 의식의 영적 수준을 가진 위대한 조상들이었다.

천주교회가 설립된 이래로 날로 신자가 불어나고 있을 즈음, 천주교인들의 조상 제사 거부 문제를 발단으로 하여 조정에서는 천주학 天主學을 사학邪學으로 단죄하였다. 천주교인들은 부모와 임금보다는 천주를 최우선으로 공경하고, 양반과 중인, 양인 계급들이 서로 존중하고 친밀하게 한데 어울려 지내고 남녀가 함께 집회를 하였다. 이러한 계급 타파와 평등사상은 유교 봉건사회체제에 커다란 도전으로 다가왔다. 또한 지배체제의 정치적·기득권적 세력 유지의 문제와 맞물려 위협을 느낀 유생들은 부패하고 무력한 봉건사회의 악폐에 반발하고, 이를 해결하고자 고민하는 천주교인들을 사악邪惡 죄인으로 몰아붙이며 극심한 탄압과 박해를 가하기 시작했다. 이 교를 믿는 자들은 인륜을 저버리는 집단, 전통 문화 질서를 파괴하는 자들이라 하여 무조건 잡아 감옥에 가두고 형벌을 가했으며, 천주교를 버리겠다고 말하지 않는 자들은 극악한 고문을 가한 후 사형에 처했다.[8]

---

8) 유홍렬(1987), 문규현(1994), 유스토 L. 곤잘레스(1988).

천주교 4대 박해

　자생적 신앙 운동에 의한 교회 설립의 예는 세계 기독교 역사 안에서 유일무이한 것으로서 그 유례를 찾아 볼 수 없는, 아주 독특하고도 아름다우며 자랑스러운 것으로, 세계 민족사와 정신사에 길이 빛날 역사인 것이다.
　1784년 교회 설립 이후 1785년부터 박해가 시작되었다. 박해는 많은 이들로 하여금 교회를 떠나거나 들어오는 것을 막기도 하였다. 그러나 이는 한국 초기 천주교 창립의 드높은 정신을 간직하게 하였고, 영적 성장과 확장을 불러일으키고 다지며 수많은 순교자를 배출하게 하였다. 이들의 피 흘림과 순교정신은 오늘날의 한국 천주교 신앙인들의 근원적 힘이 되었다. 방유룡 신부의 영성의 바탕에는 이들 순교자들의 순교정신이 깊게 깔려 있다.
　천주교가 정식으로 수용되기까지 100여 년 동안 박해는 계속되었지만 가장 많은 희생자를 낸 네 번의 큰 박해를 살펴보면 다음과 같다.

신유박해(1801)

천주교는 처음에 양반 계급의 유학자들이었던 고매한 선비들에 의해 연구되고 수용·전파되었지만, 가부장적 권위와 유교적 의례의식과 조상 제사 문제와 갈등을 빚으면서 정면충돌하게 되었다. 1794년에는 청국 신부 주문모가 국내에 들어왔다. 정조대왕은 천주교에 대해서 관대하였기 때문에 천주교인은 급속하게 늘어났다.

그러나 정조가 죽고 나이 어린 순조가 왕위에 오르면서 정순대비가 섭정을 시작하며 사교邪敎와 서교西敎를 엄금하고 근절하라는 금압령을 내려 이승훈, 이가환, 정약용 등의 초기 천주교인들과 진보적 사상가들이 처형 또는 유배되었다. 주문모 신부와 약 100명의 신도들이 처형되어 순교하고, 약 400명이 유배되었다. 신유년의 대박해는 급격히 확대된 천주교 교세에 위협을 느낀 지배 세력의 종교 탄압이자 동시에 이를 구실로 노론 등 집권 보수 세력이 당시 정치적 반대 세력인 남인을 비롯한 진보적 사상가와 정치세력을 탄압한 권력다툼의 일환이었다.

기해박해(1839)

이 사건은, 표면적으로는 천주교를 박해하기 위한 것이었으나, 실제로는 시파時派인 안동 김 씨로부터 권력을 탈취하려는 벽파僻派 풍양 조씨가 일으킨 것이다. 1834년 헌종이 8세에 즉위하였고, 순조의 비빈 순원왕후가 수렴청정을 하였으며, 왕대비를 적극 보살폈던 오빠 김유근이 병을 앓다가 천주교 세례를 받았다. 이러한 상황에서 안동 김 씨의 천주교에 대한 태도는 관용적일 수밖에 없었다. 김유근의 은퇴로 천주교를 적대시하던 형조판서 조병현과 사헌부의 정기화는 천주교인은 원흉이며 역적이니 근절해야 한다고 상소하였다. 이리하여 대왕대비는 전국적으로 천주교인들을 체포하라는 명령을 내렸다. 프랑스의 파리외방전교회에서 파견된 제2대 조선 교회 교구장인 엥베르 주교와 모방 신부, 샤스땅 신부들이 순교했다. 주요 인물들인 정하상과 유진길도 참형을 받았다.

헌종실록에 의하면 배교背敎하여 석방된 자가 48명, 옥사한 자 1명, 순교를 택해 처형된 자가 118명 등이다.

병오박해(1846)

앞서 순교한 프랑스인 모방 신부는 3명의 소년들을 뽑아 신학생 양성을 목적으로 중국 마카오에 있는 신학교에 보냈는데, 한 명은 공부하다 사망하고, 김대건 안드레아가 최초의 사제 서품을 받았으며, 이어 최양업 토마스가 사제로 서품되었다. 김대건 신부는 갖은 고초 끝에 조선 땅에 들어와 다른 선교사들의 입국로를 개척하다 체포당한다.

한편 프랑스 함대가 충청도 외연도에 나타나 3명의 선교사를 학살한 것에 대한 항의문을 조정에 전하도록 한 사건은 체포된 자들의 처형을 앞당기게 했다. 이 박해로 형벌을 받고 순교한 사람은 김대건 신부와 평신도 8명이었다.

병인박해(1866)

　1864년(고종 1년) 러시아의 남하정책의 일환으로 러시아인이 함경도 경흥부에 와서 통상을 요구하였을 때 대원군 이하 정부 요인들의 놀람과 당황함은 대단하였으나 이에 대한 대책은 속수무책이었다. 이에 조선에 와 있던 몇몇 천주교인들은 한·불·영 3국 동맹을 체결하게 되면 나폴레옹 3세의 위력으로 러시아의 남하정책을 막을 수 있다고 제안했으나 수포로 돌아갔다. 그리고 1860년 영불 연합군에 의해 중국의 북경이 함락되는 사태가 벌어지자 대원군은 경악하였고, 서양 세력에 대한 위기감을 고조시켰다.
　조선 사회는 안으로는 봉건제도의 붕괴와 밖으로는 외세 침략의 위험이라는 두 가지 큰 문제에 봉착하게 되었다. 대원군은 이를 밖을 향하여는 쇄국정책과, 안으로는 왕권을 강화하는 봉건체제의 유지를 꾀하는 것으로 해결하려 했다. 이에 천주교인들에 대하여 서양인과 한 통속이라는 의식에 10년 동안의 혹독하고 잔인한 박해정책을 대대적으로 펼쳤다. 이 기간 동안 외국인 사제 선교사 12명 중 9명과 남종삼, 홍봉주 등 8,000여 명에 이르는 신자들이 순교하였다.
　조선시대의 박해를 통하여 10,000여 명이라는 엄청난 수의 가톨릭 신자가 순교하였으며, 24명의 외국 사제가 순교하였다. 조선은 프랑스와 1886년 6월 드디어 한불수호통상조약을 체결함으로써 프랑스 신부들은 상복喪服으로 위장하고 밤에만 다니던 상황에서 차츰 벗어났다. 가톨릭교회와 조선 정부 간의 관계가 법적으로 분명하게 된 것은 1899년 뮈텔 주교 사이에 체결된 교민조약이 체결됨으로써 이루어졌다. 정치와 종교를 분리할 것을 확약하여 '선교사는 행정에 관여할 수 없고, 행정관은 선교사의 활동에 관여할 수 없다.'는 명시가 있었고, 1901년 7월 2일 교민사의협정 등을 통해 신앙의 자유가 법적으로 완전히 인정되었다.

성체조배하고 있는 방유룡 신부

제 2장

무아 방유룡 신부의 '면형무아' 영성

길인 침묵 넓인 대월
깊이 높이 만덕이요,

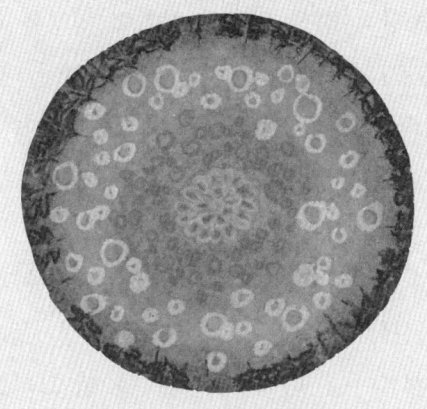

시공時空 넘어 면형이니
초차원의 신지선경神智仙境

그리스도교의 영적 유산

　방유룡 신부는 동양적 정신 토양에 가톨릭 영성을 받아들였으며, 그의 영성을 이해하기 위해서는 그리스도교 영성에 대한 이해가 필요하다. 예수 그리스도로부터 현대까지 그 모든 영성은 너무나 방대하지만 가톨릭 영성의 바탕이 되어 지금까지 면면히 흐르고 있는 영성만을 간략하게 소개한다.

　'그리스도교 영성'에서 영성이라는 말은 수행적 수덕신학, 실천신학, 신비신학, 영성신학 등 모든 신학 분야와 영성가들과 신비가들의 영성을 총괄하는 개념이다. 신비주의 영성을 뺀 그리스도교 영성은 존재하지 않으며 모든 위대한 교부들이나 영성가들은 모두 신비가들이었고, 가톨릭교회에서 성인聖人 반열에 오른 사람들이다.

　그리스도교 영성은 시대와 민족에 따라 초대교회 영성, 독거 은수자 혹은 수도자들에 의한 사막의 영성과 교부들의 영성, 수도 성인과 수도 공동체들에 의해 활발하게 피어난 수도영성과 중세기의 영성, 근대의 영성, 현대의 영성으로 분류하고 있으며, 지역적으로는 프랑스 교회의 영성, 라인강을 중심으로 에크하르트를 위시한 독일 신비가들의 영성 그리고 동방교회 영성과 16세기부터 형성된 개신교 영성 등 각기 독특한 영성이 발생하여 교회의 영적 삶을 풍성하게 해

왔다. 가톨릭 영성이란 이러한 다양한 영성들 중에서 개신교 영성의 일부분만 공유하지 않을 뿐 앞에 열거한 모든 영성을 포괄한 영성을 일컫는 것이다. 개신교는 가톨릭교회의 성체 신비 영성과 성령 역사의 표징이 되는 성사와 전승들 그리고 성모 마리아 영성과 전례영성 등을 부정하고 있다.

그리스도교 영성은 직접적으로 구약 성경을 바탕으로 한 유대 영성과 유대 신비주의인 카발라 영성, 앗시리아, 바빌론, 에집트, 그리스, 로마의 정신문화 등 각 민족들의 영적 유산을 수용한 측면이 있음을 감안해야 할 것이다.

그리스도교 영성이란 성령의 인도를 받아 예수 그리스도를 본받고 따르며, 길이요 진리요 생명이신 그분의 신비 안에 참여함으로써 성부와 성자와 성령의 삼위일체적 삶으로 인도되어 "하늘에 계신 아버지께서 완전하신 것같이 너희도 완전한 사람이 되어라."(마태 5:48)라고 한 예수의 가르침에 따라 완성에 이르는 삶을 사는 데 있다(전달수, 2005). 예수 그리스도를 따라가는 영성생활은 성령의 인도에 따라 그리스도의 몸, 그리스도의 신비체神祕體인 교회와 역사 안에서 다양하고도 풍성한 은총의 선물로 나타났다. 시대의 변천과정에서 시대의 요구와 교회의 필요에 따라 이 영성의 열매들은 각기 독특하고도 다양한 꽃들로 피어나고 열매를 맺어 '다양성 안의 일치'를 이룬 것이다. 성령 안에서 체험하는 개인의 영성적 특성을 인정하면서도 머리이신 그리스도를 중심으로 다양한 지체들이 한 몸을 이루는 영성으로서, 이는 보편 교회Catholic의 특성이라고 할 수 있다.

그리스도교회 안에 큰 영성 학파나 영성의 흐름을 주도하는 것은 대부분 수도회이다. 수도회는 두 개의 큰 방향이 있는데 관상적 전통 수도회와 활동 수도회이다. 서양 문화에 지대한 영향을 끼쳐온 성 베네딕도가 세운 베네딕도 수도회는 원래 봉쇄적 관상 수도회였으나 시대의 요구에 따라 활동에도 힘을 쓰고 있다. 중세 탁발 수도회인 아우구스티노회, 카르멜회, 프란치스코회, 도미니코회 등의 큰 수도회들은 각각 그들의 창립자들에 의한 고유한 수도修道 영성을 확립시켰다.

교회의 쇄신과 선교의 목적으로 설립된 수많은 남녀 활동 수도회들은 시대의 징표와 요구를 깨달은 열성적인 수도 성인들에 의한 영성인데, 예수회를 세운 성 이냐시오 로욜라, 성 프란치스코 살레시오, 돈 보스코가 창안한 매우 훌륭한 영성들이 있다. 특히 성 이냐시오 로욜라가 창안한 영신수련에서 많이 사용하는 '적극적 명상Active Contemplation'은 이미지를 사용하는 영신수련으로, 융Jung이 이 원리를 기초로 하여 '적극적 상상Active Imagination'이라는 학설을 세웠다. 가톨릭교회가 영적으로 빈곤할 때마다 위대한 수도 성인들인 영성가, 신비가들이 나타나곤 했다. 이들 새로운 영성의 발현은 결코 위기를 가중시키는 일 없이 교회에 활력과 생기를 불어넣는 역할을 한 것이다(Wehr, 2001).

초대 교회 영성

예수 그리스도가 부활 승천 후, 사도들은 예수의 수난과 죽음, 부활, 승천을 체험한 후 확고한 영적 체험을 가지고 모두 목숨까지 바치며 그리스도의 가르침을 널리 전파했다. 초대교회 신자들은 예수의 12제자들과 바오로 사도의 가르침에 따라 살면서 공동체를 형성하고 가진 것을 내어놓아 공동 소유하며 필요한 만큼 나누어 가졌다. 또한 날마다 성전에 모이고, 집집마다 돌아가며 빵을 나누는 예식을 하고 하느님을 찬양하였다.

이 공동체의 영성의 핵심은 예수의 가르침인 사랑에 바탕을 둔 '친교'와 '나눔', '일치'였음을 알 수 있다(사도행전 2:43). 이들의 영성은 성령을 모시고 사도들로부터 그리스도의 '말씀'을 들으며, '회개'와 '세례영성' 그리고 '성찬예식'(성체성사 : 지금의 미사)과 '선교영성'이 중심이었다.

요한 사도를 제외한 11명의 사도가 모두 순교하였고, 사도들이 사라지고 난 뒤 본격적으로 대박해시대로 돌입하면서 중요하게 대두된 영성은 '순교영성'이다. 그러나 평화의 시기(313년 밀라노 칙령)가 시작되면서 순교는 드문 현상이 되었으며 순교에 대한 열정이 '동정성의 영성'으로 대치되었다. 남녀 구분 없이 갈라지지 않는 마음으로 예수를 온전하게 따르고자 했던 열망이 동정성의 영성(혹은 은수영성)으로 나타난 것이다(방효익, 2007). 이 동정성의 영성은 수도영성의 기초가 되는 것이다.

사막의 교부들의 영성과 수도영성

초대교회에는 박해와 물질적 세상을 피해서 깊이 영적생활에 몰입하기 위해 사막으로 갔던 은수자들이 있었다. 이들 독수獨修자들이 하나둘씩 모여 살면서 공동체를 형성한 것이다. 이 수도자들의 삶을 말하지 않고 그리스도교 영성에 대해서 말할 수는 없다. 그리스도교 초기 영성은 사막에서 태동했다고 볼 수 있다. 이들은 예수 그리스도의 가르침인 '복음적 이상'을 실현하며 보다 깊이 하느님과 결합하여

완성된 존재가 되기를 갈망했다.

　많은 교부들 중에서 특히 성 아우구스티노가 등장하면서 그리스도교 신학이 체계를 갖추며 크게 성장하게 되었다. 영적생활에 대한 원의와 방향을 확고하게 잡아 줄 신학이 정립되기 시작하자 교회는 점점 영적 활기를 띠게 되었고 수도영성의 기초를 다지기 시작한다.

　사막의 수도자들이 숫자가 많아지며 공동체가 점차 늘고 커지면서 규칙에 대한 필요성이 대두되는데, 성 베네딕도에 의해 질서 있는 수도원 제도가 탄생했다. 베네딕도 수도회는 공동체 전례의 중요성과 기도와 관상 그리고 노동을 중요시하는 수도적 영성 전통을 확립하였다. 이 두 성인의 영성으로 그리스도교는 전 세계적으로 전파될 수 있는 영적 힘을 갖게 된 것이다.

　사막의 교부敎父들이란 3세기 말에서 5세기에 동방의 이집트, 팔레스타인, 터키 등지의 광야와 사막에서 '수도자적 삶monastic life' 혹은 '수행적·수덕적·금욕적 삶ascetic life'을 산 사람들이다. 이들 중에서 위대한 영성가인 교부들이 탄생했던 것이다. 이들은 영성이란 하느님의 은총에 의지하지만 자신을 이 은총에 개방하는 훈련의 필요성을 강조하고 있다. 교부들은 하느님과 고독한 가운데 일대 일로 대면하면서 자신의 내면 깊이에서 죄의 뿌리를 보았던 것이다. 그들은 인간 구조를 육체적·감정적·이성적·영적 구조로 보았으며 특히 강조한 것은 감정과 육체에 주시를 했는데, 그것이 바뀌지 않으면 위의 것들은 모래 위의 집이라고 생각했다. 인간의 일상이 늘 육체와 감정의 줄기에 따라 움직이는 것을 직시했던 것이다. 그리하여 이들은 인간성 수행의 필요성을 절감하며 철저하게 수덕적·금욕적 극기의 생활을 하였다(방성규, 2006).[9]

　박해시대를 거쳐서 그리스도 교회가 교의적 토대를 탄탄하게 하며 부흥되는 것을 뒷받침해 주던 힘은 바로 동·서방 교회에 커다란 활약을 하던 교부들의 훌륭한 영성적 사상들이다. 로마 제국의 정치적 힘을 입어 교부들의 가르침과 수도회들은 서방 유럽 세계로 활발하게 퍼져나갔으며, 영성생활의 중요성과 동시에 교회 사목, 윤리 그리고 전례와 성음악에 깊은 관심을 가졌던 대 그레고리오 교황은 베네딕도 수도자들을 유럽으로 파견하여 유럽을 복음화시켰다.

이는 그리스도 교회의 커다란 영적 전통, 즉 서방교회의 활발한 선교적·영적 전통과 동방교회의 관상적·영적 전통을 유지했던 모습이다. 마치 교회가 두 개의 페로 호흡하는 모습과 같다고 방효익(2007)은 말한다.

이어서 '가르치는 교회의 시대'가 시작되며, 전승을 형성하고, 전례와 대중 신심이 적응과 토착의 시기를 맞이하고, 학문보다 영성이 더욱 중요하게 여겨지던 시대를 맞이하게 되었다. 사도적 교부시기에는 순교영성, 동정성의 영성 등이 활발했으나 그 뒤를 이어 수도적 교부 영성이 활발하게 꽃을 피우기 시작한 것이다.

수도자들이 사막이나 수도원으로 가게 된 동기들은 다양하다. 그중 중요한 이유는 교회에 대한 국가나 지방 부호의 보호로 인해서 점점 나태해지고 부도덕해지는 그리스도교 신자들과 어울리기 싫어서 혹은 박해를 피해 도시에서 사막에 숨어 들어갔으며, 평화로운 시기에는 순교하는 마음으로 수도생활들을 선택했다.

수도영성은 3대 허원으로 표현되는 청빈적 삶과 동정과 순명의 삶이 바탕이 되어 기도와 노동과 침묵 그리고 선교를 중요시하고 공동체 생활을 통해 예수님의 핵심적 가르침인 사랑을 실현하는 생활을

---

9) 한영신대 교수와 인터뷰 : 〈영성의 샘〉 기사, 김귀춘 기자 취재, 2006. 10. 17.

하는 것이다. 이들은 하느님과의 깊은 합일로 자신을 완성, 완덕에 이르는 영성을 추구했으며, 이 모든 생활의 핵은 예수 그리스도의 '말씀'이며, 성경이 영성생활의 중심이 되었다. 이러한 기본적 수도영성 전통은 현대에도 면면히 그대로 흐르고 있다.

중세기 영성

중세기에는 어둠과 빛의 양극이 공존한 시대다. 우선 큰 특징은 유럽 전 지역에서 수도회들의 번창이다. 교회는 안정기와 번성기를 지내오면서 권력과 금력에 집착하는 부패의 양상을 띠기 시작했던 것이다. 그러나 이렇게 교회가 흔들릴 때 뛰어난 영성가들이 많이 출현하였다. 방효익(2007)은 "절대로 놓치지 말아야 할 것은, 중세기 수도자들이 없었다면 오늘날 유럽의 학문적·문화적·예술적 발전이 결코 이렇게 화려하게 번창하지는 않았을 것이다. 이러한 의미로 볼 때 중세기를 오히려 빛의 시대로 읽을 수 있어야 한다."라고 주장한다.

중세기의 모든 자녀들은 집을 떠나 수도원에서 교육을 받았으며, 특히 수도원들은 대학들을 설립하기 시작했다. 유럽은 일찍이 중세시대에 지금과 같은 공교육이 시작되었던 것이다. 이외에 농업, 철학, 과학, 의학, 예술, 유럽의 언어들까지도 모두 수도원에서 시작되었다. 오늘날 유럽의 공동체가 베네딕도Benedicti 성인 축일을 공휴일로 정한 이유는 이러한 이유 때문이다. 그는 '유럽의 아버지'라는 호칭을 얻었다. 이 시대 영성가들은 금력과 결탁하는 교회의 흐름을 꺾고자 하였으며, 청빈과 걸식을 강조하는 탁발 수도회들을 창설했다.

탁발 수도회를 창설한 위대한 두 사람은 1216년 도미니코 수도회를 창설한 성 도미니코Dominic와 1210년 프란치스코 수도회를 창설한 아시시의 성 프란치스코Francisco이다. 그들이 죽은 지 한 세대도 채 안 되어 이 두 수도회는 유럽 전역과 아시아로 퍼져 나갔고, 수사들의 수는 늘어나 수만 명에 달했다. 대학에서는 주로 이 두 수도회 수사들이 신학을 가르쳤다. 이어 13세기에는 카르멜 수도회, 아우구스티노 수도회, 성모 마리아 하복회 같은 큰 탁발 수도회가 생겨났다.

성 도미니코의 영성의 특징을 보면 우선 그는 초기 교회의 주역들인 사도들을 본받는 '사도들의 영성'을 이상으로 삼으며 그들처럼 예수 그리스도에 대한 열정적 사랑에 기초하여 '설교'하면서 복음을 전파하는 일에 중점을 두었다. 그리하여 그들은 설교를 잘하기 위해 학문연구를 아주 중요하게 여겼으며 공부하는 수사들로 유명해졌던 것이다. 많은 회원들이 교수가 되었다. 이들을 '개혁 설교자'라고 부르기도 했다.

이들의 사목은 많은 여성 개종자들을 얻었으며 13세기 여성운동이 교회 안에 확고하게 자리 잡는 계기가 되었다. 이러한 기류를 타고 도미니코 여성 수도회가 창립되었던 것이다. 다음 도미니코 영성의 특징은 '성모 영성'으로서 교회의 어머니, 신앙인의 어머니인 성모 마리아의 신앙을 본받는 영성이며, 성모송을 주로 많이 하는 로사리오 기도(묵주 기도)는 도미니코 성인이 만들었다고 전해진다. 성 토마스 아퀴나스Thomas Aquinas와 성 대 알베르토Alberto 성인, 에크하르트Eckhart는 이 수도회에서 출현하였다.

성 프란치스코 역시 위대한 성인이자 개혁가였다. 프란치스코 수도회의 영성의 특징은 도미니코 수도회와 비슷하게 복음적 청빈과 설교의 직무를 중요하게 여겼다. 성 프란치스코의 가르침에 따라 성녀

클라라Clare는 여자 수도회를 창설했다. 클라라 수녀회는 프란치스코의 영성, 즉 '복음적 가난'의 영성을 적극적으로 구현하여 프란치스코 남자 수도회에 영향력을 미쳤다. 성 보나벤뚜라Bonaventura는 프란치스코 영성의 충실한 계승자가 되었다. 성 프란치스코의 영성에 대한 것은 방유룡 신부의 생애사에 소개되었으므로 여기서는 줄인다.

신비주의 영성의 출현과 에크하르트

독일의 라인강 서쪽 지방 도미니코회 수사들에 의해 신플라톤 사상에 의한 성 아우구스티노 신학사상을 부흥하려는 영성운동이 일어났다. 지적인 면을 강조하는 분위기를 바탕으로 위디오니시오의 부정신학[10]에 의한 신비적이고 관상적인 영성으로 방향을 바꾸게 되는 것이다. 이에 디오니시오영성학교가 설립된다. 이곳을 중심으로 일어난 영성이 이른바 '라인란트 신비주의Rheinland Mystics'다.

신비주의 영성이 출현하여 활성화하게 된 주된 배경은 여성 신비가들의 출현에 의해서다. 성 토마스 아퀴나스Thomas Aquinas나 성 보나벤뚜라Bonaventure는 신비적 관상에 대해 훌륭한 신학을 전

---

10) 신 자신이 계시하지 않는 한 어떤 이름도 신에게 줄 수 없다. 그러나 계시된 이름마저도 인간의 유한한 오성이 이해할 수 있는 것에 지나지 않으므로 신의 본성에 이르거나 그것을 표현할 수 없다. 따라서 신에 관한 모든 긍정적 진술은 부정이라는 교정 수단을 필요로 한다. 신학자는 신을 '실재' 또는 '존재'라고 부를 수도 없다. 왜냐하면 이런 개념들은 신이 실재를 부여해 준 사물들에서 이끌어 낸 것이기 때문이다. 창조자는 그가 창조한 것과 같은 본성을 가질 수 없다. 부정마저도 상대적이다. 왜냐하면 신은 부정적이든 긍정적이든 인간이 그에 관해 말할 수 있는 어떤 것도 초월하기 때문이다.

개했으나 많이 알려지지 않았었다. 그런데 이들의 작품이 널리 보급된 큰 원인 중의 하나는 열성적이고 교육을 많이 받은 여성들이 여러 가지 신비체험을 하면서 합당한 지도자들을 찾았기 때문이다. 14세기 초 많은 여성 수도자들이 자신들의 신비체험을 논문으로 썼으며 신과의 신비적 합일의 체험에 대해 '신비적 약혼'이나 '혼인'에 관한 표현들을 사용하였다. 이들은 스페인 영성가들에게도 직접적인 영향을 주었다.

중세기의 영성은 관상과 신비적 체험으로 기울고 있었다. 관상의 목표에 이르기 위해서 수행적 방법이 제시되었는데, 전적인 자기 포기와 하느님의 뜻에 전적인 승복 그리고 모든 감각적 상을 끊어 버리는 것 등을 포함한다.

이 지역에서 가장 영향력을 행사한 영성가가 마이스터 에크하르트 Meister Eckhart(1260~1328)이다. 그의 사상에는 성 토마스 아퀴나스의 영향이 두드러졌으며, 가장 큰 특색은 신비적 체험을 설교하는 데 있었다. 그의 신비주의 영성의 핵심적 표현인 '무심', '영혼의 불꽃', '아들의 탄생', '가난'의 의미를 간략하게 소개한다. 우선 '무심無心'의 경지란 그 어떤 욕망도 갖지 않고, 세상의 그 어떤 것에도 마음이 흔들림 없음의 경지다(Blakney, 1994a). 모든 피조물로부터의 초탈이며, 집착과 애착에서 벗어난 상태를 말하는 것이다.

'아들의 탄생'의 의미는 하느님은 우리 영혼 안에 아들을 탄생시키시며, 우리 영혼 안에 머문다는 의미다. 에크하르트는 "당신의 영원 안에서 그러시는 것과 아주 똑같은 방법으로 영혼 속에 아들을 낳으시기 때문입니다……. 하느님은 당신의 아들을 낳으시듯이 나를 낳으십니다. 여기에는 구별이 없습니다."라고 말했다. 이는 신적합일의 독특한 표현이며, 하느님의 육화肉化의 신비를 드러내는 말이며, 동시에 인간의 신화神化의 신비를 말하고 있다. 이는 인간과 신神 사이의 경계가 없어지는 것이다. 그는 이어서 "아버지께서 당신의 아들을 내 안에 탄생시킬 때 나는 바로 그 '아들'이지 다른 것이 아닙니다……. 영혼이 시간으로부터 벗어났을 때 말입니다."라고 말하고 있다(Blakney, 1994a).

'영혼의 불꽃'은 인간 가장 내면적인 곳에 있는 존재의 핵, 곧 작은 불꽃이 있음을 말하는 것인데, 이는 선천적으로 하느님이 주신 것으로 그는 본다. "본성 없이 존재하는 것이 하느님의 본성이다……. 그분은 당신 아들을 낳으시며 영혼은 자신의 온 힘을 다해 빛 속으로 폭발한다. 이 힘과 이 빛으로부터 불꽃이 타오른다. 그것이 사랑이다. 그리고 영혼은 자신의 온 힘을 다해 신적인 질서를 꿰뚫는 것이다." (Blakney, 1994b). 인간 영혼이 상승하여 영원한 불꽃과 만나 영혼의 불꽃과 합일의 상태가 될 수 있다고 말하는 것이다.

'가난'은 마태오 복음의 '가난한 사람은 행복하다.'에 대한 그의 탁월한 해석이다. 첫째, 그는 의지의 가난을 말하면서 아무것도 원하지 않는 사람, 자신의 의지를 포기하고 하느님을 바라는 마음조차도 비우는 상태를 말한다. 둘째는 지성의 가난인데, 아무것도 모르는 사람이 가난한 사람이며 모든 지식에서 떠나 텅 빈 상태의 가난을 일컫는다. 하느님에 관한 지식조차 하느님을 만나는 데 방해가 된다는 것이다. 셋째는 존재의 가난을 말하는데, 모든 집착으로부터 떠남을 말한다. 이는 신성이 사람에게 하느님을 제거해 버리는 차원이다. 즉, 사람과 신성이 하나임을 발견하게 되는 가난이다(Blakney, 1994a).

에크하르트의 신神관은 신의 본질은 철저하게 알 수 없다는 관점을 취하는 부정 신학의 전통을 따른다. 신에 대한 개념들이 신은 아닌 것이기 때문이다. 신에 대한 어떤 이름이나 개념을 부정한다. 에크하르트는 신성Godhead을 '행동의 없음'으로 설명한다. 이는 하느님의 절대성, 초월성, 심연성, 불가표현성, 불가지성, 무성질성 등을 의미한다. 에크하르트는 신성으로서의 하느님을 'Nothing'이라고 표현한다. 이는 신의 불가지성과 불가표현성, 무한신비성 그리고 존재의 근원으로서의 무無를 의미하는 것이지, 신의 비 존재성을 의미하는 것은 아니다.

이밖에 스페인의 아빌라의 성녀 대 데레사Teresa, 십자가의 성 요한John 그리고 시에나의 성녀 카타리나Catharina, 떼이야르 드 샤르댕Pierre Teihard de Chardin 등 수많은 신비 영성가들이 있는데, 이들 모두는 각각 독특한 고유성을 가지고 있지만 지금까지 열거한 영성들에 그 기본 바탕을 두고 있다.

방유룡 신부가 창설한 한국순교복자수녀회 수녀들과 함께

인간의 몸에 대한 방유룡 신부의 시각

> 여러분의 몸은 여러분이 하느님께로부터 받은 성령이 계시는 성전이라는 것을 모르십니까? …… 그러므로 여러분은 자기 몸으로 하느님의 영광을 드러내십시오. 1고린 6:20.

예수님의 가르침이 서양으로 건너가면서 스토아 철학의 영향으로 이원론적 색체를 띠게 된 적이 있었다. 방 신부는 시대적으로 신학교 교육에서 이원론적 신학의 영향을 받았을 가능성도 있으나, 그는 취할 것은 취하고 버릴 것은 버렸으며 철저히 자신의 체험과 경험에 바탕을 둔 영성론을 세웠다. 무아 방유룡 신부는 영성생활에 있어서 몸의 중요성을 강조하였다. 본래 성경이 결코 인간의 몸을 경시하고 있지 않음을 예수님이나 바오로 사도의 말을 보아도 알 수 있다. 방 신부는 몸을 하느님의 신비가 깃든 훌륭한 작품으로 보았으며 점성 點性정신과 침묵수련 안에서 몸과 마음, 정신 그리고 영성을 하나로 통합하여 이원론二元論의 극복은 물론 인간 존재를 하느님에게 그저 종속된 낮은 차원의 존재가 아니라 신神이 될 수 있는 존재라고 강조함으로써 추락한 인간 존재를 다시 승격시켜 본래 성경에서 가르치는 복된 인간의 정체성을 되찾도록 하였다.

제2장_무아 방유룡 신부의 '면형무아' 영성

면형으로 가는 이는 복되고 순純 아톰Atome[11]으로 이루어진 육체를 갖게 될 것이다. 이 육신과 면형이 하나가 된다. 아톰인 육체를 갖게 되면 이는 신神과 같이 광명光明, 무손상無損傷, 투철透徹, 신속迅速, 네 가지며, 아톰으로 된 육신은 섞인 것이 없다. 죄짓고 사욕을 부리기 때문에 잡된 것과 섞여서 병이 있게 됐다.   p. 589.

누구든지 면형화麵形化하는 공로功勞에 따라 그 육체는 Atome으로 더욱 더 고상하게 변화된다. 아무 복잡성 없이 순 아톰으로 이루어진 육체는 순결하고 아름다워 영원히 삶을 누린다. 죽음이라는 변화만 한 번 지나갈 뿐이요, 다음에는 Atome화化(마치 神化)한 육체로서(神自體임) 영혼과 합습하여 영생永生하는 신인神人이 된다. 죽음이란 것이 죄악에 빠진 인간에게는 최후극화最後極禍 허무이지만 면형무아의 성화聖化된 사람에게는 신인神人으로 전화轉化하는 극락極樂의 순간이다.
                p. 642.

진리는 올바른 사람이 찾는다. 그는 또 선을 찾을 것이다. 세상에서도 그리워하는 이는 만나게 된다. 진리와 선이 못내 그리우니 몸 안에서도 만나게 될 것이다.   p. 583.

방 신부는 위에서 말한 것처럼 영적으로 성장함에 따라 육체도 함께 성장, 변화한다고 주장한다. 영과 육이 각자 분리된 것이 아니라 둘이 같은 방향으로 갈 수 있는 것으로써 육체를 천시했던 이원론적 사고에서 벗어났다. 성인聖人이 된 육체는 사기지은四奇之恩, 즉 무

---

11) Atome은 원소로서 제1원료(prima materia)이다.

손상, 광명, 신속, 투철의 육체로 파격적인 변화를 겪는데 아톰만으로 이루어진 육체는 죽었다가 부활한 육체로서 사기지은을 입는다고 말한다(p. 642). 부활한 예수의 모습은 바로 이 모습인 것이다. 빛이 나는 몸과 더 이상 손상을 입을 수 없는 불멸의 몸이며, 보이기도 하고 안 보이게도 하는, 시공을 초월하여 지금과 영원, 여기와 저기, 우주와 동시에 존재하며 벽을 뚫고 들어와 제자들에게 나타나며 빛보다 빠른, 아니 속도를 초월한 신속迅速을 지닌 신인神人이 되는 것이다.

방 신부는 완덕오계에서 오관 챙김과 동작 챙김을 수련하도록 하였는데, 이는 영성생활에 있어서 몸의 중요성과 몸을 활용하여 더 높은 단계를 밟아가려고 했다고 볼 수 있다. 이러한 측면은 상당히 동양적이면서도 심리학적 측면을 가지고 있는 것이다. 몸은 무의식의 보고이기도 하며 영성생활의 동반자이지, 괴롭힘이나 무시의 대상이 아닌 것이다.

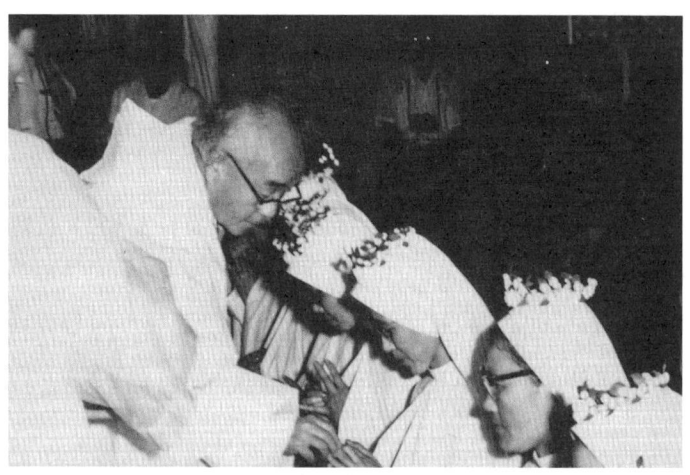

종신서원을 하는 수녀들에게 반지를 나눠주는 방유룡 신부

점성정신點性精神

수도 근본정신 중에 점성정신이 그 하나니 점성정신 없이 수도생활은 성립될 수 없도다.　　　　　　　　　　　　　　　　　　p. 208.

점성은 수도생활하는 데 근본 문제다. Punctuality, 이는 점이 아니고 점의 자리를 표시하는 것이다. 점은 눈에 보이지 않는다. 점은 보이지도 않는 것이지만 위대하다.[12] 만물은 점에서 나왔다. 점은 보이지 않아도 모든 도형의 요소다. 일차원, 이차원, 삼차원, 즉 길이, 넓이, 높이, 깊이가 나왔다. 모든 자연도 이 세 차원으로 구성되었다. 진실한 신비, 즉 수도정신으로 본 신비는 허무에서 빛이 나고 만물이 생기더니 우리가 점성정신으로 살 때 거기서 침묵의 의미를(사욕에 대한 침묵) 깨닫게 되고 침묵에서 대월생활인 관상觀想으로 통하여 무사無邪, 무욕無慾, 무아無我에 가서 면형에까지 내려가면 거기서 하느님을 만나 황홀경에서 그분과 일치하는 것이다.　　　　　　　　　　　　　　　　　　　p. 556.

지극히 작은 일에 충실한 사람은 큰일에도 충실하며 지극히 작은 일에 부

---

12) 《영혼의 빛》, p. 512, 530.

정직한 사람은 큰일에도 부정직할 것이다.　　　　　루가 16:10.

하늘나라는 겨자씨에 비길 수 있다. 어떤 사람이 밭에 겨자씨를 뿌렸다. 겨자씨는 모든 씨앗 중에서 가장 작은 것이지만 싹이 트고 자라나면 어느 푸성귀보다도 커져서 공중의 새들이 날아와 그 가지에 깃들일 만큼 큰 나무가 된다.　　　　　　　　　　　　　　　　　　　　마태 13:31.

점성정신은 무아 방유룡 신부의 독특한 가르침이다. 점성punctuality정신이란 수도修道의 근본이며 바탕이라고 하였다(p. 501). 방 신부의 초기 강론에는 점성정신에 대한 가르침이 없다. 1967년에 처음으로 점성정신에 대한 가르침이 등장하면서 면형무아에 이르는 길의 시발점과 바탕은 점성정신이라고 가르치고 있다. 이는 점성정신이 방 신부의 영성의 결정체라는 것을 말해 주는 것이다. 방 신부가 평생 침묵생활과 관상생활을 통해 면형무아의 절정 체험을 계속하면서 이 신비적 체험을 다른 이들과 어떻게 하면 공유할 수 있나 탐구하고 숙고하였던 결과물이라고 본다. 방 신부는 수도회를 창설해서 많은 제자 수도자들을 거느렸기에 이들에게 성인聖人의 길을 확실하게 전수하고자 노력했다. 점성정신은 그의 영적 능력에서 결창된 진수를 뽑아낸 것이라고 볼 수 있다. 방 신부는 "점성정신은 하느님이 특별히 우리 수도회에 주신 비결"이라고 말하고 있는 것으로 보아(p. 563) 점성정신은 자신의 오랜 영적 체험과 관상생활에서 나온, 평생의 세월 속에서 얻어 낸 독특하고도 정련된 보물과도 같은 것임을 알 수 있다.

현대 사회는 거대주의 사회이다. 무엇이든지 크고 높은 것을 숭상하며 화려한 것을 좋아한다. 현대의 빌딩들이 그렇다. 거대 쇼핑센터에 들어가면 현대인이 좋아하는 것을 모두 담아 놓았다. 엄청난 소음에도 사람들은 편안한 듯, 그래서 더 큰 소리로 말을 해야 서로 알아들을 수 있다. 거대한 소음과 함께 밀려오고 밀려가는 군중들의 모습이 이 시대의 단면이다. 특히 한국은 거대주의 추구가 극에까지 치닫고 있다는 느낌이다. 무아 방유룡 신부가 젊음을 불태우고 있을 당시 한국은 2차 대전에 휘말린 일제의 압제와 공산 세력에 의해 거대한 전쟁의 포화와 폭력에 시달리던 시대였다. 이 시대는 그 시끄러움과 어지러움이 다른 것으로 대체되었고, 그 양상을 달리했을 뿐 별반 다르지 않다는 생각을 가끔 하게 된다.

  그러나 방 신부는 2차 대전이라는 거대한 마의 세력과 그 하늘을 찌르는 포화와 아우성 속에서 조용히 '마음의 골방'에 들어가 가장 작은 것, 가장 비천한 것, 소리 없는 것, 너무 작아서 보이지 않는 '점'에 마음을 모으고 명상하며 신비를 깨달았던 것이다. 이 얼마나 역설적인가. 거대로 흐르는 문화, 그래서 밖으로만 팽창하여 흐르는 에너지를 거슬러 점을 들고 나왔다. 이렇게 거대를 향하여 치달으며 급격하게 기우는 현대문명을 향해 그 반대쪽의 중요성을 들고 나오며 그 에너지를 다시 안으로 수렴하도록 이끄는, 인류의식의 균형을 잡으려는 시도가 발현된 것이다. 그러므로 점성정신은 인류 정신사에 새로운 도전이며 빛이라고 생각한다. 무아 방유룡 신부는 결국 점이 우주이고, 점이 하느님이라고 고요히 천명한다.[13]

  방 신부는 점성정신을 3차원으로 설명했다.[14] 첫째는 일반적 차원의 점성정신으로서 일상의 매사에 무슨 일을 하든지 늘 정성스럽고,

---

13) 《영혼의 빛》, p. 500, 526, 548, 71, 592.
14) 《영혼의 빛》, p. 543, 551, 556.

알뜰하고, 빈틈없고, 정확하고, 규모 있게 임하고, 치밀하며, 섬세하고, 빈틈없이 하려고 노력하는 마음, 말하자면 정성[15]을 다하는 자세로 매사에 임하는 태도이다. '지금 여기' 이 순간에 온전히 투신하고 몰입하는 자세로 임하라는 가르침이다. 즉, 지금 이 점 같은 순간을 성화聖化하라는 초대이다(p. 501).

> 한번은 내가 너무 정신없이 바빠서 수저의 순서를 바꿔놓고 말았다. 신부님께서는 조용히 나를 부르시더니 점성정신에 대해 말씀해 주셨다……. "대개 사람들은 작은 일을 할 때에는 소홀히 생각하여 적당히 해서 넘기려 하고, 크고 눈에 드러나는 일은 굉장히 정성을 기울이지. 그러나 우리 수도자들은 그렇게 살면 안 되요. 점성정신으로 기도하고 생활하지 않으면 하늘나라에 갈 수 없다는 것을 명심하고……."
>
> 김정자 수녀, 〈순교의 맥〉, 제196호, p. 61.

> 연세가 많이 드셨을 때에도 문을 열 때는 가만히 여시고, 닫을 때도 아주 조용히 닫으셨으며 또 물건을 놓으실 때도 가만히, 복도를 지나다니실 때도 얼마나 조용조용 다니시는지 우리가 놀랄 정도다. 생활면에서 그런 모습만 보더라도 신부님께서 얼마나 점성정신을 실천하며 사셨는지 알 수 있었다.
>
> 조연이 수녀(2000), 〈순교의 맥〉, 제196호, p. 3.

---

15) 유교에서는 '사람은 誠이요, 하늘은 聖'이라 하여 성誠 혹은 성실을 인간이 거룩함에 이르는 길을 성이라고 이해하였다. 방 신부는 지성至誠이면 감천感天이라는 말을 쓰기도 했다. 김춘희 수녀(1985), 점성정신, 〈순교의 맥〉, 제76호, p. 21, 대학, 중용 참고.

둘째로 신덕信德 차원의 점성정신인데, 이는 미소한 일에, 하찮은 일에 충실하게 하는 정신이다. 이는 인간적 시각으로 자신과 남을 판단하지 않고 하느님의 시선으로 사물을 보는 것인데, 수도원에 오면 많은 사람들이 각자의 맡은 일을 하게 된다. 어떤 사람은 원장 직을 해야 하고, 어떤 사람은 주방에서 밥하는 일, 어떤 사람은 청소하는 일, 어떤 사람은 전문직을 하는데, 이들이 유기적으로 활동하며 공동체를 이루는 것이다. 이때 세상적 가치판단으로 일의 귀천貴賤을 가리고 자신의 존재의 귀천으로까지 동일시하기 쉽다. 신덕 차원의 점성정신은 자신이 어떤 일을 하는가가 아니라 자신에게 주어지는 일 혹은 자신이 하는 일에 남이 알아주든지 안 알아주든지 아랑곳하지 않고 지극히 작은 일, 하찮은 일, 비천한 일 그리고 점 같은 일에 온전함으로 임하라는 것이다. 세상의 끈질긴 귀貴 비천卑賤의 가치 통념에서 벗어나려면 굳건한 신앙적 차원의 시각과 믿음이 필요한 것이기에 방 신부는 이를 신덕信德 차원이라고 불렀던 것 같다. 신덕 차원의 점성정신은 세상의 가치로부터 적극적으로 자유롭게 되는 것을 도와주는 정신인 것이다. 그래서 방 신부는 점성으로 사는 이는 "조금도 크고 적은 것이 없다. 하느님과 얼마나 가까운가로 평가되니까 마음이 편하다. 무엇을 해도 마음이 편하다."라고 말한다.

셋째로 3차원의 점성정신은 신비神秘적 혹은 수도 정신 차원의 점성정신인데, 자신의 마음을 온전히 하느님께 드리는 것이다. 예수님은 "네 마음을 다하고 네 목숨을 다하고 네 힘을 다하고 네 생각을 다하여 주님이신 네 하느님을 사랑하여라."[16] 이 말씀을 가장 중요한 계명으로 선포한다. 방 신부의 신비적 점성정신의 성경적 근거는 예

---

16) 루가 10:27, 마르 12:30, 마태 22:37.

수님의 바로 이 말씀이다. 점 같은 순간에 온 마음과 온 정신을 하느님께 봉헌하는 것을 의미한다(p. 556). 방유룡 신부는 예수님이 자신을 비우고 내려가고 내려가 점처럼 작아져 무아가 되어 자신을 제물로 바치는 모습 그리고 모든 이에게 나눠 먹히는 성체(면형)가 되는 신비적 차원을 점성정신에 포함시켰다.

> 만물은 점에서 시작하고 점은 무형無形 유有(p. 500)이며, 보이지도 않는 이성적 존재이며, 영적 존재(p. 566, 571)이고, 점은 적은 것이다. 바로 하느님이시다. 점이신 하느님을 따라가자. 하느님을 왜 점이라고 하나? 당신이 그러셨다. 나는(예수) 시작이요, 마침이라고 하셨다(묵시 1:8). 그런데 어디가 시작이요, 마침인가?(p. 592) 우리도 점을 따름일 뿐이다. 예수님도 바로 점이시다. 점처럼 시작하시고 점처럼 마치셨다. 겸손하게 점을 따라가자(p. 550)……. 순간 성화가 주의 심복이 되는 길이요, 간단없는 기도로다. 순간 성화가 주를 항상 모시고 무소부재無所不在를 느끼는 도다. 이것이 만사에 뜻하신 바요, 가장 좋아하신 바로다.　　p.135.

점성정신의 개념을 영어로 마땅한 단어는 없지만 'awareness'가 가장 적당하다고 할 수 있다. awareness는 '깨어있음', '알아차림'이라고 번역을 할 수 있는데 점성정신은 알아차림과 깨어있음의 중요성을 무척 강조하고 있으나, 그것은 점성정신의 일부분이다. 앞에서 말한 것처럼 방 신부는 이러한 동양적 정신을 포함하면서도 점성정신의 신앙적 차원과 신비적 차원을 강조하게 됨으로써 점성정신 안에서도 동東과 서西의 통합을 이룬 탁월한 수행체계를 세운 것이다.

이영숙 수녀[17]는 방 신부의 점성정신을 기억하면서 방 신부의 어느 날의 강론을 기억했다. 방 신부는 시대에 따라 겪어야 할 전쟁이 다섯이 있다. 그 첫 번째 전쟁은 가난과 굶주림과 헐벗음의 전쟁인데 이는 선조들이 잘 겪어냈다고 말하고, 두 번째 전쟁은 과학 전쟁으로 과학이 발달할수록 인간은 기계의 노예가 되고, 마음의 자유를 누리지 못하고, 불안 초조감으로 삶을 살아가기 때문에 마음의 불구자가 많이 생길 것이라고 했다. 세 번째 전쟁은 무역 전쟁인데 사람들은 물질의 노예가 되어 마음은 더 황폐하게 되어 타락주의가 되고, 네 번째 전쟁은 지식 전쟁이라고 했는데 지성인들이 지혜로 선과 진리를 추구하기보다는 자기 이익만을 위해서 지식을 사용하여 명예욕과 권력주의가 팽배해져 약자들이 생명의 보호를 받기가 힘들 것이라고 했다. 다섯 번째 전쟁은 영신 전쟁이라고 했는데, 이 전쟁은 마지막 전쟁이며 가장 무서운 전쟁이라고 하였다. 이 전쟁에서 이기기 위해서 미리 준비를 잘해야 된다며 겸손정신으로 무장하고 영적 교만에 빠지지 않도록 깨어 기도하라고 했다. 그리고 '겸손정신은 마귀를 물리치는 총알'이라고 한 말이, 이영숙 수녀는 지금도 생생하게 기억이 난다고 말한다.

  방 신부가 시대의 흐름을 앞서 기막히게 진단했다는 생각을 하게 됐는데, 다섯 시대의 전쟁은 부정적 측면에 초점을 맞추어 말한 것이긴 하나 마치 요즘 미래학자들이 미래를 말하는 것과 별반 다름이 없다. 현대 문화가 과학만능주의, 물질주의가 극대화되어 온 양상과 상업주의로 표현되는 무역 전쟁, 지식 전쟁으로 표현되는 디지털 정보화시대 그리고 영성의 시대가 오리라고 예언하는 사람들이 많아졌는데, 방 신부는 다가올 이 영신 전쟁으로 표현된 영성의 시대를 위

---

17) 〈순교의 맥〉, 제189호, p. 113.

해 겸성정신으로 무장하여 이 전쟁에서 이기기를 바라는 것이다. 이는 그가 자신의 겸성정신을 그의 가르침 중에 큰 무게를 두었다는 것을 알 수 있다. 왜냐하면 수도 근본정신이 겸성정신이요, 영성생활의 시발점이 겸성정신이기 때문이다. 늘 기반과 기초 그리고 시작점이 중요하다는 것을 암시하고 있는 것이다.

> 겸성정신은 탁월해요. 세 가지로 구분해서 말씀하셔요. 근데 구분해서 말씀하신 뒤의 더 깊은 뜻은 너무 너무 전제되어 있어서 당신이 설명을 안 해. 너무 전제되어 있기 때문에……. 근데 우리한테는 그게 보였지. 신부님도 당신이 가지고 계신 겸성정신의 그 너머의 것을 표출하지를 못하셔 너무 전제되어 있어서……. 그것은 사실 겸성정신의 빙산의 일각만 이야기하는 것이지요……. 이 겸성정신은 세계에 알려야 할 정신이고, 모든 성인들이 아마 천국에서 깜짝 놀랄 겁니다. 성 아우구스티노라든지, 성 토마스 아퀴나스 성인도 겸성정신 하나에 두 손 들 거예요. 이것은 정말 인류 역사에 동서의 사상이 하나로 집합되는 자리가 겸성입니다. 내가 사라지는, 내가 없는, 아! 이거는 세계적인 거예요.
>
> 인터뷰 자료 : 이재성 수사[18], 2008. 1. 22.

이재성 수사는 인터뷰에서 무아 방유룡 신부가 선종하여 천국에 올라갔을 때 교회의 대학자인 성 토마스 아퀴나스와 역시 학자이며 영성가인 아우구스티누스 성인이 깜짝 놀랐을 것이라고 말한다. 왜냐하면 무아 방유룡 신부의 영성은 그들의 영성보다 탁월하기 때문이

---

18) 성 프란치스코 작은형제회 소속. 로마에서 영성 신학 전공, 교수들과 함께 방 신부에게 15년 동안 영적 지도를 받음.

라는 것이다. "무아 방유룡 신부의 영성은 유럽의 성인 성녀들보다 못하지 않습니다. 특히 방 신부의 '점성정신'은 오히려 그들보다 뛰어나고 독창적입니다."라고 자랑스럽게 말한다. 역사적으로 점성정신과 비슷한 정신을 말한 사람들도 있기는 하지만 방 신부의 점성정신은 아주 명쾌하고 심오하고 뛰어나다는 주장을 하고 있다.

미사를 드리는 방유룡 신부

침묵수련沈默修練

나를 따르려는 사람은 누구든지 자기를 버리고 제 십자가를 지고 나를 따라야 한다.　　　　　　　　　　　　　　　마태 16:24.

침묵이 선이면 선은 점에서 온 것이니
대월이 넓이면 넓이는 선 없이 있을 수 없으니
침묵을 모르는 파란만장이 대월산에 어이 오르며…….
대월 산정이 입체라면 입체는 넓이가 모여 된 것이니
대월산도 이르지 못한 심연의 절벽이 어이 산정을 타리오.　　p. 194.

　침묵은 말 안 하는 것이 아니라 말하기 싫어도 말하는 것이 침묵이라고 가르친다(p. 544, 545). 침묵은 구체적으로 인간성을 훈련하고 정화하는 단계이다. 무아 방유룡 신부는 완덕의 절정인 면형무아에 이르기까지의 여정에서 첫 출발역은 점성정신이라고 했다. 점성정신을 수련하는 것은 점이 모여 선이 되는 것과 같은 이치라는 것이다. 침묵은 이 선을 상징하는데 자기 정화기의 정점이라고도 볼 수 있다. 이 정화의 여정은 '극기의 길', '십자가의 길'(p. 194)이라고 비유적으로 쓰고 있다. 즉, 나라는 존재가 자아와 동일시되어 있는 상태로부터 탈 동일시되는 여정이라고 볼 수 있는 것이다. 예수가 나를 따르려면 끊임없이 자기를 버리고 자기의 십자가를 지고 당신을 따르라고 하였는데, 이 십자가는 어려움과 고통을 상징하고 있다. 방 신부가 강조한 십자가의 여정이란 조건화된 자아[19]가 추구하는 욕망을 만족시키려는 길로 가지 말고 자아를 극복하며 성장하는 길로 가기 위한 어려움을 인내하고 받아들일 것을 가르치는 것이다. 피아니스트가 되려면 다른 많은 것은 포기하고 오로지 피아노 연습에만 몰두하는 인고의 시간 없이는 피아니스트로서 원하는 수준에 도달할 수는 없는 것과 같다.

  방유룡 신부는 인간을 광물성, 동물성, 인간성, 신성으로 구성되어 있다고 말한다. 이를 염두에 두면서 인간 존재를 원圓으로 비유해서 볼 필요가 있다. 의식의 주체가 되는 자아ego 차원이 원의 가장 밖의 표면층이고, 그 다음 층은 무의식 차원이며, 가장 중앙의 층은 존재의 핵으로서 영적 차원으로 볼 수 있다. 의식이 존재의 가장 밖의 표면층인 자아를 자신의 전부인 것으로 착각하여 전 존재와 통교하지 못하고 오로지 자아 층에만 달라붙어 자아와 동일시하는 현상 속에서 보통의 사람들은 살고 있다. 방 신부의 침묵수련은 자아 층을 성장, 완성시켜서 자아 층으로부터 해방되는 것을 목표로 하는 수련인 것이다. 자아를 성장하고 완성시켜야 자아를 떠나게 되는 것, 그것은 마치 부산까지 갈 때 대전을 거쳐서 부산에 가도록 길이 되어 있다면, 대전까지 가고 나서야 대전을 떠나게 되는 것에 비유될 수 있다. 예수님이 자기 자신을 버리라고 할 때, 그 자기란 자아를 의미한다고 볼 수 있다. 자신의 중심핵과 자신의 전 존재를 잃어버리고

---

19) 자신의 무의식의 세계와 외부 세계의 영향을 받은 자아.

자신을 외피外皮 층인 자아와만 동일시하는 어리석음에서 해방되기를 바라는 것이다. 이 자아에만 집착하는 마음에서 벗어나려면 고통과 어려움을 수용할 수 있어야만 가능하기 때문에 방유룡 신부는 대월 산정을 향해 가는 등반길을 침묵수련으로 비유하며, 산을 오를 때의 고통과 어려움인 십자가를 받아들이고 정상을 향해 올라갈 것을 요청하고 있는 것이다.

양심불과 자유

> 극기는 몸을 괴롭게 하는 것이 아니다. 옛날 성인들은 몰라서 그런 극기를 하셨다. 극기는 무엇인가? 나를 끊어 버리는 것이다. 나는(육신) 하느님의 걸작품이다. 왜 이것을 괴롭히나? 양심은 보호기관, 자유는 진흥기관이다. 그럼 무엇을 끊어 버릴까? 사욕이다. 극기는 사욕을 누르라는 것이다. 사람에게 자유가 제일이다. 자유는 선을 좋아하니까, 하느님을 좋아하고 닮는다. 우리가 침묵해야 빛이 오고 빛이 와야 닮게 된다.
>
> p. 527, 529.

방 신부는 금욕주의를 비판한다. 옛날 성인들은 그런 길을 갔으나 앞으로는 안 먹고, 안 입고, 안 즐기는 길인 금욕의 길이 아니라 사욕으로부터의 해방을 말한다. 금욕이 아니라 자기 극복을 말하며 극기를 하기 위해 자신의 사욕을 대면하게 되기를 바라는 것이다. 자신을 괴롭힐 필요는 없고, 즐겁고 기쁘게 살며 하느님의 복을 누리기 위해 거짓 자아의 헛된 욕망을 끊어 버리라는 것이다. 먹고 입고 즐기되 자아의 망상에 의한 욕망이 사욕인지 철저히 구분해야 한다고 말한다.

그렇다면 헛된 사욕과 정당한 욕구를 구분해 내야 하는 것이 큰 관건으로 대두된다. 방 신부는 그래서 '양심불'을 밝히라고 많이 강조했다. 양심불을 켜야 사욕을 순간순간 잘 구분할 수 있기 때문이다. 결과적으로 양심불은 나라는 존재를 나쁜 욕망으로부터 보호해 주는 역할을 하기 때문에 방 신부는 이를 '보호기관'이라고 말하고 있다. 그리고 역시 강조한 것이 자유의지인데 자주권과 의지를 갖고 능동적으로 자신과 남에게 좋은 쪽으로 선택하는 것이 하느님이 바라는 것이다. 여기서 하느님과 나는 서로 대치되는 존재가 아니라는 것을 전제로 하고 있다. 하느님이 원하는 것은 우리가 성장하고 충만하게 사는 것을 원하기 때문이다. 하느님과 관계에 있어서 우리가 하느님의 소유물이나 노예처럼 혹은 유아적 상태의 순응과 순종의 관계가 아니라, 한 인간으로서의 당당한 자주권과 선택권을 가지고 양심불에 의해 자유로운 선택을 해야 한다는 가르침이다. 이 자유권의 행사는 존재를 성장, 발전시키기 때문에 '진흥振興기관'이라고 말했다. 사욕의 노예가 되지 말고 주체적 자주권을 가지고 선택하는 자유를 누려야 한다고 역설하는 것이다.

> 이 지상에서 지상천국을 세우고 세상에서 잘 살 수 있는 비결은 자기를 아는 것이다……. 평가는 우리에게 이로운 것을 취하고 나쁜 것을 버리는 기능이며, 자유는 골라잡을 수 있는 능력이다. 하느님께서 우리에게 수여하신 귀중한 선물인데 잘 살지 않기 때문에 타락한다. 자유를 보존하기 위하여 양심을 주셨고 양심의 가책을 듣지 않으면 타락한 인간이다. 의지意志의 동작이 자유다……. 각자는 자유에서 오는 자주권이 있는데, 이것은 신성神性에 참여하는 기능이다. 소성素性적 자유에서 자주권이 나오

고 인격에는 자주권이 있는 동시에 개별성이 있다. 각자는 이 개별성 때문에 각자 스스로가 삶에 있어서 중대한 책임을 지는 것이다.   p. 557.

무아 방유룡 신부는 침묵의 단계를 정교하게 세분했는데, 이 내용이 바로 '완덕오계完德五戒'이다. 처음에는 '침묵십계'라고 하다가 더 단순화시켜서 완덕오계로 압축했다. 무아 방유룡 신부는 복자회 수사수녀들이 매일 아침마다 수도자의 서약誓約을 읊도록 했는데 "수도 근본정신!" 하면 "완덕을 위하여 점성, 침묵, 대월로 면형무아를 약속합니다."라고 말한다. 그리고 다음에 열거한 완덕오계를 외운다. 이는 영성수련을 위한 핵심을 간단하고 명쾌하게 제시하여 수도자들이 새벽에 눈 뜨고 입을 열면서 이를 제일 먼저 합송하게 만들었던 것이다.

자기를 수련 정화한다는 것은 자기를 알지 못하면 할 수가 없는 것이다. 그래서 방 신부는 자기를 알아야 함의 중요성과 아울러 순간순간의 알아차림의 중요성을 말하고 있다. 이는 점성정신의 실천으로 가능한 것이다. 그래서 점성정신을 시발점으로 그리고 침묵 단계의 기초로 삼는 것이다. 방 신부의 침묵의 뜻을 순수 한국말로 표현하면 '몸 마음 챙김'이라는 말이 가장 가깝다.

완덕오계完德五戒

1) 육신 내內적 침묵
　　제1계 분심 잡념을 물리치고(오관침묵)
　　제2계 사욕을 억제하고(사욕침묵)

2) 육신 외外적 침묵(동작침묵)
　제3계 용모에 명랑과 평화와 미소를 띠우고
　언사에 불만과 감정을 발하지 말고
　태도에 단정하고, 예모답고, 자연스럽게 하고

3) 영적靈的 침묵
　제4계 양심불을 밝히고(이성침묵)
　제5계 자유를 천주께 바치고 그 성의聖意를 따를지니라(의지침묵).

p. 667-673, 682, 701.

　이 완덕오계는 육신의 내적·외적 침묵과 영적 침묵으로 나뉘었다. 즉, 인간의 사고, 마음, 몸, 양심(이성, 영성), 자유의지 이 다섯 가지를 섬세하게 챙김으로써 자아를 훈련하고 성장하도록 돕는 영적 장치들이다. 방 신부는 또한 인격의 조화와 균형적 발전을 위한 진선미를 완덕오계에 다 담았다고 밝힌다. 이 완덕오계의 외적 침묵은 이耳, 목目, 구口, 비鼻, 수족手足의 오관침묵과 동작動作침묵을 말하며, 영적 침묵은 사욕침묵과 이성침묵과 의지침묵을 일컫는 것이다. 완덕오계의 각 조항들은 제3장에서 좀 더 상세하게 다룰 것이다.

　"용모는 침묵의 꽃이요, 동작은 침묵의 향기요, 말은 침묵의 열매다."라고 하시며 오관침묵에 대해 그토록 열심히 가르치셨는데…….

이팔종 수사, 〈순교의 맥〉, 제193호, p. 38.

　침묵생활의 바탕은 깨어있음과 알아차림을 강조한 점성정신이다. 방 신부는 점이 선처럼 이어져서 길이 나는데, 이 길이 침묵의 길이라고 한다. 침묵수련의 핵심은 완덕오계다. 이 완덕오계의 실천을 통하여 다음 단계인 대월, 즉 관상觀想생활로 들어갈 수 있다. 앞에서 언급한 것처럼 방 신부는 자주 신비경에 들어간 사람이지만 철저하게 일상적이고 현실적이며 구체적이고도 실천적인 측면을 크게 강조하고 있다. 이 완덕오계는 점성정신과 함께 방 신부의 고유하고 독특한 수련 방법이다. 이 침묵 단계까지가 정화淨化의 시기이다. 이 침묵의 단계도 점성의 단계와 마찬가지로 동양적 전통에서 강조하는 몸 수련과 그리고 불교 명상의 하나인 위빠사나의 신身·수受·심心·법法을 알아차림 하는 수련 방법과 상통하는 면이 많이 있다.

'협조정신', '성의노력', '통회·정개·보속'

점성정신과 침묵수련이라는 맥락에서 본다면 방 신부는 인간의 잠재력에 대하여 깊은 신뢰를 하고 있다는 것을 알 수 있다. 인간의 천성 안에 있는 양심불을 밝히고 그 천성의 내적 움직임에 '협조'(p. 315, 323, 327)하며, 성의誠意와 노력努力으로 임하면 된다고 했다 (p. 315, 461). 그는 "자유만 악용하지 않으면 되는 것이고 별나게 사는 것이 아니라 성의만 있으면 노력이 가하게 되고 노력이 가해지면 열이 나고 노력이 진행하는 중에 열이 나면 이것이 정말 열심인 것이다."고 말한다. 각자 자기 수준에서 성의와 노력을 하는데, 만약 점성, 침묵의 길에서 엇나가는 순간이 오면 즉시 알아차리고 통회痛悔, 정개定改, 보속補贖을(p. 768) 하면 된다고 가르쳤다.

어느 날 아침에 일어나니 우리 방 앞에 원장 신부님 수단[20]이 걸려 있었다. 조금 후 이것이 왜 여기 걸려 있는지 물으신다. 모르겠다고 하니까 다리미질을 잘못 했다는 것이다. 성의·노력·정성을 다하면 곱게 다려진다는 것이다. 수도자는 늘 깨끗하게 단정하게 옷을 입어야 한다고 말씀하셨다.
김순옥 수녀(1986), 〈순교의 맥〉, 제178호, p. 39.

신부님께서는 특히 성모聖母 미사곡을 좋아하셔서 자주 성모 미사곡으로 미사를 봉헌하셨다. 어느 날 미사 때 너무 졸려서 성가를 엉망으로 부르고 말았다……. 성악을 전공한 수녀님까지 졸면서 성의 없이 불렀나 보다……. "그게 무슨 노래야!" 하시면서 수녀님 보고 그렇게 성의 없이 미사를 봉헌하려면 그냥 나가라고 말씀하셨다……. 당신께서 가장 싫어하는 것이 어떤 일에 있어서나 성의 없이 하는 것이다. 특히 미사를 정성을 다해서 봉헌하지 않고 졸거나 성의가 없는 것은 수녀도 아니라고 꾸중하셨다.
윤태순 수녀(2000), 〈순교의 맥〉, 제196호, p. 40.

방 신부는 天命(하느님)에게 '협조'하며 '성의노력' 하는 모습으로 일상생활에서 철저히 실천하였으며 창설자로서 수도자들에게 좋은 모델이 되었다. 빗나간 것을 알면 즉시 잘못을 깨닫고 뉘우치며(통회) 다시는 같은 행동을 반복하지 않을 것을 결심(정개)하고, 스스로 그 잘못에 대한 보속 행위를 함으로써 반복되는 습관으로부터 벗어나라는 것이다. 이는 해서는 안 되겠다는 의지가 뼛속까지 새겨지도록 하는 것이다. 이 통회·정개·보속은 오늘날 가톨릭의 전통적 양심성찰 혹은 의식성찰의 방법으로 고해성사告解聖事를 보는 과정을 그대로 수용한 것이다.

---

20) 성직자가 입는 통자형의 긴 치마 옷으로 앞에 단추가 많이 달린 옷.

수도생활이란 성의聖意에 협조하여 성의誠意노력하는 순간성화聖化의 삶이다. 방 신부는 이 순간의 점이 이어져 선이 되고 이 선이 전체 삶으로 이어지기를 바랐다. 수도자들이 아무리 사소한 행위라 할지라도, 예를 들어 의식 없이 문을 소리 내어 닫는다거나, 미사나 성무일도를 할 때 부주의한다던가, 음식을 하는 데 성의 없게 하거나, 지금 하는 일에 성의노력과 점성정신에 어긋나는 것을 목격하면 꾸중하고 보속을 하라고 명할 때가 있었다. 방 신부가 꾸중을 하는 경우는 이것을 거슬렀을 때 이외에는 거의 없었다. 완덕오계로 섬세하게 자신을 향하여 몸과 마음 그리고 동작 챙김을 훈련하면, 일상의 모든 언사행위言事行爲는 아름다운 동작이요, 기도요, 음악이 되는 것이며, 그 인생 전체가 그렇게 되는 것이다. 방 신부는 실제로 자신의 삶 전체를 아름다운 동작이요, 음악이요, 영원한 기도가 되게 하였다.

> 그때의 거동, 그 모습을 저도 다른 때 자주 뵈었습니다. 저는 그 모습에 "아! 저건 춤이로구나." 신부님께서 미사 집전을 하실 때, 저희들에게 영성생활에 대해, 수도생활에 대해 말씀을 전해 주실 때 저는 춤을 추시는 방 신부님을 볼 수 있었습니다. 아니 일상생활에 있어 걸음걸이조차 춤의 연장이라고 보기도 했습니다. …… 박희진 시인께서……. 그래서 그것을 '행동침묵' 이라는 말씀을 하셨는데…….
>
> 진교훈 교수(1996), 〈순교의 맥〉, 제192호, p. 112.

대월관상對越觀想

하느님은 사랑이시다.　　　　　　　　　　　　　　요한1서 4:9.

여러분은 자신이 하느님의 성전이며 하느님의 성령께서 자기 안에 살아 계시다는 것을 모르십니까? …… 하느님의 성전은 거룩하며 여러분 자신이 바로 하느님의 성전이기 때문입니다.　　　　　　　1고린 3:16.

대월생활은 하느님과 나 사이의 사랑의 교환을 의미하는 것으로 우리가 대월생활을 잘하게 되면 완덕의 절정에 달하게 된다. 왜냐하면 하느님의 사랑만 받는다면 모든 덕을 실천할 천상적 지혜의 눈이 밝아져 잘못에 떨어질 수 없기 때문이다.　　　　　　　　　　　　　　　p. 694.

대월은 한자로 '넘어가서 마주 본다.'는 뜻인데 영혼이 현실적인 모든 것을 떠나 하느님을 만나는 것을 의미한다. 이 말은 원래 유교에서 상제대월上帝對越이라 하여 선비가 지극한 정성과 깨어있음(敬)으로 그 몸가짐과 정신세계를 가다듬는 데 있어 마치 상제를 대하듯 하라는 의미로 사용되던 것을, 조선시대 초대 교회에서 받아들여 하느님께 잠심하여 기도하는 생활을 지칭할 때 사용한 적이 드물게 있었다. 그러나 차츰 그 말은 교회에서 사용하지 않게 되었는데, 무아 방유룡 신부는 특별한 의미의 영성어로 채택하여 썼다.[21]

이 대월 시기에는 인간성, 곧 자아의 완성과 초월이 시작되며 하느님 혹은 성령을 마주 대면하게 된다. 대월생활이란 한마디로 '사랑의 생활'이다. 점성, 침묵의 시기는 영적 여정의 초기단계로서 깨어있음과 알아차림과 몸 마음 챙김을 강조하는 수행이며 수련이다. 수고의 땀을 흘리며 정신 차리고 깨어 있으며, 힘과 의지를 발휘해야 하므로 경직될 수 있는 시기로서 인고忍苦를 수반한 십자가의 여정이라고 볼 수 있다면, 대월은 부드럽고 편안하고 따뜻해지는 사랑의 시기라고 볼 수 있다. 이 사랑의 시기는 대월산을 올라가는 수고와 땀을 흘리며 어렵게 가는 시간은 지났다. 산정에 이른 후에는 이제 휴식을 취하며 임과 사귀고 맛들이며, 사랑의 속삭임을 나누는 시간이라고 볼 수 있다. 방 신부는 전화위복轉禍爲福이라는 표현을 자주 썼는데, 십자가를 수용하고 인내하며 수련의 어려운 시간을 잘 견뎌 나가면 사랑의 복福된 시간이 반드시 온다는 것이다. 인생 자체도 그러거니와 인간 내면의 여정도 역시 그렇다는 것이다.

예수님은 십자가에 못 박혀 돌아가시기 전에 제자들과 마지막 만찬을 나누며 유언적인 말씀을 남겼다. 제자들에게 당신이 죽음을 당하더라도 슬퍼하지 말며 성령의 오심을 약속하는 말을 한다. 그리고 우리 안에서 당신과 하느님과 우리 자신이 하나가 된다는 것을 강조하고 있다. 물론 우리 안에 본래 하느님이 계시지만 현현되지 못하고 묻혀 있다고 보면 되는 것이다. 이제 대월관상 생활을 통해 빛을 받기 시작하면서 우리 안에 내재한 신과 하늘에서 오는 성령을 만나는

---

21) 면형무아(2000). 제1회 무아 방유룡 신부의 〈영성학술대회 기념 논문집〉, p. 14.

것을 반복하면서 지혜가 생기며 진리를 깨닫기 시작하고 하느님과 사랑을 나누면서 완벽한 합일을 향해서 가게 되는 것이다.

> 그분은 곧 진리의 성령이시다. 세상은 그분을 보지도 못하고 알지도 못하기 때문에 그분을 받아들일 수 없지만 너희는 그분을 알고 있다. 그분이 너희와 함께 사시며 너희 안에 계시기 때문이다. 나는 너희를 고아들처럼 버려두지 않겠다. 이제 조금만 지나면 세상은 나를 보지 못하게 되겠지만 내가 살아있고 너희도 살아있을 터이니 나를 보게 될 것이다. 그날이 오면 너희는 내가 아버지 안에 있다는 것과 너희가 내 안에 있고 내가 너희 안에 있다는 것을 깨닫게 될 것이다. 　　　요한 14:15-26.

무아 방 신부는 "우리는 하느님을 떠나면 물고기가 물을 떠나서 살 수 없는 것과 같이 살지 못한다. 대월하는 이는 세상에서 고생해도 항상 기쁘고 명랑하게 사는 것이다. 항상 참고, 세련된 훈련 때문에 하느님의 알아듣기 힘든 진리와 힘과 지식을 받게 된다."(p. 693)고 강조하면서 하느님과의 대월을 통해 그분과 사랑의 친밀감을 나누며 통교하게 되고, 점점 더 성령의 속삭임을 알아듣기 시작하는 시기인 것이다. 대월 시기는 조명照明기이자 일치기인데, 개인은 이제 더 이상 적극적으로 자유의지를 발휘하며 애쓰는 수련의 단계를 넘어서서 차츰 수동적 자세가 되며, 다만 사랑의 빛을 받아들여 인식이 밝아지고 행복과 황홀을 체험하는 시기이다. 엄밀하게 말하면 조명照明기는 양심불의 심지가 찬란하게 밝아진 상태이고 모든 덕을 실천할 천상적 지혜의 눈이 밝아져 잘못에 떨어질 수 없기 때문에(p. 694) 자주권과 자유권을 행사하면서 의지를 발휘하여 성의 노력을 하는 시기에서 차츰 벗어나게 된다. 그저 신의 품에서 쉬면서 빛을 받으며 부드러워지고 행복을 누리는 시기인 것이다. 이 시기는 더 큰 믿음과 신뢰가 몸에 오는 시기이다. 방 신부는 하느님의 빛이 없는 사람은 밤이 새도록 수고하여도 헛될 것이라고 말한다. 영적 여정이 수행의 시기인 정화기로만 끝난다면 이러한 결과가 올 것이다. 그는 정화기를 거쳐서 위로부터 오는 신적 빛을 받아야 함을 강조하는 것이다.

마음의 골방

무아 방 신부는 대월생활을 위해서는 '마음의 골방'을 마련하고 분주하게 일을 할 때나 시장 바닥을 돌아다닐 때라도 마음의 골방[22]에 주님을 모시고 그곳에서 님을 만나면서 생활해야 한다고 자주 강조했다. 수도생활을 산속에 들어가서, 아니면 관상 수도원[23] 담 안에서만 수도가 이루어진다고 생각하면 안 된다고 가르쳤다. 다만 외부 조건과 상관없이 자기 자신 안에 마음의 골방을 마련하고 거기서 주님과 자주 만나는 것을 반복하면서 하느님과 친밀해지고, 그분의 은총에 감사하게 되고, 사랑의 친밀한 통교를 나누며, 마침내 하느님과 합일을 체험하며, 더 이상 하느님과 존재가 서로 떨어지지 않는 단계로 가게 되는 것이다.

시장에 가면 얼마나 시끄럽고, 바쁘고, 그래서 정신이 없겠는가? 그런 곳에서 마음 안에 기도하는 마음, 예수님과 만나는 방을 마련하고 있으면

---

22) 정위교 수녀(1986), 〈순교의 맥〉, 제178호, p. 48.
23) 이 수도원들의 특징은 일반 사회인들과 접촉을 안 하고 수도원 담 안에서 기도와 침묵의 시간을 더 많이 갖는 것이다.

된다는 것이다. 그러면 우리가 해야 할 일도 잘 정립시켜 주고 또 아무리 분주해도 머리가 밝게 되어 일의 순서를 바르게 세우게 된다고 하셨다. 그러시면서 솔로몬 왕도 '마음의 골방'을 가지고 있었기 때문에 지혜의 왕이 될 수 있었다고 하셨다.

김정자 수녀(2000), 〈순교의 맥〉, 제196호, p. 59.

관상觀想생활이 곧 대월생활이다. 이 대월생활이 없으면 수도생활이 아니다. 관상생활은 무엇인가? 내적 침묵, 즉 나쁜 생각을 안 하고 물리쳐 하느님을 위하여 모든 일(먹는 것, 자는 것, 노는 것)을 하는 것이다. 관상생활은 산속에서만 하는 것이 아니다. 우리 주 예수, 성모 마리아, 성 요셉의 성가聖家를 생각할 때, 사람 사는 인가를 떠나서 사신 것이 아니요, 동리에서 일하시고, 잡수시고, 쉬시고 사셨다. 우리 주 예수, 얼마나 복잡한 속에서 사셨는가! 그 소리 지르고 싸우고 떠드는 중에서 하느님의 뜻대로만 사셨다. 이것이 곧 명상瞑想이다. 순교한 분들 다 대월생활, 명상생활을 철저히 하신 증거자시다. 어느 때나 어디서나 무엇을 할 때나 하느님을 위하여 나쁜 생각 안 하고 지내는 것이 명상생활이다. 명상은 특별한 기도나, 묵상이나 하며 세속과 연락을 않고 사는 것이 아니라는 것을 철저히 알아야 할 것이다. 자연마다 초자연超自然 미美를 가해야 완전히 아름다운 것과 같이 보통 사회생활에서(성모님과 같이) 대월생활을 해야 하는 것이다. 보는 것이, 듣는 것이 해로운 것은 아니다. 물리치고 동의만 안 하면 이것이 명상생활이다. 이것이 협조되어 아무리 복잡한 시장 속에서라도 명상생활을 하게 되는 것이다.

p. 320.

대월삼칙對越三則과 대월오칙

대월 단계

1단계 : 내 자작自作으로 아무것도 아니한다.　　　　요한 6:38.

2단계 : 나는 아버지께서 가르쳐 주신 것을 말하고 행한다.
　　　　　　　　　　　　　　　　　　　요한 8:26, 12:4.

3단계 : 나는 아버지가 좋아하시는 바를 항상 해드린다.　　요한 8:30.

4단계 : 아버지께서 항상 나를 혼자 내버려두지 않으신다.　　요한 8:30.

5단계 : 내가 하는 모든 일은 아버지께서 친히 하신다.　　요한 14:10.

대월생활만 하면 된다. 어떻게 하면 대월생활로 들어갈까? 빛이 와야 한다. 사욕으로 가득차고 죄악으로 껌껌한 이 영혼에 빛이 나야 한다. 어떻게 해야 빛이 날까? 빛이 나려면 먼저 불이 나야 한다. 육신이 부시도록 황홀하게 빛이 나게 하려면 먼저 뜨거워야 한다. 그렇게 하려면 열심히 살아야 한다. 열심 있게 하려면 성의(죽어도 해 보겠다)가 있어야 한다. 성의는 강대한 의지를 가져야 한다.　　　　　　　　　　p. 483.

대월 단계부터 관상생활이라고 부른다. 관상생활과 대월은 같은 의미의 말이다. 관상기도는 하느님의 성령의 빛과 접촉하는 기도를 말한다. 영어로는 contemplation[24]이라고 하는데 일반적 기도생활과는 구별된다. 수련기인 점성, 침묵 단계에서는 자기의 주권과 자유권 그리고 의지, 즉 인간성이 큰 중심이 되지만 대월생활에서는 차츰 하느님이 중심이 된다. 그래서 방 신부는 대월의 단계를 5단계로 정교화하였는데, '대월삼칙三則'과 '대월 2단계 효과'를 합하여 대월오칙五則으로 하였다(p. 406, 407, 434, 65).

대월삼칙은 하느님과 친밀하게 사귀면서 '사랑의 합일'을 이루는 과정인데, 제1칙 단계는 하느님이 싫어하는 것은 나도 안 하는 것이며, '싫어도 하느님 좋아하는 것'은 하는 단계이다. 즉, 내 자작으로는 아무것도 안하는 것을 말한다. 이 단계에서는 묵시를 본다든가, 에너지가 격동하게 된다든가 발현을 보게 되는데, 이것을 대월 제1칙 단계로 본다.

제2칙 단계에서는 깜깜한 밤을 지나게 되고 이 밤을 지나고 흐린 날이 밝아져서 하느님을 뵙게 되는데, 방 신부는 예수님이 말한 "마음이 깨끗한 사람은 행복하다. 그들은 하느님을 뵙게 될 것이다."(마태 5:8)라는 말로 이 단계를 설명한다. 여기서는 진정 영혼이 깨끗해져서 하느님을 만나는 단계이며, 비유적으로 말하면 하느님에게 더욱 몰두하여 열이 나는 단계이다. 이 단계에서는 하느님이 가르쳐 주신 것을 말하고 행동하게 되는 단계이다.

---

24) 마음을 오로지 한곳으로 조용하게 집중시키는 것. 특히 신비주의적인 명상冥想 내지 직관直觀을 말하기도 한다. 그리스어의 테오리아(theoria ; 보는 것)의 역어譯語이다. 아리스토텔레스는 "사람은 모두 태어나면서부터 보기를 원한다."라고 하였는데, 테오리아를 프락시스(praxis ; 실천)에 대립시켜서 인식의 의미로 사용하였다. 그 뒤 모든 욕구에서 떠나 대상을 정관靜觀하는 것을 인간 본성에 의한 것으로 파악하고, 이것이 학문을 할 때의 태도로 간주되고 있다.

제3칙 단계는 하느님이 좋아하는 것만 항상 하게 되는 단계인데, 방 신부는 여기서는 "내가 불을 놓으러 왔으니 타는 것밖에 바랄 것이 무엇이리요?"(루가 12:49, 히브 12:29)라고 한 예수님의 말씀을 인용하면서 영혼이 불에 타는 단계라고 말한다. 즉, 불이 나고 거기서 빛이 나서 빛 가운데 사랑의 하느님과 합일하는 단계이다. 이 단계에서 영혼은 황홀경을 체험하는 것이다. 이 시기에는 사랑하는 님이 원하는 것만 항상 원하고 행하게 되는 단계이다. 사랑의 님께 몰두하니 불과 빛이 무한정 치성하여 '끓고 타는 사랑'[25]을 체험하는 단계이다(p. 408).

이렇게 3단계를 거치면 그 결과로 얻어지는 효과라고 볼 수 있는 제4칙 단계는 그 '사랑하는 임'이 중심이 되는 상태로서, 하느님이 그 영혼을 결코 떠나지 않는 단계가 된다. 무아 방 신부가 늘 영가에서 "하느님은 항상 나를 결코 혼자 버려두지 아니하고 밤이나 낮이나 졸지도 주무시지도 않는다."고 읊은 그 단계이다.

영가 98.

> 임은 무아를 사랑하시고 무아는 임께 애착하여
> 임은 무아를 혼자 버려두지 않으시고
> 임 계신 데 무아도 있게 하시니
> 아하! 그는 천상 사람인지 천상 천사인지 알 수 없어라.
> 이는 침묵과 대월에서 배우고 성의 노력이 성공한 신비니
> 신비를 보고 용약하고 임은 기뻐하시니

---

25) 방 신부의 영가에서 자주 나오는 단어이다.

갸륵하다 무극의 사랑이여.
침묵과 대월로 면형무아의 길을 밝혔도다.   p. 246.

　신비체험이 처음에는 일시적인 체험이었으나 차츰 더 자주 일어나게 되고 마침내는 항상 그 체험 안에서 사는 단계가 되는 것이다. 신과 하나 되어 이제는 분리가 일어나지 않는 단계이다. 이 대월 5칙 단계는 그 사람이 하는 모든 일은 사랑하는 임께서 친히 하시며 하느님이 그 사람 속에 들어가서 그 사람 영혼 노릇을 하는 것, 완전히 성령에 점유된다고 할 수 있으며, 몰아의 경지가 되는 것이다. 즉, 내가 하는 일은 모두 하느님이 친히 하는 단계이다. 이는 바오로 사도가 "이제는 내 안에 내가 사는 것이 아니라 그리스도가 내 안에 산다."(갈라 2:20)라고 고백한 단계와 같은 것이다.
　또한 방 신부는 젤뚜르다 성녀에게 하느님이 말한 것을 인용한다. "네가 내 뜻대로 하겠다고 마음먹으니까 나는 네 뜻대로 하겠다."(p. 441)
　대월생활에서는 하느님을 대면하면서 하느님의 지혜와 사랑을 맛들이며 사랑의 통교가 이루어지고 절친해지는 과정이다. 마치 하느님은 연인과 같은 존재가 되어 내 존재가 그 치열한 사랑의 빛에 쪼이면서 신비적으로 하느님을 만나고 합일을 체험하는 단계인 것이다. 대월 후기 단계 4, 5단계에서 기도자는 완전히 수동적 자세가 된다. 점점 자기가 주도적이 되는 것에서 벗어나서 수동적 자세로 들어가 그저 신의 품에서 쉬며 그 사랑과 지혜의 빛을 받아들이는 상태인 것이다. 그러므로 연인이신 주님이 원하는 것만, 좋아하는 것만 하게 되는 상태이다. 즉, 나를 떠나 연인을 위하여 살고 연인을 위해 죽고 싶어지는 생활이다. 그러므로 성경에는 하느님과 인간이 연인 사이로 비유되는 부분이 상당히 많다.[26] 또한 수도자들이 종신 서원[27]을 발할 때, '예수 그리스도의 정배'가 된다는 표현을 쓰는데, 이는 그리스도와 영적 교류와 친밀한 사랑을 나누는 영적 전통에서 유래된 것이다. 많은 신비가들이 하느님을 사모하는 '님'으로 체험한 기록은 허다하다. 이렇듯 대월 단계는 치열한 연애시기와 같다고 보며 나중 단계에서는 결합의 단계까지 가는 것이다.

학자들과의 영성지도 모임에서 어떤 교수가 "신부 생활하면서 가장 어려운 것이 무엇입니까? 동정을 지킨다는 것이 상당히 어려울 것 같습니다." 하고 물었다. 방 신부는 아주 태연하게 "사랑이라는 게 뭡니까. 남녀가 만나서 하나가 되는 겁니다……. 둘이 하나가 되어 아주 행복하고 복된 결혼생활을 누린다고 칩시다. 얼마나 본인들은 물론이고 옆에서 보기에도 향기롭습니까?" 그런데 뒤의 말이 머리를 쾅 때리는 것 같은 말이었다고 박희진 시인은 말하고 있는데, "여러분이 국민학교 다닐 때 소중하게 생각하던 공책이라든가 때 묻으면 큰 일 날 것처럼 여기던 물건이 중학교, 대학교에 가면 별로 애착이 없어집니다."라고 하면서 아무리 결혼생활의 진미가 달콤하고 매혹적이라고 해도 진정 하느님의 맛을 본 높은 초차원적인 경지에서 보면 그건 말할 게 못된다고 하였다. 무미건조하다는 것이다. 그래서 박희진 시인은 "제가 볼 때 신부님은 완전히 어김없이 신락神樂 속에서 스물네 시간 사시는 분이신데, 그냥 흥얼흥얼거리시면 작사가 되고, 찬미가가 되고, 작곡이 되는 분이신데, 완전히 신인묘합神人妙合의

---

26) 아가서 전체, 이사 62:3-6, 에제 16:8, 호세 2:18-22…… 등 다수.
27) 수도자들이 수도회에 입회하여 초기 양성 기간 4년을 마친 다음 첫 허원을 발하며 6번의 갱신을 한 후 10년 만에 종신토록 수도생활을 하겠다고 서원誓願을 발하는 것.

경계 속에 노니시는 분의 말씀이십니다. 그러니 그 말씀을 완전히 믿을 수밖에 없습니다. 아! 초성적인 초超차원에 들어가면 한낱 인간의 만남이라든가 결혼생활의 달콤함이라는 것도 그렇게 무색해지고 무미건조한 것이라는 말씀을 감히 하실 수도 있겠구나. 이런 느낌이 들었습니다." 그리고는 그는 이날의 그 느낌을 시 한 편에 담았다.

어느 날의 방 안드레아 신부

꿈속에서 장가를 들었기에
너무 억울하여 울었다는 신부님
그런 신부님께 우문愚問을 던졌겠다.
동정童貞 지키는 일 쉽지 않겠지요?
남녀가 서로 마음이 통해
더없이 사랑하며 함께 사는 일
그것은 참으로 좋은 일입니다.
기막힌 음식에 비유할 만합니다.
하지만 고차원의 영성적 사랑
하느님 사랑을 맛본 사람에겐
무미건조한 음식에 불과하죠.
하시는 신부님 표정을 살피니
백발은 성성해도 순진하고 편안한 동안童顔일세.
늘 새록새록 샘솟는 신락神樂에 취하심일까?

박희진(1996), 〈순교의 맥〉, 제192호, p. 108.

면형무아麵形無我

나를 무無에서 내셨으니 무無가 나의 고향이로다……. 무아無我란 순수한 자아이며, 완벽한 자아自我다.　　　　　　　　　　　p. 165, 705, 706.

하늘에 계신 아버지께서 완전하신 것같이 너희도 완전한 사람이 되어라.
마태 5:48.

　영적 여정을 등반에 비유했을 때 정화기는 애써서 수고의 땀을 흘리며, 어려운 고비를 참고 인내하며, 자유의지를 단련하고 인성(천성)을 총동원하여 산을 올라가야 하는 시기와도 같다. 조명기는 산의 정상에 올라와서 쉬면서 사랑의 친교를 나누고 빛을 받는 시간이며, 일치기는 하느님과 합일하는 것이다. 무아 방유룡 신부는 이 일치기를 가톨릭의 전통적 영성보다 더 확대, 발전시켰는데, 그것은 대월생활에서 그 사랑의 합일의 황홀한 기쁨에 머물고 마는 것이 아니라, 면형무아까지의 또 다른 여정을 제시하고 있기 때문이다. 이 시기는 산에서 다시 내려가는 여정이라고 비유해 보고 싶다. 내려가고 내려가며 완벽하게 자기를 떠남(無化)으로써 하느님 안에 녹아드는 것이다. 마치 물이 내려가고 내려가서 대양에로 합류하는 것처럼 말이다. 면형무아는 완벽한 일치기이다. 물론 대월 단계에서도 일치와 합일을 체험하지만, 방 신부는 더 깊은 차원의 일치인 무아까지 성인聖人의 여정으로 삼았다. 조명기를 통해 하느님의 진리(眞)와 사랑(善)과 아름다움(美)을 깨닫기 시작하고, 알아듣고, 하느님과 내적 접촉과 통교가 이루어지면서 지혜와 사랑과 아름다움과 공명하지만 한 단계 더 초월의 길을 가야 한다. 그것은 바로 자아를 정상에 남겨 놓고, 내려가고 내려가 무아가 됨으로써 더 깊은 단계의 신과 합일하게 된다. 방 신부의 표현으로는 결국 치열한 사랑의 불이 물이 되는 신비가 일어나는 것이다.

면형무아를 잘 이해하기 위해서는 가톨릭의 성체聖體 신비에 대한 이해가 앞서야 한다. 예수 그리스도가 십자가 위에서 처형당하기 직전 열두 제자들과 최후의 만찬을 나누면서, 빵을 들어 감사의 기도를 올리시고 나서 "이것은 너희를 위하여 내어주는 내 몸이다. 나를 기념하여 이 예식을 행하여라." 한 다음, 빵을 떼어 제자들에게 주어 받아먹게 하였다. 그런 다음 다시 포도주잔을 들어 기도한 다음 "이것은 내 피로 맺는 새로운 계약의 잔이다. 나는 너희를 위하여 이 피를 흘리는 것이다." 하시면서 잔을 돌려가며 마시게 하였다.[28] 가톨릭교회에서는 예수님이 명한 이 최후의 만찬을 매 미사 전례 예식에서 그대로 재현하고 있다.

미사는 말씀의 전례와 성찬의 전례 부분으로 나뉘어 있다. 먼저 성경 말씀을 듣는 부분을 통해 말씀Logos이신 하느님과 만난다. 그리고 성찬聖餐의 전례는 미사의 핵심이라고 할 수 있는데 빵으로 오시는 예수님을 만나는 예식으로 이루어졌다. 사제가 누룩 없는 빵과 포

---

28) 마태 26:26-30, 마르 14:22-26, 루가 22:14-23, 1고린 11:23-25.

도주를 축성하면 거룩한 변화가 일어나 예수님의 몸과 피가 된다. 신자들은 이 예수의 몸인 성체를 나누어 먹고 예수와 한 몸이 되는 것이다. 이 예식은 단순히 상징적 행위가 아니라 그 풍부한 상징성을 물론 포함하며, 예수는 당신을 믿는 모든 이와 결합하기를 원했기에 자신을 낮추어 무화시켜 실제로 빵의 몸을 택하여 모든 이들에게 먹힘으로써 사랑의 결합을 이루고, 같은 빵과 같은 잔을 나누어 마신 모든 신자들 역시 하나가 되는 신비적 합일체를 이루는 것이다.

이 미사는 예수가 십자가에 못 박혀 죽기로 결심하고 자신을 산 채로 십자가의 희생 제물로 바친 사건과 사흘 만에 부활한 예수님을 기념할 뿐만 아니라 제사로서의 의미가 지금 여기에서 그대로 재현됨으로써 과거와 현재와 영원이 지금 여기에서 하나로 만나기에 신비라고 말할 수 있다. 그래서 미사는 말씀의 신비, 십자가의 신비, 성체 신비 그리고 부활의 신비로 이루어진 것이다.

무아 방유룡 신부는 성체 신비와 십자가의 신비를 깊이 묵상하면서 그리고 자신의 영적 여정의 절정을 체험하면서 면형무아의 신비에 도달하게 되는데, 면형은 밀가루 면麵자와 형형자로서 밀떡 형상을 말한다. 미사 때, 밀떡이 형상은 변하지 않았지만 질료質料가 예수로 변하는 신비를 통해 예수님이 자신을 무화無化하여 무아無我가 되는 모습에서 큰 깨달음을 얻었다. 방 신부는 이를 물격物格과 신격神格의 만남이라고 표현하였다. 또 하나의 신비는 누룩 없는 빵은 사욕 없는 인간을 상징하며 인간도 자신의 자아를 무화 혹은 초월하여 신과 결합할 수 있음을 역설한다. 방 신부는 신이 자신을 포기하고 내려가고 내려가 빵이 되어 인간 안에 오시는 것처럼 인간도 점처럼 내려가 무아가 되어 신과 결합하는 신비를 동시에 수용하는 용어로 면형무아라는 표현을 만들어 냈다. 물질인 빵과 인간과 신이 지금 여

제2장_무아 방유룡 신부의 '면형무아' 영성 99

기에서 하나로 결합하는 이 현실이야말로 신비 중의 신비라고 할 수 있다. 물질과 인간과 신은 자기 정체의 경계를 허물고 무無가 되어 서로 결합하는 신비이다. 이보다 더 심오한 신비가 또 어디 있을까! 방 신부의 말로는 신비의 극치(p. 705)라고 했다. 이는 우주만물과 신과 인간이 하나라는 깊고도 깊은 심오한 사상이다.

영가 93. 오차원五次元의 세계世界

세속의 일에서 오는 복은 잘해야 일차원이로다.
일차원은 선善이니 탈선은 복이요.
세상복은 기껏해야 더 큰 진복은 없도다.
침묵의 영복永福이 이차원이요, 대월의 영복이 삼차원이요,
완덕절정의 영복이요, 면형문전의 영복이 사차원이로다.
시공세계가 영복 천지니 언제든지 진복이로세.
나가도 들어가도 푸른 목장이란 말씀!
이제야 알아듣사오며 느끼는 눈물,
감개무량이오며 아해! 참으로 임의 영광이
천지에 충만하시고 성령聖靈의 칠은七恩이
천하를 가득 채우셨단 말씀!
아무 느낌이 없이 입으로만 외더니,
이제야 뼈저리게 느끼고 느끼는 이 마음 녹아내리나이다.
아! 정신이 암암 하도소이다. 임의 그윽한 신비에
황당무계한 이 티끌이 임의 오묘하심을 알고 느끼다니요!
아! 면형! 면형의 영혼, 면형의 영복은 오차원이니
본연本然을 지난 초연超然의 영복이요,

직관直觀직전直前의 영복이요…….
이제는 사욕도 없고 분심잡념 하나도 없어라.
밤이 낮과 같다더니 이를 두고 이른 말일까!
어이 낮만 같으리. 무사無邪무욕無慾무아無我의 황홀경이
은하수 거성도 대할 수 없거늘 하물며 하늘빛을 대하리오.
무아군無我群이 누리는 하늘빛은 생명의 빛일세.
무아경無我境 외에 황홀경이 또 어디더냐…….
참으로 불은 물이 되고 물은 불이 되었네.
하느님께서는 사람이 되시고 사람은 하느님이 되게 하셨네.
무화無化하신 주를 따라 우리도 무로 가세.
면형은 무無니 광물, 식물, 동물세계를 지나가서
자연계가 생기기 전 무로 가세.
여기가 극을 넘은 겸손이요, 주께서 앞서 가신 데니,
내리고 내려 무로 가신 주를 따라가세.
거기는 텅 빈 데요, 영원하신 분만 계신 데니
이리로 가야 계신 분을 모셔오리.
이제야 알았나이다. 심오할 손 면형의 신비!
주主와 소병素餠과의 일치로 신인神人의 일치를 드러내셨네.　　p. 233.

　그는 본인이 원했던 대로 성인이 되었다. 그는 맑고 은은한 미소를 지으며 떠벌리는 일이 없이 아침 햇살을 곱게 받아들인 반투명의 나뭇잎과 꽃잎처럼[29] 아름답게, 조용히, 순진무구한 어린이처럼 수도원 담 안에서 나무와 물고기와 놀며 자연인으로 살았다. 신인의 경지를

---

29) 박희진(1996), 미소하는 침묵, 〈순교의 맥〉, 제192호, p. 104.

살면서도, 하늘과 땅, 시공을 자유자재로 오가면서도 겸허하게 이름 없이 점點처럼 무無로 살았다. 세상에 살 때 극소수의 사람에게만 이해되어지고 받아들여졌으며, 가톨릭교회 안에서조차도 잘 알려지지 않았다. 그가 타계한 후 한국의 영성가로서 몇 번 가톨릭계 신문에 소개되었을 뿐이다. 앞으로 그는 시대가 필요한 영성, 동서의 통합으로 정점을 이룬 영성, 무아의 빛을 한국인들에게 그리고 세계인들에게 던져 줄 것이다. '빛은 동방으로부터'라는 말이 실현되는 날이 올 것이라고 믿는다.

방유룡 신부가 창설한 한국순교복자성직수도회 수사들과 함께

면형사제와 면형제사

우리들은 누구나 자신이 '면형사제'가 되어야 한다. 우리가 완전히 사욕을 없이하여 면형사제가 된다면 일반 사제보다 더 하느님의 강복을 받을 수 있는 것이다.
p. 706.

무아 방유룡 신부는 "쉬지 말고 늘 깨어 기도하여라."(마르 14:32-42, 루가 21:36)는 성경 말씀을 점성정신과 연결하였다. 우리의 기도는 기거동작起居動作이며, 우리의 말, 우리의 얼굴, 우리 일하는 모든 행위가 기도라야 한다는 것이다. 기거동작이 꺼지지 않은 기도이며, 우리가 기도할 때 촛불을 켜는데, 이는 바로 양심불을 밝히라는 상징이기에 이 양심불을 켜고 내 전부가 기도가 되게 하라고 가르친다. 방 신부는 이 점성 기도의 바탕 위에서 영적 제사를 드려야 함을 강조했다. "그러나 진실하게 예배하는 사람들이 영적으로 참되게 아버지께 예배를 드릴 때가 올 터인데 바로 '지금'이 그때이다. 아버지께서는 이렇게 예배하는 사람들을 찾고 계신다. 하느님은 영적인 분이시다. 그러므로 예배하는 사람들은 영적으로 참되게 하느님께 예배드려야 한다."(요한 4:19-24)고 한 예수님의 가르침을 실현하려고 했던 것이다.

고대 사회에서는 하느님께 예배드릴 때 동물을 죽여 희생 제사를 드렸다. 그리고 예루살렘에 가서 예배해야 한다, 혹은 저기 가서 해야 한다 등 장소 개념을 가지고 따지고 있었다. 하느님은 어디나 계시고 내 안에 계시므로 이런 개념에서 벗어나라는 예수의 가르침은 그 당시 획기적인 가르침이며, 제사의 제물은 더 이상 동물의 희생이 아니고 내 마음, 내 전 존재를 드리는 영적인 예배를 드리라는 것이다. 예수는 실제로 십자가에 못 박혀 죽음으로써 자신을 희생하여 하느님의 제물이 되었으며, 동시에 자신의 전 존재를 바치는 새로운 영적 제사의 모상이 되었다. 이러한 태도는 하느님을 믿는 백성들이 구약의 전통에서 벗어나 새로운 영적 세계로 비약하게 만든 것이었다.

무아 방유룡 신부는 이러한 예수님의 예배와 제사에 대한 가르침을 또 다시 확대하는데, 이것이 바로 면형사제와 면형제사이다. 면형사제가 드리는 제사가 면형제사가 되는 것인데, 이 면형제사나 면형사제[30]도 방 신부의 독특한 개념이다. 전통적인 사제는 남자만이 할 수 있는 것이나 이런 모든 통념에서 벗어나기를 원했다. 최고의 면형사제는 성모 마리아라고 하면서 성모 마리아를 본받을 것을 강조한다(p. 226). 베들레헴이라는 말은 빵집이라는(p. 23, 213) 말이라고 하는데, 마리아는 빵 만드는 빵집 주인이며, 예수를 낳아 길러 결국 빵이 되게 하였던 것이다.

방 신부는 면형이란 위에서 말한 빵의 의미와 특히 사욕을 없애고 자신을 비우고 비워 점처럼 작아지면서 누룩 없는 빵이 되어 예수와 한 몸을 이루는 제물(면형)이며, 그러한 자신을 바치는 자가 면형사제라는 가르침을 남겼다. 예수님처럼 제물이 되며 동시에 사제의 정

---

30) 《영혼의 빛》, p. 46, 142, 536, 546. 〈순교의 맥〉, 제196호, p. 58, 78, 제193호, p. 39.

체성을 갖는 것이다. 무사無邪, 무욕無慾, 무아無我가 드리는 제사는 영원한 제사이며, 수많은 영혼들을 주의 품으로 인도할 수 있으며, 영혼의 자녀들을 창조해 내고 영원한 사제직에 참여하게 되는 것이야말로 예수님이 원하는 영적 예배를 드리는 것이다. 이것은 시공을 초월한 정신기도(p. 489-491)이며, 영적인 참다운 예배인 것이다(p. 506, 706).

> 나는 이 가르침에 크게 감동되어 마음을 굳혔다. 내가 성인이 된다는 것은 감히 생각할 수 없었으나 면형사제가 되는 것은 쉽게만 느껴졌다. 미소하고, 비천하고, 남들이 시시하다고 생각하는 일들을 초성超性한 지향으로 하느님 사랑으로 행하면 된다는 그 말씀. 또 배운 것 없고, 가정도 보잘 것 없어 내세울 게 도무지 없는 나 같은 사람은 '이 길만이 갈 길이다.' 라는 생각이 들었다. 이팔종 수사(1998), 〈순교의 맥〉, 제193호, p. 39.

면형사제는 남녀노소 누구나 사제가 될 수 있으며 출신 가문이 필요 없고 교육과 지식이 없어도 하느님께 자신을 봉헌하는 영적 제사를 드릴 수 있다는 가르침이다. 누구든지 자신을 무화無化하는 만큼 면형사제가 되어 영원한 사제직에 참여하는 것이다. 요즈음에 와서는 방유룡 신부의 이 면형사제의 개념이 흐려지고 있다. 방 신부가 가르쳤던 면형사제는, 물론 일반 사제를 배제하는 것은 아니지만 특히 평수사 수녀들에게 강조했던 정신이었다. 수도자는 누구나 일상에서 순간순간 영적 예배, 즉 면형제사를 올리는 면형사제가 될 수 있다는 이 정신의 본래의 의미를 되찾아야 한다고 생각한다.

방 신부가 집전하는 미사에서 가장 기억에 남는 것은 말씀의 전례가 끝나고 봉헌하는 시간이 있는데, 주일에는 이 시간에 신자들이 헌금을 하러 제대 앞으로 나간다. 평일에는 헌금을 하지 않는다. 미사는 전 세계 어디가나 똑같다. 함부로 바꿀 수도 없다. 물론 자유롭게 표현할 수 있는 부분도 있지만 말이다. 그런데 방 신부는 매 미사 때마다 봉헌 시간에 모든 수녀들을 자리에 앉게 하고는 "가져 오시오!" 했다.[31] 이것은 수녀들이 어제 아침 미사 후부터 오늘 지금 이 시간까지 자신이 준비한 마음의 예물을 가지고 오라는 뜻이다. 원래는 서 있어야 하는 때인데 수녀들은 모두 앉아서 각자 침묵하며 마음으로 자신이 주님께 봉헌할 것을 제대에 갖다 바치는 것이다. 각자 사랑과 마음의 정성과 예물을 준비하여 매 미사 때마다 봉헌하는 것이다. 이것은 방 신부만이 미사 중에 하는 독특한 전례 행위였다. 전례 전체를 흩뜨려 놓지 않으면서도 봉헌과 미사의 의미를 풍부하게 살리는 예절을 삽입하였던 것이다. 미사가 아침에 일회적으로 하는 전례가 아니라 하루 종일 일상에서 영적 예물을 준비하여 면형사제로서 면형제사를 늘 올리기를 원했으며, 미사 때에 그것을 실제로 표현하도록 했던 것이다.

> 이러한 신부님의 영적 가르침은 인간의 무명無明을 헤치고 천성天性과 천명天命을 따라 살고자 부단히 노력하는 동양의 도맥道脈을 이어받아 존재함이 곧 삶이 되게 함으로써 영성생활에 있어서 영과 육의 이원론二元論을 극복하고 '일상日常 안에서 하느님과 일치'를 살아가는 '일상의 성화聖化'의 가르침입니다. 이 가르침은 매 순간의 평범한 일에 혼魂을 넣어 주는 것입니다. 모든 시간과 공간 그리고 모든 사건을 영으로 살아가게 함으로써 일상이 하느님께 드리는 영적 예배가 되게 하는 삶을 살라

---

31) 〈순교의 맥〉, 제178호. p. 33.

고 가르치심입니다. 이것은 순順리理에서 도를 보는 동양의 심성을 하느님께로 이끌어 줌으로써 동양의 정신문화를 또한 크게 고양시킨 것입니다. 다시 말하면 신부님 안에서 동양의 정신문화가 그리스도교 영성을 만나 하느님 안에 개화開花하게 된 것이라 할 수 있습니다. 이렇게 그리스도교 영성이 동양의 토양에 뿌리박고 영양분을 받아 개화하게 한 신부님은 한국 천주교 200년 역사가 낳은 한국의 영성가이십니다.

이숙자 수녀(2000), 〈제1회 무아 방유룡 신부 영성학술대회 논문집〉 발간사 중.

수녀들과 즐거운 한때를 보내는 방유룡 신부

순교정신과 면형무아麵形無我 영성

> 나를 따르려는 사람은 누구든지 자기를 버리고 제 십자가를 지고 따라야 한다. 제 목숨을 살리려고 하는 사람은 잃을 것이며 나를 위하여 제 목숨을 잃는 사람은 얻을 것이다.
>
> 마태 16:24-27.

무아 방유룡 신부는 평생 한국의 순교자들에 대해 큰 존경과 사랑의 마음을 가지고 있었다. 그는 면형무아 영성의 기반을 순교정신에 두었다. 순교자들은 하느님에 대한 불타는 열정과 사랑과 순수한 신앙을 갖은 사람들이었다. 이들은 유학儒學이 일색을 이룰 때, 목숨을 내놓고 시대를 거슬러, 아니 시대를 초월한 사람들이다. 순교자들은 주류에 머물지 않고 새로운 서구 문화를 받아들여 선각자적인 그리고 개척자적인 정신을 발휘한 사람들이었다. 그들은 자신들이 탐구하여 받아들인 신앙의 진리를 목숨의 위협이라는 현실 속에서도 구체적인 삶 안에서 실천적으로 드러내며 마침내 자신들의 목숨을 용감하게 버림으로써 무아無我의 구현자들이 되었던 것이다.

순교정신을 '삶에서 오는 작고 큰 괴로움과 어려움을 순교자들의 믿음과 고통을 생각하며 잘 인내하고 참아 내는 것'으로 축소시키는 경우가 흔하다. 한국 천주교회는 순교정신을 좀 더 연구, 발전시킬 필요가 있다. 순교정신은 조선시대 순교자들의 의식과 신앙을 실제적으로 본받아야 한다고 본다. 그들은 선각자들이며, 선구자들이었고, 개척자들이었으며, 주류를 거스를 수 있는 드높은 의식과 용맹성과 사랑을 지녔던 것이다. 그들은 불의에 타협한 것이 아니다. 회피와 타협이 아니라 도전과 정면 돌파를 했다. 그들은 예수의 가르침대로 예할 것은 '예' 하고 아니요 할 것은 '아니오' 라고 했던 사람들이다. 그들은 신앙의 진리에 관한한은 타협을 모르며, 진리의 수호를 위해 적극적으로 행동했으며, 목에 칼이 들어와도 아닌 것은 아니라고 말함으로써 목숨을 포기했다.

무아 방유룡 신부의 할아버지와 아버지는 한국교회가 극심한 박해시대에 처해 있을 때 순교의 현장에서 모든 부와 명예를 포기하고 거지행세를 하며 고난의 십자가를 받아들인 증거자적 삶을 살았던 사람들이다. 방유룡 신부는 이들로부터 직접적으로 신앙 교육을 받았던 사람으로서 몸에 체득된 순교정신을 갖고 있다고 볼 수 있다. 윤형중 신부는 그의 책[32]에서 복자회 수녀들이 순교정신이 골수에 박혀있음을 발견하였다고 했는데, 초창기 이 수녀들은 다 신문교우敎友들로서 구 교우들의 순교자적인 경험들을 잘 알리가 없다. 다만 방 신부가 얼마나 이들을 향해서 골수에 박히도록 순교정신을 강조하고 강조했는가를 짐작할 수 있으며, 새롭게 창설된 수도회의 정체성의 기반을 순교정신에 깊이 뿌리박으려고 노력했는가를 알 수 있는 것이다.

순교자들은 가톨릭교회 안에서 독특한 위치를 자치하고 있다. 그들은 진리를 위해 목숨을 바친 예수와 그의 제자들의 삶의 모범을 따라 자기 목숨을 무화시킨 사람들이다. 세계 가톨릭교회 안에는 역사

---

[32] 복자수녀원과 순교자 현양회와 나(윤형중, 1972), p. 10.

적으로 수많은 사람들이 신앙을 위해서 목숨을 버렸다. 이 모습은 자기를 초월하여 자기를 버리는 모습을 극명하게 보여주는 것이다. 어쩔 수 없이 죽을 수밖에 없는 상황에서 그저 수동적으로 죽음을 맞이하는 것이 아니라 하느님을 포기하면 살 수도 있는 상황에서 자신의 목숨을 적극적으로 포기한 것이다.

  이는 자아 포기의 극치를 보여주는 것이기에 교회에서는 이들을 성인聖人으로 추대하고 그들의 자아초월적 정신과 자기 무화無化 정신을 닮기를 바라는 것이다. 순교정신은 '죽음이 죽음이 아니라 새로운 삶으로 옮아가는 것이다.'[33]라는 가르침과, 예수께서 "나를 위하여 누구든지 자기 목숨을 잃는 이는 오히려 얻을 것이다."라고 한 말씀에 깊은 뿌리를 둔 정신이다. 순교자들은 일찍부터 이 가르침의 의미를 깊이 깨달았던 것이기에, 삶을 던져 버리고 죽음으로써 새로운 차원의 삶으로 용감하게 돌진해 들어갔다. 순교자들은 자신들의 삶을 신적 시각 혹은 우주적 시각으로 조명한 것이다. 인간의 삶과 생명이라는 것이 영원의 시각에서 본다면 한 줌 흙도 안 되는 것처럼 삶과 죽음이라는 이분법적 설정으로부터 그들은 자유로워진 사람들이다. 그것이 철학적·종교적 과제나 개념적 이슈에서 끝나는 것이 아니라, 실제 자신의 죽음으로 극명하게 보여주었던 것이다.

> 무아는 사욕과 분심하는 데 송장과 같으니 이 신비로운 죽음을 말하는 것이고, 이 신비로운 죽음이 죽음의 죽음인 것입니다. 무아는 침묵 대월로 되는 것인데, 침묵 십계와 대월 삼칙은 나를 죽이는 것입니다. 신비로운 죽음이 나를 성묘에 들어가게 하며, 다섯 겹 성벽으로 둘러막은 오층 안

---

33) 미사 경문, 위령성월 감사송 제1양식 중에서.

정계인 것입니다……. p. 358.

영원한 생명을 얻기 위하여 방법은 죽는 것이다. 목적을 달성하기 위해서는 방법을 쓰는 것인데, 살려하는 이는 죽어야 산다. 신비적 죽음, 완덕 5계명으로 죽어야 한다. 정말 죽으면 그 사랑 때문에 어려움을 완전히 잊어버리게 된다. 죽어야 산다. p. 359.

　방유룡 신부는 면형무아 영성의 모델들을 바로 조부모와 한국 순교자들에게서 체득하였으며, 자신도 몸소 긴 박해의 경험을 하였다. 우리는 순교를 말할 때 조선시대의 박해만 생각할 것이 아니라 일제강점기와 공산치하에서의 박해와 순교도 생각해야 한다. 방 신부는 일제시대의 긴 박해를 그야말로 순교정신으로 살아냈고, 거기서 영적 힘을 얻어냈다.
　방 신부는 점성, 침묵, 대월, 면형무아를 가르치면서 '신비적 죽음', 또는 '죽음의 죽음'이라는 표현을 썼는데, 이것은 결국 자기의 죽음을 말하는 것으로서 앞에서 본 예수님의 가르침을 완덕오계로 정교하게 체계를 세워 어떻게 하면 자기로부터 해방, 즉 신비적 죽음을 죽어 무아가 될 것인가를 가르치고 있다. 앞에서 말한 오층안정계는 완덕오계로 벽을 친 곳, 안전한 안정계라는 말이다. 방 신부는 이런 영적 죽음과 순교정신을 이어놓았다. 그러므로 방 신부는 순교자들의 정신적 맥을 물려받아서 후세에 이어줌과 동시에 보다 발전되고 성숙된, 그리고 우아한 영성의 꽃으로 피워 냈으니 그의 탄생은 한국 땅의 순교자들의 피의 값으로 피어난 아름다운 결실이며, 이 결실은 한국 가톨릭교회가 전 세계인들과 나누어 먹을 수 있는 영적 양식인 '면형무아 빵'으로 탄생한 것이다.

麵形無我

真福之自由善用
自由之振興性

兄弟愛

방유룡 신부 친필

제 3 장

면형무아 영성의 심리학적 함의

인성 따라 물 되시고
물과 같이 내리시고

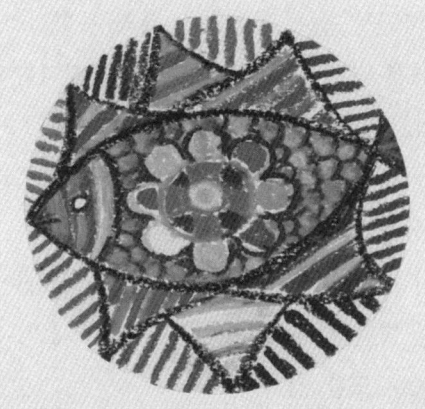

신성 따라 불 되시어
치열하고 영롱해라

이 장의 목표는 무아 방유룡 신부의 영성에 담긴 심리학적 함의를 탐구하는 동시에 그의 영성을 현대 심리학적 언어로 해석한다는 데 있다. 이러한 작업은 영적 갈증을 가지고 있는 사람들이 좀 더 쉽게 방유룡 신부의 영성에 다가와 그의 풍부한 영적 샘물을 마실 수 있게 하기 위해서다. 그러므로 특정한 주제를 깊이 다룬다기보다는 방유룡 신부의 통합신비 영성에 담겨 있는 보편적·심리학적 관점을 다룬다. 이 해석적 작업에는 연구자가 오랫동안 심리학에 몸담고 있으면서 결집된 심리학적 개념들이 녹아들었다고 볼 수 있다.

　이 연구 작업을 하면서 무아 방유룡 신부의 통합신비 영성은 심리학적 함의를 풍성하게 담고 있을 뿐만 아니라, 심리학적 인성발달과정을 철저하게 밟아가고 있다는 것을 발견하였다.

　이 장에서는 무아 방유룡 신부의 통합신비 영성에 담긴 신학적 과제나 철학적 문제 등을 다루거나 다른 이론과의 비교형식이 아닌, 현상학적 관점에서 각 주제에 관하여 수직적 탐구를 하는 방법을 취했다. 방 신부의 영성 발달체계 과정을 순서대로 7개의 주제로 축약하여 심리학적 해석을 시도한 것이다.

무아 방유룡 신부의 인간관과 자아초월 심리학적 함의

자아초월 심리학적 관점에서 본 인간의 정체성

자아초월 심리학[34]은 소위 제4의 심리학이라고 부르는데 현대 심리학이 발달해 오면서 주요한 영향을 끼쳤던 심리학들에 이어 새로운 물결을 형성한다는 의미이며, 제1 심리학은 정신분석, 제2 심리학은 행동주의, 제3의 흐름은 인본주의 심리학을 말한다. 자아초월 심

---

34) 트랜스trans는 글자 그대로 수직적 의미로서의 '넘어서beyond'와 수평적 의미로서의 '가로질러across'라는 두 가지 뜻을 모두 가진다. 따라서 그것은 개인적인 것과 그것을 넘어서는 것을 함의한다. '개인을 넘어서' 란 의미의 트랜스퍼스널이란 인간 의식의 인습적·개인적·개체적 수준을 넘어서는 발달을 의미한다. 즉, 평균적 개인의 성숙한 자아와 실존의식을 넘어서, 가로질러, 열린 의식의 확장(수평적 트랜스trans)과 의식의 변용(수직적 트랜스trans)과 개인적 의식의 투명성(투명한 트랜스trans)을 통한 자아초월적·초개인적·초개아적 의식 영역으로의 발달을 총칭하는 말이다. 자아초월 심리학으로 지향된 치료는 인간의 궁극 상태를 인식하고 수용하며 그것을 실현하는 것에 직간접적으로 관심을 두고 있는 치료라고 볼 수 있다. 이런 점에서 볼 때 사실 자아초월 심리학적 치료는 새로운 것은 아니다. 종교 속에서 가장 오랫동안 있어 온 것에의 귀환이라고도 볼 수 있으며 '조명illumination', '신비적 결합', '초월' 그리고 '우주적 합일cosmic unity' 과 같은 것을 추구하고 실현하는데, 각 영적 발달과정에 있어서 장애를 형성하는 심리조건과 정신 역동들에 관여되는 것을 해결하고 촉진시켜 주는 것을 포함한다.

리학은 기존의 심리학 이론들을 포괄적으로 수용하면서도 기존의 심리학들이 부정하거나 간과해 왔던 인간성에 내재되어 있는 풍부한 초월성, 신성 또는 영적 세계를 인정하며 인간을 부분적으로 연구하는 것이 아니라 통합적 시각으로 이해하고 연구하는 새로운 심리학의 움직임이다.

자아초월 심리학은 초개인적, 혹은 초개아적 의식 영역으로의 인간 발달을 목표로 하기 때문에 종교와 과학, 영성과 심리학, 고대와 현대, 동양과 서양, 내관內觀과 정관靜觀, 예술과 철학 등의 모든 학문들의 유용성을 포괄하면서 인간에 대한 균형 있는 통합적 탐구를 창달하고 우주론적cosmology 관점을 갖고 있다. 따라서 자아초월 심리학은 인간의 신체를 포함한 인간 정신, 인간 의식 연구의 모든 스펙트럼에 걸친 인간 정신의 성장 진화과정의 각 수준과 양태, 각 영역에 대한 이론 및 임상적 연구를 지향한다. 특히 자아초월적 체험과 현상을 자아초월 이론 및 임상병리, 동서고금의 자아초월적 수행, 수련, 실천기법 등에 대한 다문화적 접근에 의한 이론, 임상과 실험 응용연구를 통합적으로 추구하는 학문이다.

자아초월 심리학에서 주장하는 인간관에 대한 기본 전제는 첫째, 인간의 성장은 자아의 확립, 실존의 자각, 자기실현을 의미하며 인격이나 개성 혹은 퍼스낼리티personality의 단계에서 끝나는 것이 아니라, 이웃, 공동체, 인류, 생태계, 지구, 우주와의 일체감과 동일성의 확립, 신과의 합일에 있다. 즉, 자아초월의 단계에까지 도달하는 데 있으며, 둘째, 인간의 정신에는 태어날 때부터 구조적으로 자아초월의 단계에까지 성장할 수 있는 가능성을 내재하고 있다는 것과 셋째, 자아초월의 단계에 이르는 성장은 적절한 방법의 실천에 의해서 촉진될 수도 있다고 전제한다.[35]

역사적으로 서양은 중세시대의 유물 중 하나인 신神 중심 사고방식을 처단하고 큰 해방감을 맛보며 인간 중심 사고로 넘어왔다. 그러나 인간은 여전히 괴로웠고 더 야만적으로 대 전쟁을 일으키며 원하던 속박으로부터의 탈출을 이룰 수 없었다. 여전히 반쪽만의 시야이긴 마찬가지였다. 다른 쪽의 눈은 뜬 대신에 원래 떠 있던 눈은 감아 버렸다. 인류가 분열성을 앓고 있는 모습이다. 인간의 눈이 왜 두 개인가? 이는 양극을 모두 볼 수 있어야 하고 그것을 통합하여야 함을 알려 주는 상징체인 것이다. 인간 중심 사고는 여전히 한 눈으로만 인간을 바라보며 신과 동시에 인간 안에 내재된 무궁한 잠재력과 신성도 함께 버렸던 것이다. 그리하여 인간이 자신을 바라보고 해석하는 눈은 더욱 협소해지기 시작했다.

또한 근대 과학적 실증주의와 합리주의는 세상과 인간을 낱낱이 분해하여 분석하기 시작했다. 이러한 현상은 철학과 인간학으로부터 심리학이 분리되어 과학이라는 옷을 걸치고 행보하는 것을 도왔다. 인간은 정서가 문제다, 무의식이 문제다, 인지가 문제다, 행동이 문제다 하면서 인간을 분해했다. 또한 인간의 실존적 정체성에 대한 물음을 회피한 채로 심리학은 어떠한 궁극적 답을 내어놓을 수 없었던 것이다. 심리학은 인간 이해라는 측면에서 특기할 만한 업적을 이룩하였으나 그 한계를 분명 가지고 있었다. 그러나 현대에 와서 과학실증주의도 세상을 바라보는 하나의 틀에 지나지 않는다는 것을 깨닫기 시작하면서, 선각자들은 인간을 좀 더 총체적인 틀로, 좀 더 통합적인 시각으로 바라보기 시작했다. 이러한 자각이 바로 자아초월 심

---

35) Text book of Transpersonal Psychiatry and Psychology(1996), 《트랜스퍼스널 심리학》(정인석, 2003), 《자아초월 정신치료》(정성덕·김익창 공역, 2006) 참고.

리학이 태동하게 된 원동력인 것이다.

1960년대에 주류를 이루었던 인본주의 철학과 실존주의, 현상학의 영향을 받은 심리학자들, 특히 로저스Rogers가 확립한 인간 중심주의 심리학에서는 인간 안에 내재되어 있는 잠재적 자원에 대해 크게 강조점을 두기 시작한다. 인간은 자기실현을 위한 내적 자원, 즉 치유와 성장을 위한 근원적 힘이 인간 자신 안에 있고 또 그 자원을 발휘할 수 있다고 보는 것이다(로저스Rogers, N. 2007 p. 4). 이런 인본주의의 따뜻한 인간관은 인간을 보다 더 큰 존재로 인식하는 길을 열어 주는 데에 큰 몫을 했다.

자아초월 심리학의 확립에 중심적 역할을 했던 매슬로우Maslow는 종래의 심리학이 개인의 병리와 치유에 국한되고 있음을 자각했다. 인간은 병리적 한계성을 가지고 있지만, 그 한계를 넘어서 건강함과 성장 그리고 자기실현을 추구해 나가는 잠재적 욕구가 있다고 보았다. 또한 이것으로 끝나는 것이 아니라, 보다 질 높은 차원인 자기초월에의 욕구가 있으며, 그것을 위한 자원이 역시 인간 안에 있다고 보기 시작했다. 그는 당대 훌륭하게 자기실현을 이룬, 현존하는 사람들 중에는 절정 경험이나 초월적 경험을 한 사람들이 많이 있었던 것에 주목하게 되었다. 이로써 매슬로우Maslow는 인간이란 존재를 매우 협소하게 보는 당대의 심리학적 시각에서 벗어나 인간 안에 있는 영적 측면에까지 주목하기 시작하면서 자아초월 심리학의 길을 여는 데 공헌을 했다.

융Jung은 프로이트Freud의 무의식 이론을 일부 수용하면서, 인간 존재 안에 개인적 차원을 넘어서 더 깊은 무의식의 층인 집단 무의식을 발견하였고, 이 집단 무의식의 내용을 정교화하였다. 또한 프로이트Freud가 무의식의 어두운 면을 강조했다면 융Jung은 인간의 무의식의 긍정적인 면도 함께 강조하였는데, 무의식에는 거대한 잠재적인 능력과 위대한 창조력과 지혜의 보고가 있다고 주장하였다. 무의식 기저의 중심적 핵은 원형적 존재라고 볼 수 있는 자기(Self, Selbst)가 있다고 주장했다. 그래서 그는 이 원형적 핵인 '자기Self' (이부영, 1999 p. 4)는 고등 종교에서 최고의 신, 최고의 지혜 혹은 진리라고 상징하는, 시공時空을 초월한 궁극의 원리와 같은 것이라고 했는데, 한마디로 융Jung은 인간의 무의식 속에서 하느님과 같은 신상神像을 발견한 것이다. 그런 의미에서 그는 이 자기를 대문자 S로 표기하였다. 그는 이러한 인간의 영적 자원과 초월성이 고대의 신화나 건축 그리고 이미지나 꿈 등을 통해, 여러 세기에 걸쳐 많이 나타나고 있음을 강조했다. 그는 정신 건강에 있어서 자아초월적 체험의 중요성을 확언하는 최초의 서구 심리치료자였다. 그의 작업의 주된 추진력은 신경증의 치료가 아니라 누미나스numinous[36] 또는 자아초월적인 차원의 체험에 대한 접근이라고 썼다. 그는 "…… 누미나스에의 접근이 진정한 치료이며, 누미나스 체험을 이루게 되면 병리적 상태라는 저주에서 벗어나게 된다."[37]고 말했다. 여기서 누미나스란 신비적 외경의 절대성 및 신성 등을 의미하며 인간이 궁극적으로 나아가야 하는 방향을 단적으로 표현했다고 본다.

아싸지올리Assagioli는 최초로 훌륭하고도 체계적인 자아초월 심리치료 이론을 세웠는데, 기존의 다양한 치료 방법들을 수용하고 통합하여 자기 치유로부터 자기실현으로 나아가고, 거기서 끝나는 것이

---

36) 라틴어의 numen(명확한 표상을 이룰 수 없는 초자연적 존재)에서 유래한 말로 독일의 철학자 Otto가 numinose로 처음 사용했다. 신비적인, 외경의, 절대적인 및 신성 등으로 번역할 수 있겠다.

37) 융Jung(1962, 1973), 《자아초월 정신치료》, 정성덕·김익창 공역, p. 46, 재인용.

아니라 자기 초월self-transcendence, 혹은 대문자로 시작하는 진정한 자기인 Self로 통합, 확대되어 가는 과정을 심리학적 목표로 삼는다. 그는 이를 정신통합psychosynthesis이라고 지칭하였다. 아싸지올리Assagioli도 프로이트Freud의 무의식 이론을 받아들였다. 그는 무의식을 좀 더 세분화했는데 하위 무의식, 중간 무의식 그리고 예술, 철학, 과학, 종교 그리고 윤리의 세계에서 발견되는 높은 영감과 직관, 무조건적인 사랑, 높은 영적 에너지 등의 보고인 상위 무의식에 대해서 말했다. 그는 자기를 초월한 경지에 영원불변한 중추로서의 진정한 자기Self가 존재한다고 말했다. 이런 주장들은 앞서 소개한 융Jung의 자기Self와 거의 동일한 것이다.

의미치료 이론을 세운 프랭클Frankl은 인간을 분리될 수 없는 세 가지 차원의 합성체로 보았는데, 그것은 신체적·심리적·영적 차원들이다. 그는 정신의학이나 심리학이 인간의 영성을 무시하는 경향에서 벗어나 영적 차원을 포함시킴으로써만이 인간을 온전하게 이해할 수 있다고 주장한다. 또한 인간의 영혼의 영역에서는 우리는 조종당하지 않으며, 우리가 조정자이며, 결정권자라는 것이다. 이러한 능력은 우리의 무의식의 보고 속에 영적인 약품 창고처럼 존재한다고 말한다.

자아초월 심리학에 지대한 공헌을 한 윌버Wilber는 1977년에 '의식의 스펙트럼The Spectrum of Consciousness'을 발표하였는데, 그는 기존에 서로 대립하여 난무해 있는 여러 심리학 이론, 철학, 심리치료, 동서양의 신비사상 등을 통합하여 하나의 스펙트럼으로 만들었다. 윌버Wilber는 그의 통합 이론을 통하여 인간은 자아 이전의 상태에서 시작하여 자아의 확립을 거쳐, 자아초월의 정점에 도달한다고 말한다. 인간의 궁극적 목표와 욕구란 초월자가 되려하는 욕구,

또는 전체와 하나가 되려고 하는 충동을 자신 안에 가지고 있다고 보는 것이다. 그러므로 사람은 어느 발달 수준에 있어서나 궁극적인 존재에 이르기까지는 만족할 수 없으며, 자신 안에 자아를 초월한 궁극의 비이원적 영원성의 세계에 도달하려는 욕구는 자칫 다른 것으로 대체되어 버린다고 말한다.

무아 방유룡 신부 인간관의 자아초월 심리학적 함의

하느님께서는 "우리의 모습을 닮은 사람을 만들자! 그래서 바다의 물고기와 공중의 새, 또 집짐승과 모든 들짐승과 땅 위를 기어다니는 모든 길짐승을 다스리게 하자!" 하시고, 당신의 모습대로 사람을 지어 내셨다. 하느님의 모습대로 사람을 지어 내시되 남자와 여자로 지어 내시고 하느님께서는 그들에게 복을 내려 주시며…….
야훼 하느님께서 진흙으로 사람을 빚어 만드시고 코에 입김을 불어 넣으시니, 사람이 되어 숨을 쉬었다.   창세기 1:26-28, 2:7.

하느님은 나를 내셨으니, 주께서 나를 아시고,
나의 본말本末을 통찰洞察하시고 나의 길을 내도다.
하느님께서 나를 내셨으니, 생각하고 내셨고,
하느님께서 나를 내셨으니, 뜻이 있어 내셨도다.
주의 생각이 내가 나온 길이요, 그 뜻이 갈 길이로다.
하느님은 나의 근본이시니, 하느님을 떠나 무엇을 할고?
공기 없이 새가 어이 날고? 물 없이 고기가 어이 헤험할고?
인생의 시작이 저절로가 아니요, 창조주의 명안明眼이요,

인생은 무상이 아니요, 제 갈 길이 떳떳하니,　　　　　　　　p. 93.

　　무아 방유룡 안드레아 신부는 구약성경 창세기의 인간창조설화가 말해 주는 인간관을 근본 바탕으로 가지고 있기 때문에 창조설화의 인간관에 대해서 우선적으로 살펴 볼 필요가 있다. 창세기의 인간창조설화는 인간 존재의 정체성을 말해 주는 것으로서 첫째, 인간은 자신이 자신을 만들지 않았으며 창조된 피조물이라는 정체성과 둘째로, 인간은 하느님의 생명, 하느님의 숨을 받은, 그래서 하느님과 닮았다는 정체성에 대한 가르침이다. 그리스도교 신앙인들이 하느님을 아버지라 부르고 자신들을 하느님의 자녀라고 하는 것은 바로 이 때문이다. 수많은 그리스도교의 신비가나 영성가들은 자신 안에 계신 하느님과 접촉하며 하느님과의 합일을 이룬 사람들이었다. 신약성경의 요한복음 18장 21절에 보면 "아버지 이 사람들이 모두 하나가 되게 하여 주십시오. 아버지께서 내 안에 계시고 내가 아버지 안에 있는 것과 같이 이 사람들도 우리들 안에 있게 하여 주십시오."라고 기도하는 예수님을 볼 수 있는데, 예수님은 하느님께서 당신 안에 계시고 우리 안에도 역시 계신다는 것을 가르친 것이다.

　　또한 바오로Paul 사도使徒는 "여러분은 자신이 하느님의 성전이며 하느님의 성령께서 자기 안에 살아 계신다는 것을 모르십니까?"(1고린토 3:16)라고 말하는 대목이 있다. 이 말 또한 인간 안에 계신 하느님의 존재에 대한 가르침인 것이다. 인간은 누구나 하느님의 얼을 받아 그의 지혜와 창조성과 사랑의 능력을 가지고 태어나며, 누구나 이 신성을 발휘할 수 있다고 성경은 가르친다. 인류 역사 안에는 이 신성의 잠재력을 발휘하는 사람들이 무수히 많다. 믿기지 않을 만큼 다양한 형태의 뛰어난 능력이나 창조성, 지혜 그리고 사랑을 보여주는 사람들이 있다. 분명 인간은 동물 군에 속하지만 동물성을 극복할 뿐만 아니라 자신 안에 있는 영적 자원을 훌륭하게 발휘하여 신적 존재가 될 수 있는 것이다.

무아 방유룡 신부는, 인간은 하느님의 뜻하는 바가 있어 창조되었으며, 그 뜻하는 바가 인간의 사명이요, 갈 길이라고 말한다. 인간의 시始와 말末을 분명하게 제시하면서, 인간은 하느님께로부터 와서 하느님께로 가는 것이며, 각자 하느님의 뜻하신 바가 있어서 태어난다고 천명한다.

방 신부는 이어서 하느님은 만선만복萬善萬福이기 때문에 인간의 태어난 목적도 하느님처럼 만선만복을 누리는 것으로 인간 실존의 목표를 하느님이 되는 것으로 보았다. 진정 인간의 이 길과 사명은 웅대하고도 원대한 목표이다. 인간의 사명과 목표는 인간의 정체성과 동떨어진 것이 아니라 깊은 연관을 갖고 있다. 인간이 신이 된다는 선포는 흙에서 태어난 동물적 나약한 인간의 망상인가? 방 신부의 환상인가?

방유룡 신부는 창세기의 창조설화에 나오는 인간관을 기본적으로 수용하였으며 확대하였다. 방 신부의 인간관은, 인간은 하느님의 피조물이며, 하느님의 자녀요, 하느님은 인간의 아버지인 것이다. 인간은 신의 자녀로서 당연히 신이 되어야 하는 것이다. 예수 그리스도처럼 완성된 인간, 참인간이며, 동시에 신神적 존재가 됨을 목표로 하는 것이다. 방 신부는, 당당하게 그의 영가나 강론 중에 인간은 신인神人 혹은 신이 되어야 함을 누누이 역설한다(p. 71). 이것이 인간 실존의 완성이라는 것이다.

방 신부는 인간을 동물성과 이지理智가 신력神力으로 한 사람이 되었다고 말한다. 그리고 인간성 안에는 천성이 있으며, 그 천성天性

은 천명天命이라고 한다. 방 신부는 동양적 개념을 수용하여 하느님을 하늘(天)이라고 표현하거나 천성天性, 천명天命이라고도 표현한다. 물론 예수님도 제자들에게 기도를 가르칠 때 '하늘에 계신 우리 아버지'(마태 6:7-15)라고 함으로써 하늘(天)의 개념과, 인간 생명의 근원자로서의 창조주를 아버지라는 아주 친근하면서도 인간적인 언어로 표현하였다. 이 말은 인간은 하느님의 상속자라는 뜻이 내포되어 있는 것이다. 인간 정체성의 양극성인 부서지고 나약하고 상처받으며, 한계에 속박되어 있는 측면으로 상징되는 흙의 속성과, 그럼에도 불구하고 이 나약한 인간 존재는 하느님의 숨을 받은, 하느님의 생명인 신성을 갖고 있는 존재자라는 정체성, 그분의 한없는 지혜와 사랑과 창조성을 발휘할 수 있는 존재라는 것을 가르친다.

방 신부는 흙으로 상징되는 인간 실존을 동물성이라고 표현한다. 그리고 인간의 이성과 양심, 의지와 자유를 인간이 동물과 구별되는 큰 능력, 즉 천성天性으로 보고 있다. 그래서 인간 발달을 위한 여정에서 우선적으로 이 인간성 안에 있는 천성적이며 잠재적인 능력을 충분히 발달시키고 활용하도록 촉구한다. 이 인간성의 성장 발달을 발판으로 다음 단계인 영성적 발달을 향해 갈 수 있는 것이다.

방유룡 신부는 인간 존재의 창조는 끝나지 않고 지금도 계속되고 있다고 말함으로써 앞으로도 인간은 계속 성장, 발달하여야 한다는 것을 강조하는데, 그는 이것을 하느님의 우주만물의 창조사업에 이어 이제는 모든 창조만물이 성화聖化되는 성화사업이 계속되고 있음을 역설한다. 창조는 끝난 것이 아니라는 것이다.

그러므로 인간 내면에 잠재적 씨앗으로 숨어 있는 무궁한 자원, 즉 인적 자원과 신적 자원인 영성을 개발하고 성장시켜야 함을 강조하는 것이며, 이는 하느님과 인간의 공동사업이라고 보는 것이다. 인간이 여기까지 발달하여 가지 않으면 인간은 한낱 동물성에다가 지극히 협소한 자유와 지성만 누리는 반쪽만의 인간이 된다. 무아 방유룡 신부는 인간의 두 정체성적 측면인 흙의 속성과 신성의 통합을 추구하여야 인간 완성품(p. 311)이 된다고 말하고 있는 것이다. 인간은 하늘과 땅을 이어야 완전한 인간이라는 말이다.

　무아 방유룡 신부는 인간은 신이 되어야 함을 주장하면서 면형무아麵形無我가 되어야 한다고 가르치고 있는데, 면형무아는 수직적으로 인간 내면에서의 자아초월을 의미하면서 동시에 수평적으로 개체를 넘어서 이웃과 자연과 우주와 하느님께로 합일하기 위해 무아가 되어야 함을 강조한다. 이러한 인성적 측면과 영성적 측면은 자아초월 심리학과의 풍부한 대화가 가능한 부분이다.

　자아초월 심리학자들이 기존 심리학의 제한점, 즉 인간의 영성을 부정 혹은 무시하거나 억압, 회피했던 점을 극복하고, 인간 안에 내재되어 있는 영적 능력과 초월성에 대한 자각 그리고 그것을 인간성 안에서 통합하려는 학문적 노력은 종교와 과학과 심리학이 서로 대립, 분열적으로 존재해 왔던 취약한 시대적 흐름을 극복하고 통합을 향해 가고 있음을 말해 준다.

　이는 인류의 진화라는 측면에서 상당히 고무적인 현상이다. 인간 안에 심어진 잠재적 씨앗은 성장하고 꽃피고 열매 맺기를 기다리고 있으며, 인간의 분열된 모습, 이러저러한 신경증에 시달리는 모습, 두려움과 불안에 잠식당하는 모습 등은 이 위대한 잠재력을 끌어내어 씀으로써 극복할 수 있음을 암시하고 있는 것이다. 이는 그들이 그리스도교 영성의 인간 정체성에 대한 가르침을 일부 수용하고 심리학과 통합을 시도하였다는 것을 볼 수 있다.

　무아 방유룡 신부의 인간관의 메시지는, 인간은 하느님을 닮았다는 것이며, 인간은 풍부한 잠재성을 가지고 있을 뿐만 아니라 그 모든 불평등 조건들을 극복할 수 있는 신성을 지니고 있다는 것을 전한다. 방유룡 신부는 신앙인들 그리고 수도자들이 이 근본적 인간에 대한 정체성을 믿고 받아들이기를 요청한다. 무아 방유룡 신부의 인간관과 자아초월 심리학은 인간 존재의 그 발달 목표 점을 무한히 확대하고 있다. 그동안 간과해온 인간 내면 안에 지닌 영적 초월성을 강조하고, 이를 의식과 통합함과 동시에 자신 밖의 세계, 우주적·신적 세계로의 초월trans을 동시에 말하고 있다. 말하자면 내재적 신을 다시 찾아 접촉한다는 맥락에서 방유룡 신부의 인간관과 자아초월 심리학은 서로 깊이 공명하고 있으며 인간성 발달이라는 측면과 개체성을 넘어 이기주의와 집단 이기주의의 극복을 향한 인류의 여정에 나란히 어깨를 나눌 수 있는 것이다.

    현대의 심리학자들은 인간이 자신의 정체성을 어떻게 가지고 있고 자신의 자아 이미지가 어떠한가에 따라서 인간의 행동은 많이 달라진다고 주장한다. 자신을 보잘것없고 쓸모없는 존재로 생각하거나 동물 군群 정도에 속한다고 믿고 있는 사람과, 하느님의 자녀라는 정체성을 믿고 받아들인 사람 혹은 자신은 쓸모 있는 존재라고 생각하는 사람과는 행동과 삶의 질에 있어서 상당한 차이가 난다는 것이 보편적 심리학의 가르침이다. 인간은 하느님의 신성을 나누어 받았기에 창조주 하느님을 아버지라고 부르고, 인간은 하느님의 자녀들이라고 가르치는 인간 정체에 대한 심오한 가르침은 심리학의 주요 이슈인 자아 정체성에 관한 사안에 깊은 통찰을 제공해 주는 것이다.

'피조물'이라는 인간 정체성의 심리학적 함의

　무아 방유룡 안드레아 신부는 인간이 하느님으로부터 창조된 '피조물'이라는 성경의 메시지를 믿고 받아들였으므로 그의 인간학과 영성의 심리학적 함의를 이해하기 위해서는 인간의 피조물이라는 정체성을 숙고해 볼 필요가 있다. 인간이 피조물이라는 의미는 인간이 하느님에 의해 창조되었다는 의미만 있는 것이 아니라, 심리학적 함의도 풍부하다. 인간은 모두가 자신이 자신의 주체가 되는 기본 인격과 성격을 만들거나 선택하지 않았다는 사실이 바로 그것이다. 인간은 태어난 것도 자신의 의지가 아니었고, 성격 형성에 일조하는 부모의 유전인자를 자기가 솎아내서 선택한 것도 아니고, 성격에 영향을 미치는 인적·물적 환경을 선택한 것도 아니라는 의미에서 그렇다. 이러한 맥락에서 인간은 기본 성격이나 인성의 측면에서도 역시 피조물인 것이다.

　많은 심층 심리학자들은 인성의 기초적 틀과 패턴은 이미 학령기 이전에 형성된다고 말한다. 태아나, 영아나, 유아는 자신의 성격과 인격을 위해서 아무것도 선택하지 못한다. 다만 주 양육자가 어떻게 아기를 다루었는가에 깊이 의존되어 있다. 최소한 0세~3, 4세까지는 그 의존도가 상당히 높다. 왜냐하면 이 영유아기 때는 아직 자아와 의지 그리고 의식이 충분히 발달되지 않은 상태이므로 그렇다.

　에릭슨Erikson은 인간의 발달 단계를 8단계로 나눴다. 학령기 이전의 단계를 보면, 1단계를 0세~2세, 2단계를 2세~3세, 3단계를 3세~5세로 보았는데, 1단계에서는 인생에 있어서 가장 중요한 기반이 되는 믿음이나 신뢰심 혹은 불신이 형성되는 시기로 보았고, 2단계에서는 자립심과 수치심 그리고 3단계는 창의성과 죄의식이 발달하는 시기로 보았다. 자신과 타인 그리고 세상과 삶 자체에 대한 근본적 믿음이 1세, 2세 때 그리고 그 신뢰를 바탕으로 희망이 생성되는 시기가 바로 생애 첫 시기인 것이다. 말하자면 이때 영아는 신뢰가 무엇인지도 모르는 사이에, 신뢰감에 대한 어떠한 선택을 자신이 하지도 않은 채 신뢰심이 형성되었거나, 반대로 불신이 형성되었거나 하는 것이다. 이것이야말로 인간은 자신이 자기를 만들지 않은 진정 피조물이라는 처절한 인간 조건을 말해 주는 심리학적 측면이다.

인간의 성격은 유전자에 의해서 영향을 많이 받는가? 아니면 환경과 학습에 의해 영향을 더 많이 받는가에 대한 이슈는 오랫동안 심리학자들 사이에서 중요한 논쟁거리 중의 하나였다. 그러나 아이의 관점에서 본다면 유전자도 자신의 선택이 아닌 부모로부터 받은 것이요, 환경과 학습도 아이의 선택이 아니라 전적으로 주어진 것이니, 진정 자신의 성격이나 인성에 있어서, 아이가 책임을 갖게 되기 이전에 이미 기초 자아와 기본 성격은 형성되는 것이다. 그 조건에 의한 내적 역동은 흔히 일생동안 가기 마련이다. 그래서 옛말에 '세 살 버릇 여든까지 간다.'는 말이 있는데, 이는 얼마나 깊은 심리학적 통찰을 지닌 말인지 모른다.

그렇다면 어떤 사람들은 참으로 억울할 수밖에 없다. 누구는 폭력적 알코올 중독자 밑에서 태어나 학대를 받아서 분열증이나 신경증을 앓게 되고, 누구는 사려 깊고 올바른 사랑을 줄 수 있는 부모 밑에서 태어나 안정되고 튼튼한 기초 자아를 형성하니 말이다. 인간은 자신의 선택과 책임 능력이 없는 상태에서 기초 자아가 형성되고 자신의 주요 인성의 패턴이 만들어지니 말이다.

예를 들면 누구나 다 암 유전인자는 가지고 태어나지만 암에 걸리고 안 걸리는 것은 그 사람의 모든 환경적 요인과 식습관이나 인성 등이 복합적으로 작용하여 암을 유발하는 것인데, 암 유전인자를 가지고 있어도 암 유전인자에게 좋은 환경이 주어지지 않는다면 암 인자는 활성화되지 않는 것과 비슷한 맥락이다. 그만큼 부모를 포함한 환경의 의존도가 높은 것이다.

  그동안 간간이 TV에서 방영된 필리핀 밀림에서 네 발로 기어 다니며 늑대처럼 먹고 늑대와 똑같이 사납게 으르렁거리는 소녀를 방영해 준 것을 본 일이 있다. 그리고 인간의 문화에 적응하지 못하고 여전히 네 발로 기고 개처럼 먹고 짖는 야생소녀 옥사나[38]를 보았다. 이들은 인간 유전자를 가지고 태어난 인간임에는 틀림없으나 기초 자아가 형성되는 영유아기 때 그 자연스런 환경과 발달과정을 박탈당한 경험으로 인하여 인간이 되지 못했다고 볼 수 있다. 그들의 영유아기 시절에는 인간이 키우지 않고 야생 개와 늑대가 키웠기에 그들의 자아 이미지는 개나 늑대로 형성되었다. 후에 아무리 인간 행동을 가르치려 해도 인간 언어와 행동을 발달시키지 못했던 것이다. 결국에는 인간 사회에 적응하지 못하고 말았다. 그들은 끝내 인간이 되지 않았다.

  이런 것을 보면 환경이냐 유전이냐의 논쟁은 어리석은 논쟁에 불과하다. 그러므로 '인간은 피조물'이라는 성경의 통찰은 진정 인간 존재의 실존을 거짓 없이 말해 주는 것인데, 인간은 하느님의 자식이면서도 또한 인간과 환경이 만들어 낸 피조물인 것이다. 그렇다면 인간은 환경의 노예인가? 인간에게 자유란 존재하는가? 어떻게 하느님을 자비와 공정의 하느님이라고 말할 수 있는가?

  인간의 '신적 정체성'만이 이러한 질문들에 대한 답을 제공하고 있

---

38) 개들이 키운 22살의 우크라이나 소녀. SBS Net TV, 〈SBS 스페셜〉, 66회.

다. 하느님이 인간을 만들고 숨을 불어 넣었다는 그 상징적 의미는 부모나 환경에 의해 결코 상처받거나 찌그러질 수 없는, 모든 불평등한 환경과 조건들을 극복하고 초월하는 신적 세계가 누구에게나 주어졌다는 것이다. 인간의 모든 피조물적 조건들과 불공평한 환경들에 대한 해답은 하느님이 인간 안에 불어넣어 준 이 막대한 '영적 자원'에 있다. 이 자원을 쓰느냐, 안 쓰느냐 그리고 얼마만큼 쓰는가에 모든 개인 간의 차이가 있을 뿐이다.

아무 책임이 없는 상태의 영유아기 때 상처받고 조건화되고 분열된 인성을 극복하기 위해서는, 인간 안에 내재되어 있는 이 영적 자원을 충분히 끌어내어 쓰도록 안내하고 도와주는 심리적 작업과 동시에 영적 작업이 요구되는 것이다. 그동안 전통적 심리학은 앞에 제기된 질문에 대한 해답을 주는 데 그 한계를 드러냈다. 그러므로 정도의 차이가 있지만 누구나 인성의 깊은 밑바닥의 대상 관계적 문제와 분열성을 해결하고 극복하려면 심리학과 영성의 통합적 시각을 형성하는 것이 중요하다. 즉, 의식과 무의식의 통합 그리고 여기에 영성의 통합이 반드시 이루어져야만 하는 것이다.

불신감과 의존성의 심리적 문제와 신앙적 믿음

무아 방유룡 신부는 그리스도교의 다른 영성가들과 마찬가지로 하느님께 대한 믿음을 강조하였다. 이 믿음(신앙)의 문제도 심리학적 시각으로 조명을 해주면 그 의미가 더 풍부해진다. 인생을 살아가는 기초적 인격의 힘이 신뢰감이다. 이 신뢰감은 어머니의 자궁 내에서부터 1~2세 전후에 형성되는데[39] 이때 탄탄하게 신뢰감이 인성 안에 뿌리내리지 않는다면 그것을 대면해서 돌보지 않는 한 그 흔적은 평생 갈 수 있는 것이다. 신뢰심은 자신의 존재에 대한 믿음과 타인에 대한 믿음 그리고 세상과 미래에 대한 믿음인데, 이 중요한 심리적 기반인 신뢰심이 형성되지 못해서, 불신과 불안의 기초 위에 인성이라는 취약한 집이 세워지는 경우가 허다하다. 이 심리적 신뢰감과 믿음의 결핍은 신을 향한 믿음으로 대체되어 치유, 극복될 수 있는 부분이 있다.

'하느님이 인간을 창조하셨다.'라는 믿음에서 출발하여 그분을 아버지라고 부르는 것은 심리적으로 큰 효능이 있다. 인간의 기본적 인격과 성격 형성에 있어서 프로이트Freud는 학령기 이전에 많은 부분 조건 지어진다고 보았는데, 그의 뒤를 이은 현대 정신 역동 심리학자나 대상관계 이론가들은 생애 초기에 대한 고도의 면밀한 연구를 통해 초기 0세~3, 4세 때에 기초 자아가 형성되고 주요 성격 패턴이 형성된다고 보고 있다. 생애 초기의 주 대상과의 관계와 유아의 자아 이미지 형성은 성격에 지대한 영향을 미친다는 것인데, 여기서 가장 주도적이면서도 절대적인 역할을 하는 것은 두 말할 필요도 없이 어머니 혹은 주 양육자이다. 어머니가 만약 이 시기에 부재했다면 그 때문에 인격에 큰 그림자를 남기며 부모가 어떻게 영아와 관계하느냐에 따라서 대상 관계적 주요 패턴과 기초 자아 발달에 큰 영향을 미치는 것이다(코헛Kohut, 2005).

현재 한국 사회에는 각종 중독증 환자가 약 인구의 10%를 넘어서

---

39) 에릭슨Erikson(1982), 《The life cycle competed》, New York. W.W. Norton, p. 32-33, 재인용.

고 있다는 보고가 있다. 이는 매우 심각한 수치이다. 약물, 알코올, 게임, 인터넷 등 각종 중독증 환자는 심리적 의존성의 문제를 안고 있다. 이것은 유아기 때에 부모에게 충분히 의존되어 있어야만 하는 시기에 여러 가지 이유로 인하여 이 안전과 안정, 애정과 의존 결핍으로 인하여 상처가 나는 데 근원적 원인이 있다. 이 의존 욕구가 충족되지 못한 데서 오는 근원적 불안으로 인하여 건강한 자아 형성에 문제가 일어나게 된다(원호택, 2000). 이런 사람들은 자아의 취약함에 의해 자신 이외의 다른 것에 의존하여 그 깊은 갈증을 해결하고 싶어 하는 것이다. 누구나 완벽한 부모 밑에서 태어나지는 않는다. 그러므로 보통 사람들도 정도의 차이가 있지만 이런 의존성의 문제를 안고 있다. 즉, 정체성의 문제를 안고 있는 것이다. 정체성이 확고하면 그만큼 타他에 대한 의존도가 낮고 정체성이 취약한 만큼 자신 이외의 다른 것에 의존도가 높은 것이다.

위니캇Winnicott은 "자아 심리학은 오직 '의존'의 사실에 확고히 기초하고 있을 때만 의미가 있다."[40]고 말하고 있다. 이어서 "아기는 홀로 존재할 수 없으며 본질적으로 관계의 한 부분이다."라고 말하고 있는 것처럼 기초 자아 형성의 가장 기본이 되는 중요한 주제가 의존성의 문제이다.

하느님의 자녀라는 정체성을 받아들이고 하느님을 아버지로 믿고 의지하는 것은 인간의 이 의존성의 문제를 해결할 실마리를 건전하고도 안전하게 제공해 주는 것이다. 쇼핑이나, 알코올이나, 인터넷이나, 게임 혹은 타인에 의존해서 자신을 망치는 것보다는 사랑이신 하느님을 전적으로 믿고 의지함으로써 근원적인 의존성의 욕구를 해결

---

40) 《울타리와 공간》(Madeleine Davis & David Wallbridge, 1989), p. 48-49.

하고, 부모의 제한적인 사랑, 부족한 인성에 의해서 인격에 그어진 상처들을 신의 무조건적인 사랑의 체험을 통해서 치유받을 수 있기 때문이다. 하느님에게 충분한 의존을 경험하면서 근원적 의존성의 문제를 치유하고 나면, 개인은 그 의존성의 문제로부터 벗어나 유아기적 고착41)을 극복하여 자신과 이웃 그리고 신과 성숙한 관계를 맺게 된다. 이 과정이 성공적으로 일어나면 실존적 주체성을 갖게 되며, 삶을 자신의 자유와 책임 하에 두고 환경이나 타인에게 지나친 영향을 받지 않고 꿋꿋하게 세파를 헤쳐 나갈 수 있는 것이다. 이제는 더 이상 인간 혹은 물질에 의존해야만 하는 삶이나, 혹은 불안에 의한 강박적 의존 행위라는 문제에 속박되지 않게 된다.

불신감이 믿음으로 치유되면서 불안의 수위가 낮아지면, 있는 그대로 자신을 볼 수 있는 용기를 갖게 되고, 자신 안에서 원인을 발견하고 끊임없이 타인과 환경의 탓으로만 돌리며 환경과 타인에 지나치게 좌지우지되는 삶을 그만 둔다. 그것은 많은 사람들이 신앙생활에서 힘을 얻는 이유가 바로 이러한 깊은 심리학적 측면에서 본인이 자각을 하든지, 안 하든지 도움을 받기 때문이다. 하느님 아버지는 부족한 내 부모의 대체 대상이 될 수 있으며, 부모로부터 받은 상처를 하느님 아버지와의 관계에서 보상받고 치유받을 수 있는 것이다. 가톨릭에서 성모 마리아에 대한 애정을 표현하는 것은 같은 심리적 깊은 의미가 있다. 마리아는 신앙인의 어머니로서 육신의 어머니의 대체 대상일 수 있는 것이다.

신뢰감과 의존성의 문제가 어느 정도 치유되면 분열된 자아를 통합하면서 건전한 정체성을 형성할 수 있다. 바로 이 시점에서 방유룡

---

41) 《그림 놀이를 통한 어린이 심리치료》(도널드 위니캇, 이재훈 역, 1998), p. 192, 263, 297.

신부가 그렇게도 강조한 인간은 자신 안에 풍부한 잠재력과 신성을 가지고 있다는 가르침이 인격 안에 확고하게 자리 잡으면, 그 사람은 현실에 보다 적극적으로 적응할 수 있음은 물론 계속적으로 자기를 실현하는 과업과 영적 성장을 향해 전진할 수 있는 심리적 힘을 지니게 되는 것이다.

그러나 이러한 긍정적 과정이 자아가 몹시 허약한 병적 수준의 사람들에게 적용되는 것은 물론 아니라고 본다. 어느 정도 기본적 자아가 적응적이어야 한다는 전제가 있다. 정신적으로 너무 취약한 사람들은 오히려 종교생활이 부정적 역할을 할 수도 있고 아무런 도움이 되어 주지 못하는 경우도 있다. 이러한 사람들은 우선적으로 종교보다 심리학자나 정신과 의사의 몫이 더 크다고 본다. 자아 이미지가 너무 취약한 사람은 신에 대한 이미지를 형성해 가는 데 있어서도 큰 왜곡과 장애를 보이기 때문에 특별한 전문가들의 도움이 요청되는 것이다. 이러한 일에 종사하는 전문가들은 환자에게 끊임없이 그 사람 안에 위대한 잠재력과 영적 보화가 있음을 안내해 주면서 치료가 이루어져야 한다. 말하자면 치료자의 영적 정체성과 영적 가치관이 우선적으로 확립되어야 하는 것이다.

인간은 성장하며 자아상을 형성하게 되는데 마찬가지로 하느님에 대한 상도 형성되어 간다. 즉, 신앙의 핵심과 본질에 가까워지면서 건전하고 건강한 하느님의 이미지를 형성하게 되는 것이다. 일단은 먼저 건전한 이미지 형성이 이루어져야 궁극에 가서 그 하느님의 이미지로부터도 자유로워질 수가 있다. 자아도 마찬가지이다. 건전하고 건강한 자아를 형성한 기초 위에 참된 인성의 발달과 자기실현의 목표를 향해 갈 수 있으며, 나아가 자아초월trans이, 그리고 방 신부가 주장하는 '무아'가 가능해진다. 자아의 초월은 자아와 자기를 동일시하는 현상에서 탈 동일시되는 과정으로서, 자아로부터 자유로워지는 것이다(아싸지올리Assagioli, 2003 p. 42). 그러나 신앙하는 사람들이 모두 이 긍정적 과정을 자동적으로 겪는 것은 아니다. 이는 상당히 복잡한 문제를 안고 있는데 여기서 다룰 주제가 아니기 때문에 남겨 놓는다.

결론적으로 만약 인간 안에 초월적·신적 세계가 있다는 것을 인정하지 않는다면, 인간 안에 상처받을 수도 없는, 찌부러지지도 않는, 모든 조건화들로부터 자유로운, 분열될 수도 없는 존재의 핵, 참자기라고 표현하는 영적 세계가 있다는 것을 인정하지 않는다면, 인간의 실존적 차원과 심리적 차원에서 제기되는 모든 불평등의 조건들을 해결할 수 있는 답은 어디에도 없다. 일반 심리학은 그동안 이런 문제에 대해 답을 제공해 주지 못했다. 다행히 영성심리학이나 자아초월 심리학의 태동으로 인하여 고대로부터 내려오는 위대한 종교적 가르침들에 새로운 조명을 하기 시작했다.

무아 방유룡 신부는 인성 안에 있는 이 무한한 잠재적 가능성을 지닌 천성과 영성에 큰 강조점을 둠으로써 앞으로 인류 집단의 자존감을 드높이는 데 한몫을 하리라고 본다. 초월적 생명에로 나아가는 데 장애물 역할을 하는 심리적 현상들과, 취약한 자아를 어떻게 극복하고 초월해 나아가야 하는가는 자아초월 심리학의 큰 이슈인데, 무아 방유룡 신부의 인간관은 정체성의 문제, 자아 이미지의 문제, 의존성의 문제와 불신감의 문제 등을 치유할 수 있는 좋은 심리적 장치를 가지고 있으므로 앞으로 자아초월 심리학에 많은 도움을 줄 수 있는 측면을 가지고 있다고 예상된다.

면형무아 영성의 심리학적 인성 발달론

인간은 오계성五界性으로 나누는 1. 광물성, 2. 식물성, 3. 동물성, 4. 영성, 5. 신성이다.　　　　　　　　　　　　　　　　　　p. 637.

동물성과 이성이 결합하여 사람이 되었도다.
육신의 사지백체四肢百體와 모든 기관은 신경계神經系로 통일하고
동물성과 이지理智는 신력神力으로 한 사람이 되었도다.
신경으로 하나가 된 것은 세상이 알고,
신神으로 하나가 된 것은 신덕信德이 알거니.　　　　　　　p. 82.

이 장을 열면서 먼저 앞으로 사용하게 될 용어 '자아'에 대하여 그 개념을 어떻게 사용하는가를 말하지 않으면 불필요한 혼란을 야기할 수 있다는 점을 염려하게 되었다. 자아란 '대상의 세계와 구별된 인식·행위의 주체이며, 체험 내용이 변화해도 동일성을 지속하여, 작용·반응·체험·사고·의욕의 작용을 하는 의식의 통일체'라 한다. 자아에 대한 이 사전적 정의와 융Jung의 마음 구조 개념들을 빌려서 사용하고자 한다. 현대 자아 심리학자들과 대상관계 이론가들은 각자 자아 개념과 자아의 발달과정에 관하여 정교한 이론을 발달시키고

있으나 보편적으로 공유할 수 있는 일반적 개념을 사용하여 무아 방유룡 신부의 심리학적 인성 발달론의 심리학적 함의를 탐구하려고 한다.

융Jung은 인간의 마음 구조를 고정불변한 기계론적 시각으로 보지 않았다. 그는 '나', '자아ego'의 둘레에는 의식이 있으며, 자아가 의식하고 있는 모든 것, 나의 생각, 내 마음, 내 느낌, 나의 이념, 나의 과거, 내가 아는 세계, 무엇이든 자아를 통해 연상되는 정신적 내용을 '의식'이라고 했으며, 자아는 이 의식의 중심에 위치한다고 보았다.

내가 아는 세계가 의식이라면 내가 가지고 있으면서 내가 아직 모르는 것, 내가 수태된 이후 경험했던 모든 기억들은 소위 무의식이라는 저장고에 들어 있는 것이다. 의식은 바다에 떠 있는 조그만 섬에 비유되며, 무의식은 광대한 바다에 비유될 수 있다. 인간이 경험한 것과 가지고 있는 세계는 방대하지만 그중에 내가(자아) 의식하고 기억하고 있는 부분은 그야말로 빙산의 일각일 뿐인 것이다.

융Jung은 이 무의식을 그림자로 표현되는 개인 무의식층과, 더 깊은 선천적으로 주어진 집단 무의식층 그리고 그 집단 무의식 층에 여성성을 일컫는 아니마와 남성성을 일컫는 아니무스의 층이 있으며, 기저에는 원형층의 핵으로써 본연의 신성적 '자기Self'가 있다고 주장한다.

방유룡 신부는 자신의 호를 무아無我라고 지었으며, 무아가 영성 여정의 종점임을 가르쳤다. 이는 그의 영성이 인간의 자아에 대해 그리고 자아의 극복 혹은 초월에 대해 초점이 맞춰져 있음을 말해 주고 있는 것이다. 그러나 자아초월의 여정에 있어서 방 신부가 가장 우선적으로 주장한 것은 무아無我가 아니라 유아有我다. 방유룡 신부의 인성론은 인성 안에 하늘로부터 내려온 천성이 있다는 대 긍정으로부터 시작하는 것에 특별히 주목할 필요가 있다. 인간 존재의 대궁정이란 앞서 살펴본 인간의 신적 정체성과 더불어 천성으로 표현되는 잠재성을 자신 안에 가지고 있다는 데서 출발한다는 말이다. 방 신부의 영성은 처음부터 자아를 부정하는 사상이 아니다. 인간이 무아가 되기 위해서는 발달적 단계를 밟아야 한다는 발달 심리학적 전제를 갖고 있는 것이다.

이러한 방 신부의 관점은 자아초월 심리학자들과 윌버Wilber가 그의 통합 이론을 통하여 '인간은 자아 이전의 상태에서 시작하여 자아의 확립을 거쳐 자아초월의 정점에 도달한다.'라고 보는 시각과 맥을 같이한다. 이러한 측면에서 방 신부의 영성은 발달 심리학적 인성론을 가지고 있다고 할 수 있다. 인간이 수태된 후 자궁 내에서의 기간과 출생 후 아직 자아가 발달하기 전 상태에서 차츰 자아가 형성되는 기간을 거치며 발달과 성장의 과업을 완성한 다음, 정점인 자아를 초월하는 단계로 발달해 간다는 시각인 것이다. 무아는 영적 성장과 인성의 발달을 분리하여 생각하지 않았다. 영적 성장과 자아의 성장은 함께 가는 성장 라인이나, 인성의 주체 노릇을 하는 자아의 충분한 성장이 초기 수련 단계에서 우선적으로 이루어져야 무아라는 정상을 향하여 나아갈 수 있다는 것이다.

세상에 잘 사는 길이 있을지니 그 길을 누가 아느뇨?
그 길은 하늘 위도 아니요, 바다 건너도 아니요,
바로 우리 안에 있을지니 천성을 따르는 길이로다.
화복禍福을 좌우하는 천성은 이성과 양심과 의지, 자유로다.
이성의 대상이 진리이면, 의지의 대상은 선덕이요,
이성은 추리와 판단으로 진위와 선악을 식별하고

양심에 전달하면 양심은 의지에 제공하나니 의지는 자유라.
무엇이든지 자유로 선택하는 도다.   p. 80.

종교적 삶에 투신하는 이들이 자아가 허약하거나 성장하지 않은 채, 혹은 자아의 문제를 해결하지 않은 채로 영적 세계에로 가려고 하는 안쓰러운 노력과 욕구를 가지고 있다. 이 욕구가 문제가 되는 것은 아니지만, 이는 마치 기고 걷는 단계를 거치지 않고 뛰어 보려고 노력하는 것과 마찬가지이다. 자아가 충분히 발달하지 않은 상태와 무아가 발생하는 상태와는 겉으로 보기에 얼핏 유사성을 가지고 있다. 이는 윌버Wilber가 지적한 전초 오류를 범할 수 있는 양태라고 볼 수 있다. 예를 들어 자아가 아직 발달하지 않은 어린 아기의 자아 없음과 성인으로서 자아를 완성하여 자아를 떠난 무아 상태와 구별 못하고 혼동하는 것이 바로 전초 오류다. 자아 발달 이전과 충분한 발달 이후의 자아초월된 상태와의 혼동은 인류 영성사에 흔한 일이었던 것이다.

이러한 혼동은 자아 발달이 충분하지 못하여 모든 욕구가 깊이 억압된 상태에서 오는 외적 겸손함과 부드러움, 순응적이고 타협적이며, 늘 타인만 배려하는 등의 자아 없음 같은 모습을 찬양하며, 격상시키는 일이 벌어진다. 반대로 신약성경에 적나라하게 드러나 있는 예수님의 모습인 저주하고, 욕설하고, 화내는 모습, 하느님을 자기의 아버지라고 당당하게 주장하는 모습 등을 보고 '마귀 들린 사람', '미친 사람'으로 격하시키는 현상이 일어나는 것이다. 이러한 전초오류는 특히 영성생활하는 사람들에게 만연되어 있는 현상이다. 예수님 시대에만 그런 것이 아니라 현대 우리의 일상에도 마찬가지의 오류가 있는 것이다. 겉으로 보기에 똑같이 화내고 똑같이 겸손해도 다

질이 다른 것이다. 이러한 기가 막힌 경험을 보아 온 예수님은 답답하여 아예 "남을 판단하지 말아라."(마태 7:1, 루가 6:37)라고 하였던 것이 아닌가 생각한다.

〈표 1〉은 방유룡 신부의 심리학적 인성구조를 요약, 정리해 놓았다. 〈표 1〉에서 보는 것처럼 인간의 동물성이 필요로 하는 것은 의식주요, 영혼(천성)이 필요로 하는 것은 진선미애眞善美愛라고 말한다.

〈표 1〉 방유룡 신부의 심리학적 인간 구조[42]

육체성(동물성)		영혼(천성)	
육체	1. 오장 2. 육부 3. 이목구비, 수족 4. 사지 5. 백체, 기관	이성 (지성)	1. 관념, 통각[43] 2. 추리, 상상작용 3. 판단, 평가 4. 양심 5. 기억
감각기관	오관 1. 시각 2. 청각 3. 후각 4. 미각 5. 촉각	의지	작용 : 자유
정서	희, 노, 애, 락, 원욕		사관 : 이성, 양심, 의지, 자유
필요 : 의, 식, 주		필요 :	a. 진 : 이성 b. 선 : 의지 c. 미 : 의지 e. 애 : 의지

---

42) 방유룡 신부의 영가 8, 9, 11, 34, 68, 94의 내용을 정리함.
43) 공통직견共通直見 혹은 공통직각直覺과 같은 용어로 쓰고 있음. 《영혼의 빛》, p. 82, 83.

천성에는 관념통각, 추리상상, 판단평가, 양심을 관장하는 이성이 있고 의지가 있으며, 이성은 진리가 대상이요, 의지의 대상은 선미애(호)라는 심리학적 인성론의 틀을 구성했다. 육체성에는 오장육부 사지백체와 이목구비, 수족 등과 오관의 활동과 정서를 포함시켰다. 이 중에서도 방유룡 신부가 가장 강조하고 비중을 크게 둔 것이 바로 자유의지이다. 이 자유의지를 발휘하기 위해서는 또한 양심이 큰 역할을 한다고 말한다. 이렇듯 자아를 힘있게 만들고, 방 신부의 표현대로 '진흥'하게 하는 자유의지를 중요하게 여겼다는 것은 영성생활에서 우선적으로 요구되는 것이 자아의 성장, 발달과 완성이 되어야 함을 말해 주고 있는 것이다. 무아를 강조한 것이 아니라 유아를 강조했다. 무아 이전의 단계가 있는 것이다. 무아 이전에 이룩해야 할 발달 과업이 있는 것이다.

> 사람에게는 자유가 있으니
> 자유는 무엇인고? 자유의 진정한 인식은
> 인생문제의 관건關鍵이로다.
> 인생의 타고난 천성 중에 자유가 제일이요,
> 최고 의지의 유일한 동작이 자유니 의지는 자유로다.
> 의지는 자유로 동작하니 자유는 선택하는 특권이로다.
> 눈의 동작이 시視이니 눈은 시視로써 현상을 보고,
> 귀의 동작은 청聽이니 청聽으로써 소리를 듣고,
> 코의 동작이 후嗅이니 코는 후嗅로써 냄새를 맡고,
> 혀의 동작은 미味이니, 혀는 미味로써 맛을 알고,
> 수족은 촉觸으로 한난寒暖, 강도强度, 건습乾濕, 감각感覺하는도다…….
> 영혼에는 두 가지 능력이 있으니 이성과 의지로다.

이성의 동작은 다섯이니 관념, 추리, 판단, 양심, 기억이요,
의지의 동작은 유일한 자유이니 의지는 자유로다.
이성은 관념, 추리, 판단으로 진가를 취급하고
양심을 인식하여 이성의 보조역이 되는도다.
자유로 무엇이든지 선택하므로 보다 더 잘하는도다…….
사람은 영혼 육신이 협동하나니
공통직견共通直見과 관념이 하나요, 상상과 추리가 하나요.
평가와 판단이 하나이므로
그 동작의 긴밀감이 동물을 앞지르는도다.
동물과 인간의 경계선은 자유와 양심이로다.   p. 81-84.

우리 한 인간 안에서 제일가는 것도 자유입니다. 동물성, 지성, 의지. 이 중에서 의지가 제일이며……. 그래서 의지는 자유이며, 의지는 제일입니다. 그래서 자유의 진정한 의미는 불가침, 불구속, 불침범입니다.   p. 626.

방 신부는 인간이 가야 할 길이 하늘에나 바다에 있는 것이 아니라 바로 우리 안에 있다고 역설하는데, 자아를 부정하면 방 신부가 강조한 천성마저 부정하는 오류가 생기는 것이다. 방 신부는 이어서 화복禍福을 좌우하는 천성은 내면의 사관이라고 이름붙인 이성과 양심, 의지와 자유라고 말한다. 방 신부는 인간의 행복을 하늘을 향해 비는 기복적 길이 아닌, 신의 자비에만 전적으로 의존된 유아적 신앙이 아닌, 인성 안에 있는 풍부한 자질로 향하도록 요청하고 있는데, 이것은 매우 심리학적 정신이다. 심리학은 그동안 이 인성의 문제를 해결하려 노력을 해 왔다. 그러나 인간의 부정적 측면에만 초점을 맞추는 경향이 짙었다.

로저스Rogers는 이러한 흐름을 거슬러 인성의 긍정적·잠재적 능력과 인간 존재에 대하여 긍정적 시각으로 조명하는 인본주의적 관점을 취했던 것이다. 이러한 측면에서 방 신부의 천성天性론은 인본주의 심리학 그리고 긍정 심리학, 자아초월 심리학과 풍성한 대화가 가능한 것이다.

영가 8과 〈표 3〉의 심리학적 구조를 정리한 것에서 보는 것처럼, 방 신부는 의식의 주체인 자아를 부정하는 것이 아니며, 자아의 주체적 활동인 자유와 이성과 양심 그리고 자유의지를 인간 삶의 행불행을 좌우하는 관건으로 보았다. 이는 자아를 긍정하고 그 기능과 활동을 매우 중요하게 여기고 있다는 것을 알 수 있다. 곧 자아의 부정이 아니라 긍정과 성장, 발달 그리고 그 자아의 힘을 활용하여 영성 여정을 시작해야 함을 역설하고 있는 것이다.

> 착한 사람은 빛(드러나는 것)을 좋아한다. 내 결점이 드러났을 때 좋아해야 고칠 바람이 있는 사람이다. 결점이 드러나는 것을 싫어하면 하느님께서 도와주시지 않으신다. …… 대월생활을 하고 있는지, 않는지 알려면 드러나는 것을 좋아하느냐, 않느냐로 알 수 있다. 빛은 드러난다. 암흑은 숨어 있다……. 드러나는 것을 싫어하는 마음은 마귀다. 부모도 그 자녀가 잘하여 칭찬받고 드러나게 되는 것을 바라고 기뻐하지 않는가! 하느님께서도 그러시다. p. 333.

흔히 자아가 약하여 근원적 두려움 때문에 타인과 잘 타협하고 자기를 드러내려고 하지 않는다. 자신의 뜻보다는 남의 뜻에 순응적인 태도를 지니는 것이 덕스럽고 겸손한 것으로 둔갑되어, 허약한 자아의 문제는 더욱 해결될 기회를 잃고 근본 문제로부터 회피하도록 만든다. 주변 사람들도 이러한 태도에 흔히 '착한 사람'이라는 긍정적 반응을 보여 줌으로써 그 사람이 진정한 문제를 대면하지 못하고 오히려 그것을 강화하는 역할을 해 주는 사례가 많다. 이러한 측면에서 사람들은 대단히 이기적일 수 있다. 나에게 잘 순응해 주고 겸손하게 조용히 가만히 있어 주면 편안함을 느끼며, 이에 대해 긍정적 반응을 보여준다. 결국 그 사람이 속으로 더욱 시들어 가고 있는데도 좋아하니 말이다. 방 신부는 "드러나는 것을 싫어하는 마음은 마귀다."라고 말한다. 부모는 자식이 드러나길 바란다고 하면서 하느님도 그렇다고 말했다(p. 334). 방 신부가 마귀라는 표현을 쓴 것은 여기밖에 없을 듯하다.

이런 사람들에게는 오히려 자기를 주장할 수 있도록 도와주고 자신을 표현하도록 혹은 반항이라도 하도록 열어줘야 하는 판에, 계속 '겸손'과 '순명', '죽어야 산다' 혹은 '무아'를 가르치고 있으니 얼마나 잔인한 모습인가? 죽어 가고 있는데 더 죽어라, 죽어라 하는 격이다. 실제로 이런 사람들은 무의식적으로 자신의 심리적 환경을 합리화하기 위하여 특별히 '겸손', '비움', '무아'에 대한 가르침과 그와 비슷한 종류의 가르침들을 더 많이 좋아하고 속으로 외치며 산다. 심리학적으로 보면 이러한 사람들은 속에 엄청난 분노가 있다. 그래서 수도하는 사람들이 더 잔인할 수 있고 겉으로는 부드럽고 겸손해 보이나 속에 칼날 같은 앙금을 가지고 있는 사람들이 있는 것이다. 그러므로 방 신부의 가르침에 진정한 귀를 기울일 필요가 있다. 인성 문제의 해결 없이, 덕의 추구나 영성의 추구는 종교인들이 오히려 진실을 왜곡하고, 회피하고, 자각하기 어렵게 만드는 측면이 있는 것이다.

신부님께서는 우리들에게 매일 영적 일기장을 써 오라고 하셨다. 일기장에 그날의 성서독서나 복음 그리고 강론 내용을 쓰고 느낌도 쓰곤 했는데, '침묵', '대월'에 관해 내가 쓴 내용을 보시고 칭찬을 아주 많이 해주시곤 하셨다. 지금 생각나는 것은 내가 "침묵을 지키는 것은 자기를 지키는 것이라고 생각합니다."라고 쓴 부분에는 빨간색연필로 100점이라고 써놓으셨고, "나를 지키기 위해 노력해야겠다."는 부분에는 빨간 줄을 두 줄, 세 줄 그어놓으시고 칭찬을 해주시곤 하셨는데……

김순옥 수녀(1999), 〈순교의 맥〉, 제195호, p. 83.

김순옥 수녀의 글에서처럼 '침묵을 지키는 것은 자기를 지키는 것'이라는 글에 빨간 줄을 두 줄, 세 줄 그어주며 100점이라고 칭찬을 했다는 것으로 보아 방 신부는 침묵이란 나를 버리는 것이 아니라 나를 지키고 살리기 위해 노력해야 함을 말하고 있다. 여기서 '나'란 자아와 같은 의미로 써도 무방하다. 방 신부의 가르침대로라면 말이다. 무아를 외치는 방 신부가 자아 진흥에 대한 가르침을 주었다는 것을 심리학적으로 이해할 필요가 있다.

방유룡 신부가 영성생활의 출발점인 점성의 단계와 다음 단계인 침묵의 단계에서 가장 강조한 것이 자유의지와 이성의 양심불인데, 이러한 천성이 제 기능을 발휘하기 위해서는 자아가 심리적으로 튼튼해야 한다는 것이 전제되어 있는 것이다. 자아의 중심이 되는, 의식의 작용인 이성과 자유의지가 충분히 발달, 성장해야 하고, 이를 영성생활에 적극적으로 활용해야 한다. 그런데 인성의 발달수준을 고려함이 없이 무조건 '나를 버려야 한다' 혹은 '무아' 혹은 '겸손' 등을 가르치고 배움으로써 영성생활에 혼란을 야기하고 있다. 백날 주장하고 노력해도 결코 무아가 되지 않는 현상을 눈으로 보면서도 그러한 무의미한 가르침을 세세대대 반복하고 또 반복하고 있다.

인성이 발달하는 정도에 따라 그 과업도 다르다. 초등학생 때의 과업이 다르고 중학생 때의 영적 과업이 다르다. 인성이나 인격의 나이를 추정하기 어려워서 그럴까? 아무튼 방 신부의 영성체계는 탁월하게도 인성적 발달과 성장을 도모하며 초월의 길로 들어설 것을 가르치고 있다.

무아나 겸손, 자유, 사랑 등은 진정 단순한 의미의 단어들이 아니다. 너무 단순하게 이런 용어들을 쓰기 때문에 혼란 속에서 헤맬 수가 있다. 어린아이에게 겸손을 가르칠 필요는 없는 것이다. 겸손이 좋은 덕이기는 하나 자아가 제대로 형성되지 않은 아이에게 자기를 포기하고 양보하는 것을 과도하게 가르쳤다가는 아이가 커서 우울증에 걸리기 십상이다. 자기 비움의 특성인 겸손은 자아가 건강한 사람들만이 용기 있게, 예수님이 너희는 다만 '예' 할 것은 '예' 하고 '아니요' 할 것은 '아니요' 하라고 가르친 뜻을 실천할 수 있다. 자기에게 불리한 상황에서도 진실할 수 있는 사람들, 목에 칼이 들어와도 진리 편에 설 수 있는 사람을 겸손하다고 할 수 있다. 성녀 소화 데레사는 겸손이란 '진실함'이라고 말했다.

자칫 종교인들은 거짓 겸손에 속기가 너무 쉽다. 그것은 영적으로 미성숙할 때부터 겸손에 대해 배우고 겸손을 추구하기 때문이다. 겸손은 하느님의 뜻대로 살면 부수적으로 얻어지는 결과물이지 추구해야 할 것은 아니다. 겸손을 추구하게 되면, 하느님은 눈에 안 보이므로 하느님은 뒷전으로 무시한다. 대신 하느님의 자리에 겸손을 올려놓는다. 하느님 대신 겸손이라는 우상을 숭배하는 것이다. 겸손을 추구하면 교묘한 오류에 빠져 버리게 되는 것이다.

앞에 소개한 무아 방유룡 신부의 강론에서 이를 여실히 엿볼 수 있다. 수도자들이 때로는 겸손을 추구하여 자신을 드러내지 않으려 하고, 드러나는 사람들을 반대로 별난 취급하는 예는 허다하다. 드러나든지, 안 드러나든지의 기준이 아니라 하느님이 원하시는 것인지, 아닌지에만 관심을 가지면 되는 것이다. 겸손이란 우상이 하느님보다 위에 있는 격이 되면, 방 신부가 마귀라고 말한 것처럼 그렇게 되기 마련이다. 여기서 겸손을 다루는 이유는 흔히 무아에 이른 사람이 드러내는 큰 표징이 겸손이라고 생각하기 때문이다. 거짓 포장, 거짓 가면 속에 자신을 숨기는 것을 겸손으로 착각하며, 자아를 튼튼하게 하는 일이 아니라 자아를 죽이는 일로 가기 때문이다. 이는 방 신부의 영성체계로 보면 정반대로 가는 것이다. 방 신부가, 하느님은 개인이 빛나기를 원하신다고 하지 않았는가!

흔히 자아가 약하면 정서나 욕구가 깊이 억압되어 있다. 정서가 억압되어 있으면 이성도 제 기능을 발휘하지 못하게 되는데, 이렇게 되면 양심불이 흐려진다. 그래서 인·사·물人事物 현상을 제대로 인식하지 못하고 왜곡되게 인식한다. 또한 두려움이 많기 때문에 욕구를 억압하고 욕구에 대해 죄책감을 갖는다.

욕구가 없으면 의지를 발휘하지 못하기 때문에 자유를 행사할 수 없게 된다. 결과적으로 자신의 삶을 책임질 수 없는 사람으로 산다. 그는 그저 상황에 기계적으로, 습관적으로 순응하게 되며, 용기가 없어 진실할 힘도 없다. 늘 내적 불안이 있기 때문에 타인과의 갈등을 피하고, 모든 해결을 회피하며, 사랑과 겸손과 형제애라는 명목 하에 평화만을 집착한다. 마음이 늘 평화롭지 않기 때문에 강박적으로 평화만 집착하게 되는 것이다. 예수님이 가르치는 평화와는 전혀 거리가 먼 평화를 원하는 것이다. 이런 사람들에게 겸손과 희생과 자아포기와 무아를 가르치는 것은 안 된다. 방 신부는 결코 영성생활을 수련하는 단계에 있는 사람들에게 순명이나 겸손이나 무아를 강조하지 않았다. 앞의 김순옥 수녀의 글에서 여실히 드러나는 것처럼 방 신부가 점성과 침묵 단계에서 구구절절 강조한 것은 자아의 힘을 증진하는 양심(이성)과 자유의지이다.

방 신부는 심리학자들처럼 어떻게 하면 취약한 자아와 손상된 자아, 분열된 자아를 통합하고 극복하는가에 대한 직접적 언급은 하지 않는다. 그는 보통의 자아 수준을 가진 수도자들에게 그리고 영성에 관심 있는 사람들에게 영성생활에 대해 가르치기 시작했다. 허약한 자아를 갖고 있는 사람들을 위해서는 분명 심리학의 도움을 받아야 하는 부분으로 남겨진다.

연구자가 방유룡 신부에 대해서 감탄을 금치 못했던 것은, 그가 남녀 수도원 창설을 구상하면서 활동부와 관상부를 함께 창설할 계획을 가지고 있었는데 그 관상 수도원에 대한 구체적 구상을 자신의 친필로 적어놓은 문서에 보면 그곳에 심리치료소를 둔다고 적어 놨다. 이는 분명 방 신부가 영성생활에서 심리치료와 관상생활을 연결하여야만 한다는 통찰을 그 옛날부터 하고 있었으며, 그 뜻을 분명하게 문서에 명기한 것이다. 이러한 부분은 방유룡 신부가 진정 위대한 의식의 소유자이며 현대적 대영성가라는 감탄을 갖게 하는 부분인 것이다.

그는 분명 영성가로서 인성적 문제 때문에 영적 발달을 계속하지 못하는 대부분의 사람들을 보고 안타까움을 체험했을 것이다. 평소에 자신의 말을 알아듣지 못하는 수도자들을 보고 "깜깜해요, 깜깜해요!"라고 표현하였다는 것으로 보아서도 그렇다. 방 신부가 구한말舊韓末이 아닌 한국전쟁 이후에 탄생했다면 인성이 너무나 취약한 사람들을 위해서도 영성계발을 위해 노력했을 것으로 추정할 수 있다. 아니 이미 오래 전부터 그러한 계획을 가지고 있었던 것이다.

제3장_면형무아 영성의 심리학적 함의 149

　방 신부는 이러한 인성적 취약함의 문제를 극복하기 위한 심리학적 인성 발달론을 제시하면서 자아의 힘, 의식의 힘을 적극적으로 함양하는 점성정신과 침묵수련을 창안함으로써 의식과 자아의 기능인 이성과 양심, 자유의지를 충분히 활용하도록 안내하고 있다. 그 다음 대월의 단계에서부터 무아의 길로 들어서기 시작하는 것이다. 물론 수련단계라고 해서 영적 생명력의 함양을 배제시킨 것은 아니다. 점성, 침묵의 단계에서는 대체로 자아를 건강하게 발달 기능을 하도록 돕고, 대월의 시기에서는 마침내 자아의 과업이 완성, 마무리되고 자아 집착에서 해방되어 신성과의 합일을 거쳐 다음 무아의 단계로 넘어가게 되는 것이다.

윷을 던지고 있는 방유룡 신부(맨 오른쪽)

점성정신의 심리학적 조명

무아 방유룡 신부는 점성정신이 수도의 근본정신이요, 출발점이라고 했다. 점성정신은 세 차원이 있는데 일반적 차원, 신덕 차원, 신비 차원(수덕 차원)을 말한다. 일반적 차원의 점성정신은 깨어있음과 알아차림이 강조되며, 신덕 차원의 점성정신은 세상의 가치로부터 자유로워지도록 도와주며, 신비 차원의 점성정신에서는 점은 보이지 않고, 위대하고, 점은 하느님이므로 점이 됨을 두려워 말며, 자신의 마음을 하느님께 온전히 드리는 차원이다. 미소한 것, 비천한 일, 미천한 사람 등은 하느님 대전에서는 다 똑같이 중요한 것이다. 그래서 세상의 모든 가치로부터 해방되고 하느님을 든든한 후견자로 세워, 오직 하느님 한 분만 원하고 바랄 것이 아무것도 없다는 것을 아는 차원이다.

점성정신은 자존심에 상처가 나거나 무시당한 감정과, 소외감 위축감 등의 정서에서 벗어나 하느님에 대한 믿음으로 불신을 극복하여 힘과 용기를 갖게 하는(p. 527) 도구로써 심리적 안정과 평화, 깨어있음, 집중력 그리고 무엇보다 알아차림에서 오는 치유력을 증진시키는 심리적·명상적·영적으로 유용한 수행도구이다.

무아 방유룡 신부에 의하면 수련기의 과업은 점성정신으로 존재가 나아가야 할 방향을 뚜렷하게 잡고, 탄탄한 가치관을 정립시키며, 자신에 대한 알아차림을 통한 내적 치유와 분열성을 극복하여 자아의 힘을 증진시키는 일이다. 이 장에서는 특히 점성정신과 융Jung의 이론 그리고 펄스Perls의 게슈탈트 심리치료 이론과의 대화를 시도했다.

신덕 차원의 점성정신과 페르조나

자아는 외계 인·사·물人事物과 관계를 맺고 자신의 마음의 내계內界와 관계를 갖도록 되어 있다. 자아는 사회와 현실과 관계를 맺으며 적응해 나가기 위해서 집단이 개인에게 부여한 역할, 의무, 도덕, 문화, 약속 등의 대사회적 행동 양식을 습득하는데, 융Jung은 이를 페르조나persona(이부영, 2006)라고 불렀다. 영어의 페르조나persona는 그리스어의 '가면'이라는 뜻의 페르조나persona에서 온 말이다. 사람은 가면을 쓰고 산다는 의미가 함축적으로 들어 있는 말이다.

신덕信德 차원의 점성정신이란 미소한 일, 하찮은 일을 충실하게 하는 정신이다. 이는 세상적 시각으로 자신과 남을 판단하지 않고 영적 시각으로 사물을 보는 것이다. 수도원에 오면 많은 수도자들이 각자의 맡은 일을 하게 되는데, 어떤 사람은 원장직을 해야만 하고, 어떤 사람들은 주방에서, 빨래터에서, 농사일, 어떤 이들은 전문직을 하게 되는데, 이들이 유기적으로 활동하며 그리스도를 머리로 한몸을 이루는 신비체體를 이루는 것이다. 그런데 이때 세상적 가치판단으로 일의 귀천을 가릴 경우가 있고, 본인이 원하지 않지만 공동체에서 원하니까 순명으로 일을 하게 되는 경우가 많다. 신덕 차원의 점성정신이란 자신이 하는 일을 남이 알아주든지, 안 알아주든지 미천한 일,

지극히 점같이 작은 일, 하찮은 일, 비천한 일에 온 정성으로 임하라는 것이다. 세상의 끈질긴 귀貴, 비천卑賤의 가치관과 통념에서 벗어나려면 예수님과 같은 시각과 믿음이 필요한 것이기에 방 신부는 이를 신덕 차원이라고 불렀던 것 같다. 신덕 차원의 점성정신은 세상의 가치체계와 사회의 통속적 사고로부터 적극적으로 자유롭게 되는 것을 도와주는 정신인 것이다.

점성정신은 수도의 근본정신으로 제시된 정신이다. 수행의 출발점으로서의 이 신덕 차원의 점성정신은 심리학적으로 매우 중요한 함의를 갖고 있다. 방유룡 신부는 가장 먼저 자아 바깥쪽의 가면인 페르조나로부터 자유로워져야 함을 우선적으로 제시한 것이다. 심리적으로 약하게 되는 것 중 하나가 바로 자아가 이 가면과 자신을 동일시하는 데서 오기 때문이다.

사회에 적응을 하기 위해 자신이 하는 역할과 직업, 작고 큰 직무와 의무, 권력과 돈 그리고 명예의 유무, 외모, 학력, 재능 등 끊임없이 나열할 수 있는 이 모든 것들은 그저 세상에 적응하기 위한 도구적인, 세상이 추구하는 것들인 것이다. 사람들이 곧잘 나의 가치관, 나의 생각, 나의 신념, 나의 것이라고 부르는 것이 실상 자세히 살펴보면 그것은 결코 자기 고유의 생각이나 가치가 아니라 부모의 생각, 선생의 생각, 친구들의 생각 등으로서 자기가 속한 사회집단으로부터 배우거나, 주입되거나, 전수된 것들이다. 한국인들은 한국인 집단이 갖는 가치관이나 통념이 있는 것이고, 아프리카나 유럽은 자기 집단의 통념이나 치관을 가지고 있다. 그러니 적당히 적응하면 되는 것이지 옳고 그른 것도 없는 것이다. 그야말로 편리하게 쓰는 가면들인 것이다.

사람은 이 모든 외적인 마스크를 어쩔 수 없이 쓰게 되고, 때로는 필요해서도 쓰게 된다. 융Jung은 자기가 속한 문화와 사회의 일원으로서 가면은 적당히 사용할 수 있어야 한다고 말한다. 그러나 그것을 도구적으로, 사회적으로 필요해서 쓰는 것일 뿐인데, 가면이 필요 없는 상황에서도 가면을 쓰고, 밤에는 최소한 가면인 줄을 안다면 그것을 벗어 던지고 편안하게 자야 한다. 그런데 낮이나 밤이나 가면을 쓰고 자게 되다보니 그것이 얼굴의 일부가 되어 버린다. 나중에는 가면이 얼굴에 붙어 버려 가면인 줄을 알지 못하게 되고, 자신의 일부가 되는 사태가 발생한다. 자아는 가면과 자신을 동일시한다. 자신과 가면을 더 이상 자각하지 못하고 가면에만 집착하는 현상이 일어나는 것이다. 자아가 이것에 집착되면 그 사람은 결국 늘 남의 여러 가지 가면들과 비교할 수밖에 없게 되고, 그로 인해 상처 입고, 위축되고, 불안해지기 마련이다.

　세상의 추구와 가치에 목숨을 걸며, 자신의 심리적 행불행을 온통 가면에만 의존하면 자아는 상대적으로 자신의 본체를 외면하게 된다. 내면세계는 자아로부터 분리가 일어나면서 심리적으로 허약해진다. 불안과 염려, 두려움과 근심 걱정이 많아지기 때문이다. 한국 사회는 이 페르조나, 즉 체면과 위신과 낯, 직위와 역할 등을 유난히 강조하는 사회다. 개인의 인격과 개성보다 사회적 배경, 학력, 재산, 직업에 따라 개인의 정체성이 정의되는 사회이다 보니 신경증[44] 환자가 날로 늘어만 가고 있다. 이러한 가면들을 자신의 삶의 목표로 정하거나 자아 동일시를 할 경우, 자아는 자신과의 관계를 이미 상실했으므로

---

[44] 심리적 원인에 의하여 여러 정신 증상이나 각종 신체 질환 증상이 나타난다. 주로 두통, 가슴 두근거림, 불면 따위의 증상, 불안 신경증, 히스테리, 강박 신경증, 공포증, 망상 반응, 신경 쇠약, 우울증, 외상성 신경증, 건망증 등이 있다.

무의식과 영적 세계와의 분리현상이 일어나며 각종 신경증을 갖게 되는 것이다.

자아가 페르조나를 추구하면 인간은 결국 실존적 공허를 맛볼 수밖에 없다. 왜냐하면 자기의 진정 필요한 내적 욕구들은 무시한 채로 남의 기대에 부응하려고 눈치를 보게 되고, 세상적 얼굴인 탈을 위해 치열하게 경쟁하다가 나중에는 자신의 본체를 잃어버리게 된다. 결국 열심히는 살았는데 돌아오는 행복감과 만족감은 없고 실망하게 되어 "왜 살어?"라는 의미 상실감과 공허감을 맛보게 된다. 이는 융Jung이 말한 소위 '신경증적 실존적 공허감'이다. 현대로 오면 올수록 외적 삶의 질은 훨씬 향상되었는데도, 우울증과 신경증 환자가 갈수록 더 많아지는 원인 중 하나는 바로 가면 문화의 영향 때문이다.

가면을 획득하고자 하는 욕망이 좌절되는 스트레스를 받았을 때 이미 자신의 내적 자기와의 관계를 상실한 상태에서, 개인은 각종 불안 증세를 경험하게 되는 것이다. 융Jung에 의하면 무의식은 항상 전체가 되려고 하는 자율적인 조정기능을 가지고 있기 때문에 자꾸 신경증을 일으켜 자아가 이를 알아차리도록 일종의 상징적 메시지를 계속 내보내는 것이라고 주장한다(이부영, 2006). 신경증과 실존적 공허감에는 무의식적 목적이 숨어 있다. 의식과 무의식의 단절과 그로 인한 해리와 분열을 극복하고, 통합된 전체가 되고, 균형 있는 인격이 되고자 신경증을 일으킨다. 융Jung은 '신경증은 아직 그 의미를 발견하지 못한 마음의 고통'이라고 했다. 그러나 흔히 사람들은 이러한 내적 불안이 있다는 자체를 모르거나 그 불안과 고통이 주는 '의미'를 알아듣지 못하는 것이다. 알아차림 하지 못한다는 말이 더 정확한 말이다. 그러므로 진정한 자기로 살기 위해서는 방 신부가 주장한 대로 정체성의 문제, 인생의 의미와 가치문제 그리고 페르조나

문제를 심도 있게 다룰 필요가 있는 것이다.

방 신부는 "세상에 잘 사는 길은 내 안에 있다."고 외치며 영적 여정을 가려면 이러한 페르조나로부터 우선적으로 자유로워지기를 촉구하고 있다. 자아가 외부로만 향하지 않고 내면으로 방향을 전환하여 누구나가 가지고 나온 천성인 이성과 양심과 자유의지에 집중하도록 안내하고 있는 것이다. 그래서 방 신부는 신덕 차원의 점성정신을 사는 이는 "조금도 크고 작은 것이 없다. 하느님과 얼마나 가까운가로 평가되니까 마음이 편하다. 무엇을 해도 마음이 편하다."라고 말하는 것이다. 영적 발전을 이루려면 우선 기본적으로 마음이 평화로워야 한다. 호수의 수면이 잔잔해야 주변의 경관을 잘 반영하듯이 마음이 페르조나 때문에 흔들리면 자기 자신의 상태나 인·사·물 현상을 있는 그대로 보지 못하고 왜곡되게 인식하기 때문이다. 말하자면 울퉁불퉁한 안경을 쓰고 사물을 바라보므로, 결국 왜곡되게 인식한 정보에 의해 자아는 더 악순환적으로 불안과 왜곡을 생산하게 된다. 수도자들은 마음의 불안을 일으키는 탈바가지들을 벗어버리고 평정을 유지하면서 세상과 자신에 대한 자각능력을 높여야만 한다. 점성정신은 세상의 온갖 페르조나로부터 벗어나 마음을 맑게 깨어 있도록 하며, 알아차림이 순간순간 일어나도록 수련하는 훌륭한 심리학적·명상적·영적 도구이다.

일반적 차원의 점성정신과 게슈탈트 심리치료 이론

"이 지상에서 지상천국을 세우고 세상에서 잘 살 수 있는 비결은 자기를 아는 것이다."

p. 557.

게슈탈트 심리치료 이론은 1951년 독일의 펄스Perls에 의해 창안되었다. 그는 정신분석 치료 이론, 유기체 이론, 신체 이론, 장 이론, 사이코드라마, 연극과 예술 철학, 실존철학 그리고 동양사상 가운데서 특히 도가와 선사상 등의 광범위한 영향을 수용한 심리치료 이론을 세웠다. 이러한 배경에서 생겨난 게슈탈트 심리치료는 다양한 삶의 문제들을 따로 분리된 것으로 보지 않고, 서로 전체적이고 유기적으로 관련되어 있다고 본다. 그래서 신체와 정신 그리고 환경을 서로 불가분의 관계에 있는 통합적이고 유기적인 존재로 이해하는 인간관과 세계관을 갖는다. 따라서 심리적인 문제를 치료한다는 것은 개인으로 하여금 자신과 환경을 좀 더 선명하게 '알아차림'으로써 이러한 유기적인 관계를 이해하고 점차 자신의 시야를 확장하게 함으로써 개인이 성장하고 창의적인 삶을 살도록 돕는 것이다.

'전체', '형태' 등의 뜻을 지닌 '게슈탈트Gestalt'라는 개념은 '개체가 자신의 욕구나 감정을 하나의 의미 있는 행동 동기로 조직화하여 지각하는 것'을 의미한다. 예를 들면 가고 싶은 것, 무엇을 먹고 싶은 것, 누구와 친하게 지내고 싶은 것 등이 게슈탈트이다. 이때 게슈탈트란 단순히 욕구와 감정이 아니라, 자신이 처한 상황과 환경을 고려하여 그 상황에서 '실현가능한 행동동기로 지각'한 것을 말한다.

그렇다면 왜 게슈탈트를 형성하는 것일까. 이는 자신의 욕구나 감정을 유의미한 행동으로 만들어서 실행하여 완결 짓기 위해서이다. 즉, 환경과의 접촉을 통해서 욕구나 감정을 해소하고자 하는 것이다. 배가 고플 때 '음식을 먹고 싶음'이라는 게슈탈트를 형성하고, 이를 알아차려서 라면을 사서 끓여서 먹는 등, 환경과의 '접촉'을 통해서 배고픔을 해소해야 한다. 이렇듯 환경과의 접촉을 통해서 게슈탈트가 해소되면 이 게슈탈트는 배경으로 사라지고, 다시 새로운 게슈탈트가 형성되어 전경으로 떠오르는 것이다. 이러한 과정이 연속적으로 끊임없이 인간의 행동과 삶에서 일어나고 있다.

그러나 개인에게 모종의 게슈탈트가 완결되지 못한 채 '미해결 과제'로 남게 되면, 이는 해소되지 못한 게슈탈트로서 해결되지 않은 정서나 욕구를 의미한다. 이들은 끊임없이 완결을 요구함으로써 다른 게슈탈트가 선명하게 형성되는 것을 방해한다. 그러면 개체는 현재 행동이나 과제에 주의를 집중하지 못하며, 또한 새로운 상황을 지각할 때도 미해결 과제가 영향을 미쳐서 상황을 왜곡하여 지각하게 된다. 미해결 과제는 해결되지 않은 상태로 남아있는 무의식적 정서나 욕구들로써, 공포나 분노, 슬픔, 죄책감, 수치심, 외로움, 무력감 등으로 경험된다. 무시되고 억눌러진 채 해소되지 않은 욕구나 감정은 해결을 요구하며 끊임없이 유기체에게 신호를 보낸다.

따라서 우리들은 이유도 모른 채 막연히 위협적인 느낌들과 내적 불안을 경험하며, 때때로 의도치 않은 감정에 압도되기도 하고 이해할 수 없는 행동을 하고서는 종종 후회하기도 한다. 이렇듯 미해결 과제는 계속해서 우리 자신의 생각과 행동에 은밀하게 영향을 미친다. 게슈탈트가 형성되고 해소되는 순환과정을 '알아차림-접촉주기'라고 말한다. '알아차림awareness'은 개체가 자신의 욕구나 감정을 자각한 다음 게슈탈트로 형성하여 전경으로 떠올리는 행위이다. '접촉contact'은 전경으로 떠오른 게슈탈트를 해소하기 위해 환경과 상호작용하는 행위를 의미한다(김정규, 2000).

게슈탈트 심리치료에서는 심리적 문제가 미해결 과제의 축적으로 인한 것이며, 알아차림을 촉진시킴으로써 미해결 과제를 해소하고 심리적 문제를 해결할 수 있다고 보았다. 펄스는 "알아차림은 그 자체로서 치료적이다."라고 했으며, 욘테프Yontef는 "게슈탈트 치료의 유일한 목표는 알아차림이다. 알아차림 자체가 문제의 통합이다."라고 언급하였을 정도로 알아차림은 게슈탈트 심리치료에서 중요한 치료적 수단이다. 탓 닉한은 "명상은 마음에서 일어나는 모든 것을 알아차리는 것이다. 어떤 생각이 일어나면 그 생각을 알아차리고, 어떤 감정이 일어나면 그 감정이 일어나는 것을 알아차리는 것이다. 마치 궁정을 지키는 수비대 병사가 궁정을 드나드는 모든 사람의 얼굴을 알아차리는 것과 같다."라고 하였다(김정규, 2002a).

최근에 와서 게슈탈트 심리치료 이론과 명상, 인지치료 혹은 위빠사나 명상 등과의 통합을 시도하는 노력과 연구물들이 나오고 있다. 게슈탈트 치료 이론에서 핵심 사안이 되는 알아차림이 명상이 추구하는 알아차림과 비슷한 맥락이기 때문이다.

무아 방유룡 신부는 점성정신을 영어의 의미로 해석하면 'awareness'와 가깝다고 했다. 물론 알아차림의 의미만으로 점성정신을 다 담아낼 수는 없다. 그러나 알아차림은 점성정신에서 중요한 측면인 것은 분명하다. 방 신부는 일반적인 차원의 점성정신을 가르치며 지금 여기 이 순간, 즉 점 같은 매 순간에 무슨 일을 하든지 자신이 하는 일에 온 마음으로 정성껏, 규모 있게, 알뜰하고, 맵시 있게, 섬세하게, 정확하게 하기를 수도자들에게 요청했다. 이것이 영성의 출발점이고 근본이라고 강조하면서 말이다.

점성정신은 지금 이 순간에 마음이 깨어 머물게 하려는 의도와 알아차림 그리고 이 순간에 마음을 모음으로써 여러 가지 효과를 불러올 수 있도록 훈련하는 정신이다. 우선적인 것은 일을 맵시 있게 하려고 노력을 하다보면 잡된 생각, 나쁜 생각으로부터 자연스럽게 벗어날 수 있는 것이다. 따라서 잡생각 때문에 마음이 이러저러한 정서나 내적 불안에 점유당하지 않고 평화를 유지하게 됨으로써 알아차림의 자각 능력을 높이는 것이다. 또한 그렇게 깨어 몰두하게 됨으로써 집중력을 기르고, 매사를 그르치지 않게 잘함으로써 만족감과 성취감과 자존감을 높일 수 있으며, 타인을 이롭게 하고 그 긍정성은 당사자에게 되돌아오게 되니 심리적으로 일거양득이다.

방 신부는 '깨어 있어라.', '알아차림을 해라.'라는 주문을 하지 않았다. 이는 수도자들이 이를 어렵게 느끼지 않고, 좀 더 평범하고 알아듣기 쉽게 긍정적 관점에서, 순간순간 무슨 일과 행동을 하든지 간에 그것을 '정성껏', '성의껏' 하라고 제시하여 일과 명상을 통합하였던 것이다. 일하면서 깨어있도록 하며 알아차림 하는 방법이다. 이는 상당히 주목해야 할 부분이며, 방 신부 영성의 탁월한 면이라고 본다.

점성정신은 골방이나 성당에 들어가 따로 시간을 내서 집중 명상을 하거나 알아차림 명상을 하는 전통적인 개념에서 벗어나고 있다. 그냥 일상에서 세수하고, 기도하고, 밥 먹고, 청소하고, 일하고, 놀고 쉬는 지금 여기 이 순간순간의 일을 섬세하고 맵시 있게 할 것을 요청하는 것이다. 이것은 일상 안에서 집중과 깨어있음 그리고 알아차림의 효과가 일어나도록 했으며 동양적·명상적 측면이 강한 부분이다. 중요한 것은 일상과 명상을 통합한 차원이라는 점이다. 그렇다고 해서 방 신부가 시간을 따로 내어 기도와 관상에 몰입하는 시간을 갖는 것을 과소평가한 것은 물론 아니다.

부처님이 사람들에게 가르쳤던 명상법은 여러 가지가 있지만, 크게 사마타 명상과 위빠사나 명상 둘로 나눌 수 있다. 사마타란 '고요하다.'는 뜻으로, 마음이 수행의 대상에 깊이 집중함으로써 마음으로 하여금 평온해지고 고요해지도록 하는 것을 말한다. 사마타 명상의 목적은 하나의 대상에서 깊은 마음 집중을 얻는 데 있으며, 따라서 이를 집중명상concentrative meditation이라고 한다. 종교인들이 흔히 가부좌를 하고 명상을 하거나 성당에 앉아 기도 시간을 가진 다음 일상에 돌아오면 다시 기도 시간과는 분리되어 생활하기가 쉽다.

방 신부는 이러한 분열을 통합하려는 시도를 하였던 것이다. 전통적으로 관상생활을 하려면 관상을 전적으로 하는 수도원에 가야 한다고 흔히 생각하였지만, 방 신부는 시장 바닥에서도 관상을 할 수 있다고 가르쳤다. 이렇게 모든 것을 맵시 있게 하기 위하여 요구되는 것은 다름 아닌 이 순간, 지금 하는 일에 몰두하는 것이다. 깨어있어라, 알아차림을 하라는 주문을 직접적으로 하지 않고, 벽에 점을 그린다거나 특정 대상을 정해서 어느 시간에만 집중명상을 하는 것이 아니라, 지금 하는 모든 일과 행동을 열심히, 정성껏 하라는 주문으로 대체하였던 것이다. 이렇게 하여 명상의 효과라고 할 수 있는 알아차림이나 자각이 일어나도록 훈련하며 동시에 모든 행위를 맵시 있게 처리한 것에 대한 심리적·긍정적 경험이 되돌아오니 이 얼마나 좋은 명상적·영적 도구인가를 알 수 있다.

펄스는 "불안은 현재와 미래 사이의 간격이다."(김정규, 2000)라고 말했는데 참으로 공감이 가는 말이다. 인간은 현재에 머물며 현재를 느끼고 알아차리며 즐기지 못하고 흔히 과거의 사건이나 정서에 점유당해 있거나 미래를 염려한다. 인간이 불안해지는 이유 중 하나가 생각이 과거로 가든지 혹은 미래로 가든지 하는 것이다. 이렇게 되면 몸 신경 세포는 자율적으로 벌써 불안 물질을 내보내기 시작하는 것이다. 신경이 불안하게 되면 에너지 소비가 많아지며 전체적으로 쉽게 피곤하게 된다. 불안은 마치 마음의 물결과도 같은 것이기에 물결이 심할수록 인지지각에 문제를 가져오게 되며, 왜곡된 지각은 다시 그에 상응하는 정서를 유발하여 악순환을 거듭하는 것이다.

사람들은 자신의 내적 불안을 알아차림 하지 못하는 경우가 많다.

의식이 본체와 분리되어 있는 만큼 그것을 자각하지 못한다. 사람이 건강한가, 아닌가를 알 수 있는 지표 중의 하나는 개인의 자각능력이다. 정신 분열증 환자는 자기의 상황과 자신의 행동에 대해 전혀 자각하지 못할 때가 대부분이다.

  예수님을 십자가에 못 박은 유대 사회는 집단 분열증에 걸려 있는 것이다. 공동체 대부분의 사람들이 분열 증세를 가지고 있는 것이다. 이 집단에서 정상적인 사람은 미친 자요, 마귀 들린 자로 취급되기 십상이다. 예수님이 십자가 위에서 돌아가시기 직전 처절하게 외친 말이 있다. "아버지, 저 사람들을 용서하여 주십시오! 그들은 자기가 하는 일을 모르고 있습니다."

  오늘날에도 이런 인간의 모습과 상황은 별반 달라지지 않았다. 어느 국가나 집단이든 중요 결정을 할 수 있는 권력이나 힘을 가진 사람과 집단 구성원과의 소통이 되지 않고 집단 구성원의 현실이 무시되면 집단은 분열증세 혹은 집단 신경증에 걸리게 마련이다. 그 공동체가 아무리 예수님의 이름을 받들고 산다 해도 마찬가지다.

  인간 내면의 신이 무시되는데 하늘에 계신 신을 만날 리가 없는 것이다. 이렇다면 사실 영성생활은 불가능해진다고 볼 수 있다. 그래서 방유룡 신부는 "이 지상에서 지상천국을 세우고 세상에서 잘 살 수 있는 비결은 자기를 아는 것이다."라고 말한 것이다.

  게슈탈트 치료 이론은 유기체는 끊임없이 무의식에 있는 미해결된 게슈탈트를 해결하고자 자아에게 신호를 보낸다고 하는데, 미해결된 욕구나 정서가 일으키는 불안의 근저를 알아차림 하고 자신을 볼 수 있으면 자연스레 통찰(깨달음)이 일어나게 되고, 통찰이 일어나면 자신의 행동의 근저인 무의식에 남겨진 미해결된 정서나 감정으로부터 해방될 수 있는 길을 찾아내기 마련이다. 인성 안에는 스스로 균형을 찾아가고 치유하려는 능력을 갖고 있기 때문이다. 자각하지 못하는 것이 모든 심리적·영적 문제의 근본이다. 그래서 예수님이 첫 번째 설파한 말씀이 회개하라는 말씀이다. 옛날 가톨릭 성경에는 '회두回頭'라고 번역을 하였는데, 회두가 훨씬 좋은 번역이라고 생각한다. 회두하기 위한 조건은 바로 자각함, 알아차림이다. 회두란 그저 잘못을 뉘우치는 심정적 차원만이 아닌, 머리(頭)를 돌리는 것, 즉 사고방식이나 생각을 바꾸는 것인데, 알아차림이 있어야 사고 패턴을 바꿀 수 있는 것이다.

이 자각을 강조한 가톨릭의 훌륭한 영성가가 있으니 바로 성 이냐시오Ignatius(1491-1556)[45]이다. 그는 40세가 넘어서 초기 동료들과 프랑스 파리대학교와 유럽의 여러 대학에서 11년간을 공부한 성인이다. 그는 수도생활을 하는 데 있어서 학문과 면학을 중요하게 생각한 사람이었다. 예수회의 이 전통은 현대에까지 이어져 전 세계에 226개의 대학을 설립한 수도회가 되었던 것이다.[46] 그는 예수회Jesuit수도회를 창설한 후 모든 수사들로 하여금 학교에 보내 공부를 하도록

---

[45] 그는 비잔틴 황제 미카엘 1세와 니체포로 황제의 딸 사이에 태어났으나, 그들의 부친이 아르메니아의 레오에 의하여 폐위됨으로써 그들도 어느 수도원에 감금되었다. 후일, 이냐시오는 수도자가 되었고, 사제로 서품되어 자기 수도원(예수회)의 원장으로 있다가, 846년에 콘스탄티노플의 총주교로 임명되었다. 그러나 857년, 황제 미카엘 3세의 조카인 바르다스의 근친상간을 묵인하라는 요청을 거부함으로써 파면되어 테레빈토스 섬으로 유배되었다. 이때 바르다스는 그의 비서인 포씨우스를 총주교로 임명하였으나, 정권이 바뀜에 따라 이냐시오의 권리가 회복되었다. 이때 그는 교황 아드리아노 2세에게 공의회 개최를 요구하고(제8차 콘스탄티노플 공의회, 867~870), 포씨우스와 그 지지자들을 단죄하여 교회의 평화를 지켰다. 그 후 그는 불가리아에 관한 관할권 문제로 로마와 불편한 관계가 되어 파문으로 위협받고 있던 중에 선종하였다. 비록 그는 매우 뛰어난 성인이었지만 그 당시의 정치 문제에 깊숙이 개입함으로써 많은 난관을 겪어야만 하였다. 저서 《영신수련》.

제3장_면형무아 영성의 심리학적 함의   163

하였는데, 수사들은 공부를 하면서 기도생활, 공동체 생활을 함께해야 하는 어려움을 경험하면서 갈등을 많이 하게 되었던 것이다.

필자도 이것 때문에 초창기 때 공부하는 것을 포기한 경험이 있다. 공부하려면 기도하고 싶은 생각에 시달리거나 기도하면서는 공부해야 하는 부담감으로부터 자유로울 수가 없는 것이다. 그리하여 그들은 이냐시오 성인에게 자신들은 수도자로서 공부한다는 것이 너무 힘이 드니, 공부를 포기하고 기도와 수도생활에만 전념하도록 해달라고 청했다. 이 청원을 들은 이냐시오 성인은 모든 기도를 면제해 주면서 기도하지 않아도 좋으니 공부를 계속하도록 배려하였다. 그러나 단 한 가지, 절대로 빠트려서는 안 되는 것이 있다고 했는데, 그것만은 매일 꼭 하라는 단서를 붙였다. 그것이 바로 그날그날의 '의식성찰' 혹은 '양심성찰'이었다. 이 일화를 통해서 우리는 이냐시오 성인이 영성생활에 있어서 얼마나 자기 자신을 자각하는 것을 중요하게 여겼는지 알 수가 있는 것이다.

> 수련기간 동안에는 수련하는 방법만 배우는 것이기에 수련 잘했다고 성녀가 되지 않고, 날마다 뉘우치고(회개) 날마다 고쳐야 되는 것입니다……. 완덕 닦는 방법도 시대에 따라 해야 합니다.   p. 545.

안병자 수녀는 방 신부와의 한 장면을 진한 감동으로 고이 간직하고 있는데, 방 신부가 말년에 병원에 머물 때의 일이다. 이 시기 무

---

46) 예수회는 전 세계에서 중·고등학교들과 대학교들을 운영하고 많은 출판물들을 발행하고 있다. 특히 1547년 예수회 대학을 처음 설립한 이래, 로마대학교 등 세계 100여 개 국가에 226개의 단과대학과 종합대학을 설립하였으며, 4,000여 개의 중·고등학교와 기타 교육기관을 설립하였다.

아는 약 먹는 일도, 주사 맞는 일도, 무엇을 요구하거나 하는 일도 전혀 없고, 절도 있고 깨끗하게 생활하며 무엇이든 맛있게 식사할 때이다. 그래서 돌보는 사람을 매우 편안하게 하였던 것이다. 다만 기억력이 조금씩 떨어지기 시작하였고 다리에 힘이 점점 없어져 갔다. 그래서 대부분 묵주를 만들기도 하면서 하루 종일 방에만 머물게 되었다.

어느 날 방 신부가 자신이 식사하고 난 식판(병원에서 사용하는 음식 판)을 문밖 층계로 집어 던져버렸다. 그래서 안 수녀가 방 신부 방에 들어가 말을 붙였다. "신부님 왜 그러셨어요?" 하고 물었다. "내가 개인가!" 방 신부의 답변이었다. 식사를 마쳤는데도 오랫동안 식판을 가지고 가지 않았다는 것이다. 방 신부는 철저하게 수녀들에게 접성정신을 가르친 사람이 아닌가! 개가 먹고 난 개 밥그릇은 치우지 않고 그대로 두기 때문에 개한테 비유한 것이다.

"아! 그러셨군요. 그런데 병원에 오는 일반 사람들이 보게 되면, 그것도 모르고 신부님이 그렇게 하시니까 이상하게 생각해요."라고 안 수녀가 말하자, 방 신부가 즉시 "창피하다!"라고 말했다. 그래서 안 수녀는 지혜롭게 "이쪽으로 내려가면 바로 거기에 주방이 있어요. 신부님, 다음부터는 수녀들이 또 그러면, 주방문을 열고 거기다 확 던져버리세요!"라고 말하였단다. 그러니까 방 신부는 호탕하게 웃고 난 다음 하는 말이 "그렇게 말해 줘서 고마워요." 하였단다. 그때 안 수녀는 방 신부가 집어던진 것을 이해했기도 했지만 감동을 느낀 것은 노인네가 망령을 부리는 것이 아니고, 즉시 자신의 행동이 잘못되었다고 수용하고 표현하며 안 수녀의 공감과 의견에 대해 고맙다고 대답한 태도 때문이었다. 참으로 감동적인 장면이다.

안 수녀는 방 신부가 노인이 되어 심사에 변환이 생겨서 한 행동이 아니라는 것이다. 방 신부가 젊었을 때라도 이렇게 행동할 가능성은 있는 것이다. 그런데 존경스러운 것은 젊었을 때와 변함없이 자신이 잘못 되었다는 것을 알아차림 하고 성찰하며 스승으로서 제자인 수녀들한테 그것에 대해 말로 표현하고 고마워하는 태도를 그대로 유지하고 있는 모습이다. 보통 사람들은 이런저런 핑계를 대며 자신의 잘못에 해대 자각하지도 못할 뿐만 아니라 인정하지도 않는다. 노인이 되면 이런 사태는 더 증가한다. 전혀 자신의 잘못에 대해 받아들이지 못하거나, 알았다 해도 수하 수녀가 자신의 실수를 꼬집어 말한 것에 자존심 상해하거나, 잘못을 인정했다손 치더라도 사과하는 일은 드물다. 그것이 그만큼 어려운 것이기 때문이다. 방 신부의 알아차림 하는 능력과 거룩한 모습을 보는 순간이다. 잘못을 안 하는 것이 성인이 아니라 잘못했을 때 자기를 자각하고 회개할 수 있는 점이 성인다움이다.

무아 방유룡 신부의 신덕 차원의 점성정신은 앞서 말한 인간 불안의 원인 중의 하나인 페르조나로부터 자유로워질 수 있는 심리적 영적 장치를 마련해 주고, 또한 일반적 점성정신의 수련을 통하여 알아차림 능력이 증진하도록 하여 자신의 내면이 보내는 언어와 외적 현실을 감지하고 통찰하도록 한다. 이러한 측면에서 점성정신은 심리학적 함의를 풍부하게 담고 있는 것이다. 펄스가 알아차림만으로도 그것이 치료적이라고 하였듯이 이 점성정신을 잘 수련하면 내적 치유가 일어나고, 그만큼 자아의 심리적 건강을 증진시킬 수 있는 것이다. 여기서 다시 한 번 생각해야 하는 것은 방유룡 신부는 자아를 억누르거나 죽이기를 바란 것이 아니라 치유되고, 건강해지고, 온전해지기를 바랐다는 것이다. 자아가 튼튼하지 않고서 무아의 산정 대월산을 오를 수는 없는 법이기 때문이다.

침묵수련의 심리학적 조명

일반적으로 심리학에서 건강한 사람의 특징을 다음과 같이 종합할 수 있다.

1. 자신의 생각, 자신의 느낌, 정서 등 자신을 자각하며, 자신의 장단을 안다. 자신의 생활과 삶에 대해 스스로를 책임지는 생활을 구성하고 수용한다. 자신의 욕구를 충족시키며 타인의 욕구도 존중해 주는 사람, 용기 있는 사람이 되고자 한다.
2. '지금-여기'를 경험하는 사람으로 과거에 살거나 불안한 기대 및 왜곡된 방어를 통해 미래에 사는 함정에 빠지지 않는 사람이다.
3. 자신의 잠재력을 실현하는 사람, 자율성을 가지며, 자신의 자기개념에 의해 혹은 타인 및 사회의 기대에 속박되지 않는 사람이다.

방 신부가 제시한 영성체계는 심리학에서 추구하는 위의 세 가지를 꿰뚫었다는 것을 계속 보게 될 터인데, 그는 영적 여정에 있어서 우선적으로 자아의 심리적 건강함과 동시에 영적 생명을 성장시키기 위하여 '점성정신'과 '침묵수련'을 창안하였던 것임을 알 수 있다. 여기서는 침묵 단계의 핵심인 완덕오계를 중심으로 탐구하고자 한다. 무아는 영성생활에서 진선미의 추구를 대단히 강조한 사람이다. 〈표 3〉에서 보는 것처럼 이성의 대상은 진리이고 의지의 대상은 선善, 미美, 애愛라고 하였다.[47] 한마디로 그의 영성은 진리와 선과 아름다움과 사랑을 추구함으로써 인격의 조화와 통합 그리고 지·정·의·몸의 균형적 성장을 추구한 것이다.

> 수도생활 하는 데 있어서 구별해야 할 것이 있다. 내가 할 것과 하느님께서 하실 것, 이 구별을 못하면 수도생활이 되지 않는다. 내가 할 것인지, 하느님께서 할 것인지 모르고 혼돈하면 분심, 원망, 불평만 생길 것이다…. 그럼 이 구별, 내가 할 것은 무엇인가? 전에도 말한 바와 같이 협조, 이것만이 우리가 할 일이다. 내가 지금 환경에서, 이 장소에서 내가 할 수 있는 범위 내에서 내 능력대로 어떠한 일이든지 어떠한 모양으로든지, 하느님을 위하여 나쁜 생각, 나쁜 마음을 물리치며 지내는 것이 곧 협조이다. 큰일을 말하는 것은 아니다. 말 한마디, 검불 하나 줍는 것, 돌 하나 치우는 것, 한 번 웃는 것, 노는 것 등이다. 이런 작은 협조만 하면 그 외에 내게 필요한 것, 적당한 것은 하느님께서 주신다. 현재 안 주시는 것 같아도 어떻게든지, 어느 모양으로든지, 어느 때든지, 협조에 대하여 답해주시는 것을 하느님께서는 큰 즐거움으로, 기쁨으로 당신 일로 아시므로 다만 협조만 우리의 할 일이다. 협조만 합시다. 그 외 것은 다 하느님이 하실 일입니다. 더 좋게, 더 아름답게 해주십니다. 우리의 할 일은 협조뿐이다.
>
> p. 318.

---

47) 《영혼의 빛》, p. 582-583, 262, 263, 239

완덕오계 完德五戒

1) 내외內外침묵 : 1. 분심잡념을 물리치고, **(오관침묵)**
3. 용모에 명랑과 평화와 미소를 띠고,
   언사에 불만과 감정을 발하지 말고,
   태도에 단정하고, 예모답고, 자연스럽게 하고, **(동작침묵)**
2) 영혼靈魂침묵 : 2. 사욕을 억제하고, **(사욕침묵)**
4. 양심불을 밝히고, **(이성침묵)**
5. 자유를 천주께 바치고 그 성의를 따를지니라.
   (의지침묵)   p. 682.

무아 방유룡 신부는 수도하려면 '나쁜 생각'과 '나쁜 마음'을 물리쳐야 한다고 단순하게 말한다. '나쁜 생각'은 불교 용어로는 '갈애渴愛'에 해당되는 말이고, 나쁜 마음은 '사욕'에 해당되는 말이다. 부처님은 모든 고통은 갈애와 욕망에서 나온다고 하였다. 이런 측면에서 부처님의 가르침과 방유룡 신부의 가르침에는 상당히 공통점이 많이 있다. 방유룡 신부는 근세 서구 영성이 약화시킨 '인간성 해결'이라는 문제와 성장을 위한 '수련' 부분을 강화시켰다.

하느님께 대한 믿음과 의지依支만으로 모든 것이 해결되는 것이 아니라, 분명히 인간이 주체적으로 자유의지를 가진 존재로서 자신의 내적·영적 성장을 위하여 담당할 몫이 있는 것이다. 이를 부정하게 되면 인간은 그저 유아적·기복적 신앙에 머물든가 하느님의 로봇으로 전락하고 만다. 방 신부는 인성 문제를 해결하려면 훈련과 연습의 필요성과 실천적 수련과정을 중요시했다. 운전을 하고자 한다면 운전하는 방법을 배우고 조심스레 훈련하는 기간을 거쳐야 되듯, 연습과 훈련이 중요하다고 말한다. 이는 또한 학습 심리학이나 행동주의 심리학과 충분히 공유할 수 있는 부분이다.

방 신부는 수도자들이 매일 훈련하도록 하기 위하여 침묵수련을 창안했다. 이 단계에서 수련해야 할 것을 완덕오계로 축약, 제시한 것이다. 이 중에서 특히 그가 모든 죄의 뿌리라고 혹은 죄의 어미라고 표현한 '사욕'을 해결하기 위하여 무엇보다 양심불과 자유의지를 강조하였다. 점정정신에서 알아차림의 능력을 증진하고, 페르조나로부터 자유로워지는 수련을 통하여 영적 세계의 가치로 전향하며, 하느님이 점이므로 내가 소홀하게 취급받는 '점'이 되는 것을 두려워하지 않는 것을 배운다.

다음 침묵수련 단계는 점성정신을 기반으로 자아가 힘과 용기를 갖게 되었으므로 좀 더 적극적으로 수련할 것을 제시한 것이다. 이 단계에서 강조한 실천사항은 '이성理性 챙김', '사욕 챙김', '동작 챙김', '오관 챙김', '의지 챙김' 이렇게 다섯 가지이다. 이것을 방 신부는 진선미의 철학적 가치를 바탕으로 하여 '완덕오계' 라는 이름 하에 간단명료하게 정리하여 제시하였다. 점성정신에서는 '깨어있음', '알아차림'이 중요한 과업이지만 침묵수련 단계에서는 한 단계 더 성장의 단계로 다가가는 단계인데, 몸, 마음 그리고 정신의 챙김이라는 수련 과업이다. 이 단계에서는 자신의 전존재를 포괄적으로 '닦음' 하고 '챙김' 하는 것이다. 이를 보다 심리학적으로, 현대적으로 표현한다면 '자기 돌봄'과 '자기 관리'를 섬세하게, 적극적으로 하는 것이 된다.

방 신부는 이것을 나무를 가지치기 해 주면 나무가 더 건강하게 자란다는 비유를 들어 말하였다. 그리고 앞의 글에서 본 바와 같이 영성생활은 동의하지 않고 협조만 하면 된다는 쉬운 표현을 썼다. 그것은 하느님의 뜻, 양심의 뜻에 협조하고 나쁜 생각, 나쁜 마음에 동의하지 않는 것이다. 내가 동의하거나 동의하지 않는 것이 행동으로 이어질 때까지 양심과 자유의지가 큰 역할을 하게 된다. 방 신부는 나쁜 생각과 나쁜 마음에 동의하지 않는 것이 바로 하느님께 협조하는 것이라고 말한다. 내가 할 수 있는 것과 없는 것을 분별하며 할 수 없는 일에 욕심을 내지 말 것을 암시하고 있다. 제 분수를 알 필요가 있는 것이다. 하느님을 향하여 월권행위를 한다면 그 결과는 고통이기 때문이다. 예를 들어서 미래를 지나치게 걱정하는 것도 일종의 월권행위다. 지금만이 나의 권한 하에 있는 것이기 때문이다.

1) 오관침묵 : 분심分心잡념을 물리침

나쁜 생각하지 말라 – 나쁜 생각은 나든, 안 나든 상관없다. 동의만 안 하면 된다. 사람은 분심잡념 안 할 수 없고, 골 안 낼 수 없다.　　　p. 331.

온전한 주의, 사상, 영혼, 이성, 지혜 모두를 총동원해서 한군데로 기울어야 한다. 갈리면 못산다. 즉, 밀가루 백포를 백만 명에게 나누어 주면 한 줌 돌아갈 따름 아무 도움이 안 된다. 그러나 한 사람에게 주면 잘 먹고 그것 먹는 동안 생활기초를 잡을 만하다. 이렇게 전력을 기울이면 된다.

　　　p. 361.

인간의 천성 중에서 이성적 능력은 참으로 우수하고도 귀중한 자질이다. 기억하고, 추리하고, 상상하고, 개념화하고, 판단하는 등의 지성적 능력은 인간 존재 활동의 모든 방향을 잡아가는 역할을 한다. 그런데 이러한 지적 능력을 제대로 발휘하기 위해서는 돌봄이 필요하다. 왜냐하면 우리는 에너지 용량 제한을 가지고 있으므로 이를 효율적으로 운영해야 하는 것이다. 임상 경험을 통해서 알게 된 것은 정서적 문제를 안고 있는 사람들이 일반적으로 기운이 없다는 점이다. 에너지가 딸리는 현상인데, 그 이유 중 하나는 이들이 지나치게 에너지를 억압하는 것 이외에도 잡념, 공상, 망상을 많이 하기 때문이다. 공상과 망상으로 현실 도피와 회피를 한다. 때로는 욕구를 망상과 공상으로 대리 충족한다. 이러한 공상과 망상을 하는 데에는 많은 에너지를 쓰기 때문에 결국 피곤해진다. 거기다 이런 분심과 공상, 망상들은 모종의 정서를 유발하는데, 이 정서 유발에 신경 에너지는 더욱 더 소모되는 것이다.

지금 여기에 온 맘으로 온전히 머물기 위해서는 앞서 점성정신에서 말한 중요한 사안들이 여기서 똑같이 적용된다. 인간의 사고와 정서는 상호 아주 밀접한 연관을 갖는다. 어떤 생각을 하면 거기엔 정서가 유발되며, 이 유발된 정서는 다시 사고에 영향을 미치는 것이다. 만약 분심잡념으로 부정적 정서가 발생하면 마음이 불안해지고 따라서 지금 여기에서 일어나는 자신의 상태와 외적 현상에 대한 알아차림을 하는 데 큰 방해가 된다. 또한 정서 수위가 클수록 알아차림의 내용에 있어서 왜곡을 하게 되는 것이다. '생각할수록 괘씸하다.'라는 말이 있다. 이 말은 심리학적으로 아주 딱 맞는 말이다. 생각을 하면 할수록 부정적 정서가 많이 유발되어 상대가 더 미워지는 것이다.

그러므로 만약 자동적으로 일어나는 이 사고의 작용을 잘 챙김 할 수 있다면, 방 신부처럼 충만한 에너지를 보유하면서 자신이 하고자 하는 것에 몇 배 더 에너지 투여를 할 수 있는 것이다. 방 신부는 생각 자체를 막으려하지 말고 일어나는 생각에 동의만 하지 않으면 된다고 말한다. 이 순간 일어나는 생각에 동의만 안 하면 그것은 가 버리게 마련이나, 동의하면 생각은 꼬리를 물고 계속 이어가는 것이다. 인간은 소설을 쓰는 능력이 있기 때문이다. 그러므로 '생각 챙김' 한다는 것은 에너지 관리 차원에서도 깊이 고려해야 하는 것이다.

심리 치료적 관점에서 심리적인 불편함이나 정신 병리적인 현상은 불교 이론에서는 '괴로움'에 해당한다고 할 수 있다. 붓다는 정신과 육체의 자연스런 흐름에 대한 무지로 인해서 영혼이나 자아에 대한 잘못된 견해가 발생한다고 했다. 말하자면 정신과 육체의 과정에 대한 무지로 인해서 잘못된 견해가 생기고 그러한 결과로 갈애가 발생하며 결국 괴로움에 이른다는 것이다. 이렇듯 잘못된 생각, 나쁜 생각, 자신에 대한 무지(알아차리지 못함)는 괴로움의 원천이 되는 것이므로 이 생각을 챙김 하는 일은 정서적 문제를 안정시킬 수 있는 핵심적 사안이므로 그 중요성은 아무리 강조해도 지나치지 않는다.

방 신부는 인간의 이성적 사고능력을 하시하거나 무시하지 않았다는 것을 주시할 필요가 있다. 다만 생각을 잘 챙김 하는 것이 중요한 것임을 말하는 것이다. 그런데 한 가지 더 유념해야 할 부분은, 방 신부는 분심잡념을 물리치라는 항목에 '오관침묵'이라는 부제를 달았다. 분심分心이란 마음이 나눠지고 갈라지는 것을 말하는데, 이 분심과 잡념을 일으키는 오관의 활동, 즉 시각, 청각, 후각, 미각, 촉각 등을 침묵할 것을 내포하고 있는 것이다. 오관은 모든 외부 정보와 자극을 받아들이는 문과 같은 기관들이므로 불필요한 정보와 자극은 이 문에서 들여보내지 말아야 함을 암시하고 있는 것이다. 마음이 갈라지고 잡념이 생기는 이유 중의 하나가 오관으로 들어오는 정보와 자극들 때문인 것이다. 그러므로 보고 듣고 먹는 것 등 오관의 문을 함부로 열거나, 함부로 닫거나 하지 말고 잘 챙김 할 것을 요청하고 있다. 이 챙김의 밑바닥에는 자기 정체성이나 자존감이 제대로 받쳐줘야 하는 선행조건이 있다. 자신을 아끼고 위하는 사람만이 자신을 함부로 팽개치지 않고 정성껏 챙김 할 것이기 때문이다.

2) 사욕침묵 : 사욕을 물리침

"구하라, 받을 것이다. 찾으라, 얻을 것이다. 문을 두드리라, 열릴 것이다.
누구든지 구하면 받고, 찾으면 얻고, 문을 두드리면 열릴 것이다."

마태오 복음 7:2

인간의 삶에서 가장 중심적이며 현실적인 사안은 인간 욕구와 욕망의 문제이다. 인간의 모든 행동은 모두 욕구의 표현이라고 봐도 무방하다. 게슈탈트 심리치료 이론에서 본 것처럼, 인간은 욕구에 의해 끊임없이 게슈탈트를 형성하고, 이를 해소 완결하면 또 다른 게슈탈트를 형성하는 과정의 연속 속에서 산다. 여러 종교에서는, 특히 불교에서 강조하듯이 인간이 겪는 모든 고통의 원인이 바로 욕망이라고 말하고 있다. 사욕이란 진정 인간이 늘 대면하는 핵심적 문제이다. 심리적 건강과 성장을 추구하는 사람들에게, 더욱이 영성을 추구하는 사람들에게는 아주 중요한 이슈가 아닐 수 없다.

예수님은 원하는 것은 적극적으로 구하고 찾으라고 말한다. 그리고 성경은 원하는 것이 있으면 간절히 기도하라고도 가르친다. 이러한 가르침에 따른다면 인간의 욕구의 문제는 욕구 자체를 부정해야 하는 것이 아니라, 무엇을 원해야 하는가와 무엇이 보다 나은 선택인가라는 것에 초점이 맞춰져야 하는 것이다.

무아 방유룡 신부는 금욕주의를 비판했는데, 그것은 옛날에 성인들이 잘 몰라서 금욕을 했다는 것이다. 그는 이렇게 말했다. 몸은 하느님이 주신 아주 신비하고 오묘한 것이니 쓸데없이 괴롭히지 말고 사욕만을 물리치면 된다고 하였다. 사욕은 인간의 몸을 괴롭히는 것을 넘어 인간 존재 자체를 괴롭히는 것이니, 방 신부는 당연히 사욕을 경계하였던 것이다. 사욕은 자신뿐만 아니라 결국 타인에게도 좋지 않은 영향을 미치는 것이기 때문이다. 사욕의 문제는 인간 정서 문제와 직결된다. 욕구가 해결되면 인간은 안정을 맛보고 욕구가 해결되지 않으면 해결될 때까지 안정하지 못한다.

때로는 금욕이 필요할 때가 있다. 어떤 사람이 피아니스트가 되기 위해서는 많은 하고 싶은 좋은 것들을 포기하고 오로지 피아노 연습하는 데에만 온 에너지를 쏟는다. 다른 덜 중요한 욕구들을 포기하는 이유는 마음을 갈라(分心) 에너지를 다른 데로 나눠 쓰지 않고 훌륭한 피아니스트가 되려는 목표에만 총력적으로 에너지를 투입하려고 하는 것이다. 에너지는 제한되어 있기 때문이다. 종교인들이 기본적으로 금욕 생활을 하는 이유는 더 좋은 것을 위해 다른 잡다한 좋은 것을 포기하는 차원이다. 결국 자신을 위하는 마음으로 금욕을 하는 것이다. 방 신부는 자신을 괴롭히는 금욕은 할 필요가 없다고 주장한다.

그의 영성이 탁월하게도 인간의 욕구 세계를 긍정하는 쪽에 있다는 것은 상당히 현대 심리학적 관점을 가지고 있다는 증거이다. 고대로부터 지금까지 모든 종교 안에는 금욕적 수행방식이 아직도 짙게 깔려있다. 수행하는 사람이 즐기거나 행복하면 죄책감을 느끼도록 유도하는 가르침들도 많다. 더구나 출가出家를 한 사람들이나 전폭적으로 종교생활을 하는 사람들은 금욕적 기본 생활 형태를 갖고 있다. 사실 이는 인간의 탐욕이나 사욕이 얼마나 인간을 심리적으로, 영적으로 나약하게 만드는가를 미루어 짐작할 수 있는 것이다. 그렇다고 해서 인간이 누릴 모든 즐거움이나 쾌락마저도 포기할 필요는 없다. 방 신부는 "침묵으로 빛이 오고 대월하게 되는데, 여기서 마음의 쾌락을 누리게 되며……."라고 말하고 있다. 방 신부는 마음의 쾌락을 맛보기를 권했다. 대월하면 그렇게 된다는 것이다. 인간에게서 즐거움을 뺏어버린다면 그것은 하느님의 뜻에 반反하는 것이다. 사욕을 물리치라고 하는 이유는 사욕이 인간성을 파괴하고 근원적 쾌락과 행복을 망치기 때문이다.

> 진정한 인생관이 없는 세상은 사욕의 파도가 요란하거니…….
>
> p. 87.

무아 방유룡 신부는 인간의 사욕의 동인으로 제시한 것이 바로 '진정한 인생관'의 부재라고 본다. 좀 더 세부적으로 말하면 진정한 정체성 확립의 여부와 가치관의 문제라고 볼 수 있다. 인간 존재는 하느님의 신성을 받은 고귀한 존재라는 것, 하느님의 자녀, 하느님의 파트너라는 성경적 정체성에 인성이 확고하게 뿌리박기를 최우선적으로 요청한다. 자아 이미지를 어떻게 형성하고 있느냐에 따라서 인간의 욕구 세계도 달라지기 때문이다. 자신을 그저 동물적 존재로만 여긴다면 동물적 행동을 하기 위한 욕구를 발동할 것이고, 자신이 가치 있는 존재라고 여기는 사람은 그에 어울리는 욕구체계를 갖게 된다. 자신이 쓸모없는 인간이라고 여기는 사람은 이러 저러한 욕구를 활발하게 일으키지도 않거나 자신에게 해로운 것을 원할 가능성이 많을 것이다. 그러므로 방 신부는 인간의 욕구라는 관점에서도 먼저 인간의 진정한 정체성과 거기에 맞는 가치관을 형성하기를 요청한다. 이러한 인생관의 바탕 없이는 진정 인생은 사욕의 파도가 요란할 것

이기 때문이다.

앞에서 본 바와 같이 점성정신은 세상의 가치에 휘둘리지 말기를 강조한다. 페르조나(가면)를 위한 욕구만을 발달시키면 결국 자신을 잃어버리게 되고, 나중에는 인생의 궁극적 의미마저도 상실할 수 있기 때문이다. 방 신부가 수도원을 창설하면서 가장 우선적으로 수도자들에게 많이 강조하며 일생의 모토로 삼은 성경 구절이 있는데 '먼저 하느님의 나라와 그 의를 구하라. 그러면 나머지는 하느님께서 다 덤으로 주신다.'는 예수님의 말씀이다. 하느님은 이미 우리가 무엇이 필요한지 다 알고 계신다는 것이다. 이는 의·식·주를 포함한 여러 가지 것들에 대한 불필요한 근심 걱정과 사욕으로부터 인간을 해방시키려는 예수님의 가르침이었던 것이다.

방 신부는 실제로 삶 전체를 위에서 제시한 태도로 살았다. 그가 빈주먹으로, 그것도 한국이 가장 경제적으로 어려웠던 시기에 세운 수녀원과 수사원은 방 신부의 굳은 믿음대로 한국전쟁 때 잠시 어려웠지만 초고속 성장을 했고, 남자 수도원은 많은 부동산을 기증하는 사람이 생겼던 것이다.[48] 수도자들이 열심히 하느님께 헌신하며 영성생활에 몰두하기만 하면 나머지는 해결되고 의미 있는 사도직을 얼마든지 할 수 있는 것이다. 방 신부의 이러한 가치관은 나중에 많은 수사수녀들이 방 신부의 가르침의 의미를 눈으로 확인하고 감탄하는 부분이다.

이 세상에서 '가치'로부터 자유로운 사람은 아무도 없다. 인간은 순간순간 무엇인가 선택해야만 한다. 만약 어떤 사람이 아무것도 선

---

48) 방유룡 신부가 살아 있을 당시 사기를 치고 스캔들을 일으킨 회원 때문에 일반 신문에 각 수도회의 부동산이 공개된 적이 있었다. 그때 한국순교복자성직수도회는 한국에서 가장 많은 부동산을 가지고 있었다.

택을 안 하기로 했다면, 그는 아무것도 선택을 안 하기로 선택한 것이기 때문이다. 이 선택을 주도하는데 강력한 힘을 발휘하는 것이 가치관이다. 한 개인이 어떠한 가치체계를 가지고 있는가에 따라 욕구체계가 달라진다. 그러므로 방 신부는 이 사욕이라는 측면에서도 가치문제가 매우 중요하다는 것을 통찰하였던 것이다. 방 신부는 존재를 살리고 성장시키는 가치관이란, 성경의 가르침인 최고 우위와 우선의 자리에 하느님을 모시는 것이라고 보았다.

그는 이러한 두 가지 측면, 즉 진정한 정체성과 참다운 가치관의 확립을 통해 확실하게 방향을 잡으면 기도하고, 먹고, 놀고, 쉬고, 자고, 일하는 등 일상에서 많은 부분 참으로 즐기며 살 수 있음을 말하는 것이다. 적당한 욕구의 충족이 없으면 인간은 제대로 삶을 영위할 수 없으며 생기를 잃고, 때로는 목숨의 안전도 위협당할 수 있다. 모두가 영적 신비경에 들어가 황홀경을 맛보는 것도 아닌 수도자들에게서, 삶에서 누릴 수 있는 즐거움을 제거해 버린다면 사람들은 지루해하며 시들어 버릴 것이다. 부당하게 욕구를 억압하면, 억압된 욕구들은 심리적 상처를 만들고 어느 때고 엉뚱한 때 엉뚱한 방법으로 인간을 괴롭힌다는 것을 심리학은 밝혀내었던 것이다.

> 대월생활만 하면 된다. 어떻게 하면 대월생활로 들어갈까? 빛이 와야 한다. 사욕으로 가득차고 죄악으로 껌껌한 이 영혼에 빛이 나야 한다. 어떻게 해야 빛이 날까? 빛이 나려면 먼저 불이 나야 한다. 육신이 부시도록 황홀하게 빛이 나게 하려면 먼저 뜨거워야 한다. 그렇게 하려면 열심히 살아야 한다. 열심 있게 하려면 성의(죽어도 해보겠다)가 있어야 한다. 성의는 강대한 의지를 가져야 한다.   p. 483.

이러한 맥락에서 방 신부의 가르침은 상당히 현대적이며 심리학에서 주장하는 내용을 잘 통찰하였다고 볼 수 있다. 무아는 늘 수도자들이 잘 먹고, 잘 자고 즐겁게 살기를 바랐다. 그래야 생기가 나고 힘이 나서 영적 삶에로 전진할 수 있기 때문이다. 또한 페르조나에 의한 즐거움의 추구가 아닌, 영적 즐거움과 함께 세상에는 즐길 것이 너무 많기 때문이다. 그는 진정한 기쁨을 누리고 건강하게 살기 위해서는 수련 초기부터 인성의 기초와 방향을 확고하게 잘 잡을 필요가 있음을 간파한 것이다. 그리고 무엇보다 수도자는 신비가요, 성인이 되는 것이 목표라고 가르치며 확고한 입지를 갖기를 바랐다. 이 선명하고 확고한 입지와 목표 그리고 소명감과 사명감을 갖는다면 자연스럽게 잡다한 곳으로 에너지가 낭비되지 않도록 할 것이다. 그러면 사욕의 시달림도 덜 받게 될 것이다. 인간은 그가 바라는 대로, 선택한 대로의 삶을 살게 마련이므로 방 신부가 말한 것처럼, 무엇을 바라고 무엇을 물리쳐야 하는지가 인생의 삶에서 큰 사안이 되는 것이다. 매 순간 이것을 판단해야 하기 때문에 방 신부는 그토록 양심불을 밝히라고 강조하였던 것이다.

인간에게 페르조나로부터 오는 사욕 외에 또 다른 사욕의 근원지가 있는데 바로 인간의 내면 깊숙한 무의식에 그 깊은 갈망과 욕구의 동인들을 가지고 있는 것이다. 한 개인의 내면의 욕구 세계는 단순한 것이 아니다. 영·유아기 때 자아가 어떤 경위를 거쳐서 어떻게 형성되었는가, 개인의 가정 문화가 어떠했는가, 그의 대상관계 패턴이 어떠한 것인가, 무의식에 어떤 욕구가 어떻게 좌절되었으며 그 좌절에서 오는 상처와 근원적 고착과 갈증이 무엇인가, 개인의 미해결 과제와 정서가 어떤 것인가에 따라서 인간은 각자 나름의 독특한 욕구체계를 형성하게 된다. 이 개인의 욕구체계는 사회적·문화적 가치관과 전통, 규례 등과 상호 작용하며 복잡하게 얽히는 것이다.

무의식의 조건화가 인간을 어렵게 만드는 것 중 하나는 유기체가 성장하기 위해서 필요한 욕구들이 참으로 많다는 것이다. 그런데 무의식 세계의 특정한 조건화에 의해 어떤 한두 욕구에만 고착되어 집착하고 있으면, 유기체가 필요한 물적·심적 다른 욕구들은 충족될 기회를 잃어버리게 되니 결과적으로 성장 불균형을 가져오는 것이다.

매슬로우Maslow는 이러한 욕구를 '신경증적 욕구neurotic-needs' 라고 이름 하였다(정인석, 2003). 신경증적 욕구란 대체로 만족을 얻어도 결코 만족되지 않는 경향이 있다. 어린이에게 필요한 욕구가 적당한 시기에 너무 충족되지 못하면 불안과 위협이라는 정서에 시달리며 심리적 상처를 받게 되는데, 이때 채워지지 못한 욕구는 심리적 구멍과도 같아 메워도 메워도 만족이 안 되어 자꾸 병적으로 집착 혹은 고착되는 것이다. 이렇게 되면 개인은 이 무의식에 잠재된 신경증적 욕구에 지배되어 결국 왜곡된 성격이 형성되고, 이 욕구의 끊임없는 추구는 죄 혹은 악을 낳게 된다고 말하고 있다. 더더군다나 융 Jung이나 매슬로우Maslow도 비슷한 주장을 하고 있는데, 성장욕구 grow-needs와 나아가 메타욕구meta-needs 혹은 자아초월 욕구 transpersonal needs도 존재하는데, 이런 욕구들은 전혀 게슈탈트를 형성하지 못하고 충족의 기회를 잃어버릴 뿐만 아니라 깊이 억압되어 분열된 채, 무의식에 남아 있게 되는 것이다.

> 나는 내가 하는 일을 도무지 알 수가 없습니다. 내가 해야겠다고 생각하는 일은 하지 않고 도리어 해서는 안 되겠다고 생각하는 일을 하고 있으니 말입니다. 그런데 그런 일을 하면서도 그것을 해서는 안 되겠다고 생각하는 것은 곧 율법이 좋다는 것을 인정하는 것입니다. 그렇다면 그런

일을 하는 것은 내가 아니라 내 속에 도사리고 있는 죄입니다. 내 속에 곧 내 육체 속에는 선한 것이 하나도 들어있지 않다는 것을 나는 알고 있습니다……. 내 몸속에는 내 이성의 법과 대결하여 싸우고 있는 다른 법이 있다는 것을 알고 있습니다. 그 법은 나를 사로잡아 내 몸속에 있는 죄의 법의 종이 되게 합니다. 나는 과연 비참한 인간입니다. 로마서 8:15-24.

이러한 인간의 무의식의 내용들에 의한 내적 역동과 욕망들 때문에 바오로Paul 사도가 한탄하는 모습이 적나라하게 표현되었다. 안 하고 싶은 행동은 하게 되고, 하고 싶은 행동을 할 수 없게 되는 인간 내적 현실을 비참하다고 통탄하고 있다. 그래서 바오로는 이러한 인간 내적 역동을 직시하며 그렇게 만드는 것은 내가 아니라 내 안에 있는 죄라고 이름을 붙였고, 그 죄가 육체에 있다고 통찰하였던 것이다. 왜 신학이 이원론적으로 한때 흘러갔는가라는 의문이 여기서 풀린다. 그들은 육체가 내 생각과 의지와 상관없이 제멋대로 행동하는 모습을 보고 육체를 아주 나쁜 것처럼 다루기 시작했다. 이러한 통찰은 사실 제대로 본 것이다. 죄가 육체에 거한다고 한 말은 바로 문제를 일으키는 무의식의 콤플렉스들은 인간의 육체에 거하기 때문이다. 바오로 사도는 그것을 죄라고 이름 붙였지만 그것은 현대 심리학이 말하는 무의식의 콤플렉스들이 인간 행동에 미치는 지대한 영향을 본 것이다. 그리고 자아에 의해 그 무의식이 통합되지 못한 채 분열되어 서로 따로따로 놀며 갈등을 빚어내고 있는 모습이다. 심리학자들, 특히 매슬로우Maslow는 악이나 죄라는 것은 결국 심리적 조건화에 의한 것이므로 '악' 혹은 '죄'로 보기보다는 '심리적 증상' 혹은 마음의 '병'으로 본다.

욕망(사욕)의 동인이 되는 페르조나로부터의 해방과 개인 무의식의 신경증적 욕망의 신호들을 알아듣기 위하여 방 신부가 제시한 것이 '알아차림'과 '믿음의 성장'이다. 심리적으로 너무 취약하지만 않다면, 이 알아차림 수련과 신앙을 통한 신뢰심의 회복으로 자아가 힘이 생기고 건강해져서 앞으로의 영적 여정을 갈 수 있다고 보는 것이다. 물론 인간 내면의 여러 층의 모든 장애물들을 오로지 알아차림만으로 해결할 수 있는지는 의문으로 남는다. 이는 분명 정신의학과 심리학의 도움을 받아야 할 부분이며, 앞으로 방 신부가 통찰한 다음의 영적 단계에서 그 답을 찾아야 할 것이다.

무아 방유룡 신부는 자아의 진흥을 위하여 사욕의 문제를 매우 심도 있게 다루었다. 사욕의 문제는 심리학이 밝혀낸 무의식의 조건에 의한 동인들을 이해함으로써 도움을 받을 수 있는 부분이다. 그러나 심리학은 사욕의 문제에서도 강조한 진정한 인생관 곧 올바른 정체성과 가치관 형성 그리고 뚜렷한 삶의 목표와 자신에 대한 소명의식을 강조하는 방 신부의 영성에 귀를 기울일 필요가 있다고 본다.

3) 동작침묵 :

용모에 명랑과 미소를 띠우고,
언사에 불만과 감정을 발하지 말고,
태도에 단정하고, 예모답고, 자연스럽게 함.

방유룡 신부는 완덕오계의 세 번째 실천사항을 제시했는데, 이는 용모, 언어, 몸가짐과 동작을 챙김 할 것을 요청하고 있다. 방 신부는 마음과 영혼뿐만 아니라 몸가짐을 아름답게 갖기를 원했기에 이런 제안을 했던 것이고, 더 중요한 수행적 측면은 몸가짐과 동작을 하나하나 챙김 하도록 함으로써, 더욱 자신의 의식과 주의가 자신의 몸에 머물도록 했다는 데 깊은 명상적 통찰이 있는 것이다. 의식을 몸에 둠으로써 마음이 흩어지지 않게 하고 지금 여기에 머물게 되는 효과를 얻도록 한 것이다. 점성정신에서 지금 여기 자신이 하는 일에 온 마음을 두도록 만들어 알아차림이 일어나는 효과를 얻는 것과 똑같은, 아니 더 깊어지는 차원이다. 자신의 몸으로 의식을 당김으로써 명상의 효과뿐만 아니라 아름다움의 효과까지도 얻는 것이다.

동작침묵은 불교의 위빠사나 명상과 걷기 명상 등과 비슷한 효과를 낼 수 있다. 자신의 걷는 동작뿐만 아니라 손놀림, 용모, 언사, 몸동작 하나하나를 챙김 하도록 한 것이다. 방 신부는 이것을 평생 실천함으로써 그토록 아름다운 용모를 갖게 되었다. 그는 다소 몸집이 있었던 사람이었는데도 불구하고, 늘 발걸음 소리를 내지 않고 조용조용 걸어서 수녀들로 하여금 그가 갑자기 나타난 것 같이 느끼게 만들어 깜짝깜짝 놀라게 하였다. 백발 할아버지가 되었어도 아름다운 미소와 몸가짐을 지녔었다. 어떤 사람은 그분의 몸동작은 춤과도 같다는 표현을 했을 정도다. 이렇게 몸가짐과 용모와 언어와 모든 동작을 아름답게 가꾸기 위하여 요구되는 것은 심리적 힘과 깨어있음, 알아차림 그리고 자신의 전존재를 챙김 하는 명상을 통해서 가능해지는 것이다.

이 측면의 심리학적 근거는 행동주의 심리학자들의 주장을 들어 볼 필요가 있다. 보통 심리학자들은 마음과 생각이 행동에 영향을 미친다고 말한다. 그러나 반대 의견을 주장하는 행동주의 학자들도 있다. 그들은 행동이 마음에 영향을 줄 수 있다고 주장한다. 행동 수정을 통해 마음의 문제를 해결하려는 시도를 하였던 것이다. 둘 다 수용될 수 있는 주장이라고 생각한다. 다만 적용에 있어서 정서적 왜곡이 심하지 않은 아이들이나 학생들에게 행동치료는 효과가 있으나, 뿌리 깊은 무의식의 조건화들은 다른 치료방법을 써야 할 것이다. 우선 정서적 문제를 어느 정도 해결하고 나면 통찰이 일어나고 그 다음 행동 수정 쪽으로도 효과를 낼 수 있다고 본다.

인간의 생각과 정서와 행동은 유기적으로 연결되어 하나로 작용하기 때문에 미해결 과제가 해결되면 마음은 안정할 수 있으며, 자신의 행동을 챙김 할 수 있는 내적 힘이 생긴다. 그래서 방 신부는 이 실천 항목을 첫 번째에 두지 않고 세 번째로 놓았던 것 같다. 몸가짐과 동작을 챙김 하려면 의식을 몸으로 집중하게 된다. 뇌에 집중되는 에너지와 열기를 막게 되니 마음은 더욱 맑고 고요하게 유지된다. 이는 결과적으로 알아차림 능력을 높이는 것이며, 이 자각력은 동시에 존재의 치유력인 것이다.

몸동작을 챙김 함으로 얻은 효과 중에 또 하나 중요한 심리학적 효과는 의식과 몸의 분열을 극복하고 통합을 가능하게 한다는 측면이다. 사람들은 생각과 마음 그리고 몸이 따로따로 작용하는 것을 경험하게 되는데, 위에서 바오로 사도의 한탄에서 볼 수 있듯이 생각은 하고자 하는데 마음이 안 따라 주고 또 몸이 안 따라 준다. 이런 현상이 쉽게 말하면 분열 현상이다. 의식과 신경 그리고 몸이 서로 소통하지 않고 있다는 증거이다.

방 신부가 창안한 것처럼 의식을 자신의 몸에 자꾸 접촉케 함으로써 몸과의 소통이 가능해지는 것이다. 그래서 몸의 언어를 알아들을 수 있게 되므로 자연스럽게 몸과 마음과 사고가 각각 따로 놀지 않고 하나로 통합되는 데 도움이 된다. 이것이 바로 심리적 건강을 증진하게 되는 부분이다. 조각난 자아가 하나로 통합되면 그만큼 자아의 힘은 커지는 것이다. 이러한 측면에서 방 신부의 동작침묵은 대단히 명상적이며, 영적이고, 또한 심리학적 함의를 동시에 갖고 있다고 볼 수 있다.

4) 이성침묵 : 양심불을 밝힘

> 하느님의 뜻이 사람의 길이요, 천생사명天生使命이로다.
> 하느님의 뜻이 양심이요, 양심은 천명天命이로다⋯⋯.   p. 94.

사전을 보면 양심이란 '사물의 가치를 변별하고 자기의 행위에 대하여 옳고 그름과 선과 악의 판단을 내리는 도덕적 의식'이라고 했다. 무아 방유룡 신부는, 양심은 이성의 작용에서 가장 중요한 것으로 보았다. 그리고 그는 인간의 자유의지에 대하여 최고의 가치를 부여하였다. 그래서 자유는 불가침이라고 강조하였으며, 양심은 이성과 의지의 중간 매개자로서(p. 80)의 역할을 한다고 말한다. 이러한 맥락에서 양심은 영성생활을 하는 데 있어서 중요한 사안인 사욕을 분별해 내고 의지의 발동과 선택 여부에 영향을 미친다고 보기 때문에 강조점을 두었던 것이다.

욕구가 필요한 욕구인지, 불필요한 사욕인지를 구별하는 것은 진정 핵심적 사안이다. 그 구별의 기준은 타인도 아니요, 법규나 규정이 아니라 각자 개인의 양심의 발달 정도인 것이다. 앞서 말했지만 수련 시기에는 개인의 심리적 건강함, 자아의 건강함이 주요 목표가 되기 때문에 지극히 개인적 차원에서 시작하는 것이다. 방 신부의 양심은 그저 사회적·윤리 도덕적 차원에서만이 아니라 개인 내면의 신성으로 깊이 있게 들어가기 위한 도구로서의 양심이다. 그래서 그는 양심은 천명이며 하느님의 뜻이라고 말한다.

영혼에는 양심법이 있으니 이는 구속이 아니요,
의지자유를 위하여 안전보장의 특전이로다.
양심법은 상지上智의 명안明案이요,
선생지도善生之道의 지침이로다.   p. 81.

자아초월 심리학이 추구하는 것은 어떻게 하면 인간이 심리적으로 건강하고, 인성을 발달시키며, 자신 안에 있는 궁극적 실재인 영적 차원까지 발달하여 가는가이다. 현대 사회는 과거 어느 때보다도 개인의 존엄성과 개체 인격과 개성을 강조한다. 동시에 사회의 기존 통념이나 가치관, 윤리의식 등이 많이 허물어졌다. 이상하게도 많은 경계를 허물어뜨리며 인간 해방을 추구하였으나, 지구촌에는 심리적으로 약하거나 병든 사람들은 더 늘어만 가고 있다.

물론 긍정적인 부분도 많다. 그러나 가치로부터의 해방을 부르짖으며 모든 가치들을 허물어뜨리는 것도 또 하나의 가치관에 지나지 않는다. 인간은 결코 가치로부터 자유로울 수 없다. 좋은 가치들마저 허물고는 결국 썩은 가치를 추구하는 격이 되어버린 것이다. 인간은 늘 무엇을 선택해야 하기 때문에 어떤 가치든 추구하게끔 만들어졌다. 자유를 누릴 준비가 되어 있지 않은 인류가 마구 경계선들을 허물어놓고는 괴로움에 빠져 있다는 생각이다.

이 시점에서 무아 방유룡 신부의 가르침에 귀를 기울일 필요가 있다. 사람들이 자신의 인성 안에 있는 고귀한 기능인 양심을 되찾아야만 하는 시기가 왔다고 본다. 사회적 가치가 아니라 이제 각 개인이 자신의 영혼의 심지로 돌아가야 할 때가 온 것이다. 이는 현대인의 사고방식에도 공명한다. 현대인은 누구의 가치나 사회의 기준들을 따라가는 것을 기피하는 경향이 있으니, 이 시점에서 각자 양심을 닦아

내어 내면의 눈을 맑게 하는 길로 나아가야 한다. 이렇게 함으로써 자아초월 심리학이 추구하는 목표로 성장할 수 있는 것이다. 이는 개인의 정신문화나 무의식의 세계에 기초하여 각자 자신의 고유한 길을 발견하는 일이다. 다가올 미래 영성의 시대를 준비하려면 이렇게 방향을 잡아야 한다고 본다. 종교나 영적 지도자는 큰 지침을 마련해 주고 나머지는 각자의 양심의 발달 정도에 맞춰 내적 스승인 '상지上智의 명안明案'의 소리에 귀를 기울여야 하는 것이다. 방 신부는, 양심은 천명이며, 이는 개인을 안전하게 보장하는 '보호기관'이라고 하였다. 그러므로 개인은 성장을 방해하는 해묵은 심리적 방어기제의 벽을 허물고 대신 인성을 안전하게 보호하는 양심불을 밝히는 쪽으로 가야 한다고 본다.

> 사람을 성화하는 빛은 저 스스로의 초연의 빛이시니,
> 초연의 빛이 양심에 비치면 자유가 받아 모시는 도다.
> 양심은 의지의 등대요, 등대가 비치는 데가 눈이로다.
> 이런 눈이 삼라만상을 바로 인식하고, 바로 살게 하는도다.
> 이런 삶이 복된 삶이요, 복에서 복으로 지복무극의 삶이로다.   p. 71.

방 신부는 이성理性의 기능을 기억, 관념, 추리, 판단, 양심이라고 했는데, 이 중에서 가장 강조한 것이 양심良心이다. 그래서 양심불을 밝힐 것을 요청하며, 이를 '이성침묵'이라고 부제를 붙였다. 그는 양심은 또한 '하느님의 말씀', '영혼의 등불' 혹은 '얼의 눈'(p. 227)이라는 표현을 하였다. 영혼을 바라보는 눈(內觀)이 보지 못하면 영혼은 어디로 갈 것인가! 설령 길이 있다 해도 가지 못할 것이다. 말하자면 심안, 의식의 눈을 가져야 한다. 불교에서 견성성불見性成佛

을 말하고 있는데, 눈을 떠야 성불한다는 말이다. 즉, 내면의 눈을 떠야 한다. 의식의 눈이라고 하면 더욱 이 가르침을 쉽게 이해할 수 있을 것이다.

예수님은 회개悔頭의 중요성을 많이 강조하였다. 이성의 눈, 영혼의 눈이 보고 판단을 내리고, 옳고 그름을 가리며, 잘못했을 때 알아차림을 통해서 회개할 수 있는 것이다. 상담심리 치료과정에서 치유가 일어나는 핵심은 개인이 자신에 대한 통찰이 일어날 때이다. 이 통찰은 '눈뜸' 혹은 '깨달음'과 같다. 자신의 심리적 패턴과 자아의 망상과 무의식적 동인에 의한 사욕을 볼 수 있는 심안心眼을 떠서, 새로운 방식으로 사물을 바라볼 수 있게 되면서 성장의 길로 들어갈 수 있는 것이다.

> 침묵은 소리쳤네, 빛이냐? 어둠이냐?
> 사방에 난 길은 너비니, 양심 등불이 사방에 비쳤네.
> 침묵대월이 보고 기뻐하고 북을 치고 개선가를 불렀네.
> 하늘에도 길이 났네, 시공이 모두 길 천지일세.
> 하늘에 난 길은 높이요, 시공에 난 길은 깊이니
> 인지人智는 모든 차원을 넘어 신지경神智境으로 갔네. p. 241.

방 신부는 "양심불이 밝을수록 하느님이 더 잘 보인다."(p. 545)고 하며 양심의 윤리적 측면만이 아니라 심리적·의식적 차원의 양심을 강조하고 영적 차원으로까지 그 의미를 확대한다. 양심과 자유의지는 다음 단계인 관상의 단계, 즉 대월 단계로 들어가게 하는 다리와도 같은 역할을 하는 것이다. 양심은 갈고 닦아야 하며 불의 촉수를 자꾸 높여가야 한다. 양심은 자아가 발달하는 것처럼 씨앗으로 인간 안에 주어지면서 발달과정을 거쳐야 하며, 이 내면의 눈인 양심은 고도로 성장할 수 있음을 주장한다. 그는 양심불이 사방에 비치니 하늘에도 길이요, 시공이 길 천지라고 노래하며, 이제 인간의 지혜는 모든 차원을 넘어가 신의 지혜로 간다고 말한다. 양심은 인성의 기초 바닥에서부터 신적 세계의 도달 지점까지 박혀 있는 심지와도 같은 것이다. 초의 모습을 상상하면 된다. 방 신부의 양심불은 계속적으로 발달하는 인간 의식의 눈으로서 불, 빛 그리고 눈의 이미지를 통합한 개념이다.

5) 의지침묵 :
자유를 천주께 바치고 그 성의를 따름

인생의 타고난 천성 중에 자유가 제일이요.

최고 의지의 유일한 동작이 자유이니

의지는 자유로다.

의지는 자유로 동작하니 자유는 선택하는 특권이로다…….   p. 8.

의지는 모든 능력의 주추니(Virtus Cardinalis)

그 동작은 자유로다.   p. 128.

묵상가[49]

1. 보고 듣고 느꼈네!
   벅찬 가슴 고동하네.
   땅 끝까지 전파하세.

2. 하늘 신비 외치네.
   침묵대월 사자훌세.
   파란 사해 해방일세.

3. 잘 살길을 찾으면서
   선천으로 티운 그 길
   왜 안 가고 주저하나.

4. 의식주만 현실이냐.
   모두 비현실이라니.
   실행하면 뻔한 것을.

5. 동물성의 눈 외에
   얼의 눈은 양심이니
   바른 맘은 알고 남아.

6. 동물성엔 의식주요,
   영성에는 진선미니
   선후책을 알아 하세.

7. 진선미가 앞서면
   의식주는 따르나니.
   착한 맘은 누린다네.

8. 선택하는 자유는
   선행하는 힘이니.
   잘만 하면 잘 살잖나.

9. 자유 하나 완전하면
   천만사는 진흥이니.
   자유만을 보존하세.

10. 선택하는 자율세.
    얼마든지 잘 사네.
    그 보장은 양심일세.

11. 복생 보장 양심일세.
    그 가책만 따라가세.
    길이길이 복될진저.

12. 끓고 타는 사랑은
    자는 세상 못 잊어
    일깨 재촉하노매라.

13. 사랑 아쉰 찬류세야.
    어이 이를 모르나.
    외면하고 어딜 가나.

14. 하늘빛이 비쳤네.
    몽유세야 깨어라.
    네 본으로 가고 지고.

15. 칠색 칠은 영롱해라.
    임의 영광되고 지고.
    길이길이 살아지라.

---

49) 방유룡 신부 작사, 작곡. 《영혼의 빛》, p. 262. 수도자들이 새벽에 일어나 묵상 시작 전에 부르는 노래.

자유는 불가침이요, 양심은 안전 보장일세.

자유는 자유권에서, 자유권은 위격에서.

사람은 누구나 위격을 지니고 자주권을 향유하네.

자주권이, 즉 인권이니, 인권은 아무도 침범할 수 없어라.

인권은 천성이요, 천성이면 천명이니,

그 침범은 역천이요, 극악대죄極惡大罪로다.

이 몸에는 의식주요, 얼인 영혼은 진 · 선 · 미 · 호(애)

지성에는 진리요, 의지엔 선 · 미 · 호로다.　　　　　　p. 187.

　의지란 어떠한 일을 이루고자 하는 마음, 선택이나 행위의 결정에 대한 내적이고 개인적인 역량, 어떠한 목적을 실현하기 위하여 외적인 제약이나 구속을 받지 아니하고 내적 동기나 이상에 따라 자발적으로 의식적인 행동을 자유롭게 선택하는 것을 말한다. 무아는 수도자들이 매일 아침 새벽에 일어나서 제일 먼저 부르는 '묵상가'를 만들었는데, 그가 가르치려고 하는 주요한 내용을 단순 집약하여 노래로 부를 수 있게 만들었다.

　이 내용을 대충 보면 잘 살고자 하면 천성을 따르는 길을 가라고 하면서, 영성으로 들어가려면 진선미를 추구해야 한다는 가치관을 제시하고 있다. 다음에는 이 노래의 중심이 되는 얼의 눈인 '양심'과 '자유'에 관한 내용이 강조되고 있다. 그는 "자유 하나 완전하면 천만사는 진흥이니 자유만을 보존하세."라고 외친다. 방유룡 신부가 첫 새벽에 수도자들이 묵상을 시작하며 부르는 노래에 자유에 관한 내용을 집어넣은 것은 그가 그만큼 그것을 중요하게 여긴다는 것을 말하는 것이다.

　방 신부는 귀의 동작이 듣는 것이고, 눈의 동작이 보는 것인 것처럼 의지의 동작은 '자유'라고 하였다. 자유는 인간 최고의 권리이자 어느 누구도 침범할 수 없는 특권이라고 말한다. 특이한 것은 이 자유는 인간을 성장시키고 풍부하게 하는 진흥기관(p. 507, 513)이라는 점이다. 양심의 눈이 진위眞僞를 가려 주면 의지는 자유롭게 영혼에 이로운 것을 선택하는 것이다. 인간이 만유에 빛나는 존재라고 하는 이유는 어느 누구도 침범할 수 없는 불가침의 자유의지가 있기 때문이라는 것이다.

방 신부는 인권의 주체를 자주권, 즉 자유권으로 보고 인권은 역시 불가침이라고 하였다. 그래서 인권을 침범하는 것은 하늘을 거스르는 것이요, 극악대죄라고 한 것을 보면, 그가 얼마나 자유권을 지닌 인간 존재에 대하여 경외심과 존엄성을 느끼고 있는지 알 수 있다. 주권을 지닌 인간 존재에 대해 최고의 긍정과 존경을 표명하였다. 이 인권은 천성이며 천명이라고 하여 인권이 하느님으로부터 나오는 것임을 말하는 동시에 천성을 따르지 않으면 대죄가 발생한다고 말하고 있다. 여기서 다시 인간의 근원은 하느님이라는 정체성이 대두되고 있으며, 자유의 근본 또한 하느님으로부터 말미암은 것이라고 강조한다.

에릭슨Erikson은 유아가 2~3세가 되면 자립심을 발휘하기 시작하며 의지를 발달시킨다고 말한다. 이때 유아는 걸을 수 있기 때문에, 이제 마음대로 자기가 가고 싶은 곳으로 가려고 하면서 활발하게 자신의 의지를 발달할 수 있게 된다. 이 시기부터는 '나'라는 단어와 '싫어'라는 단어들을 자주 쓰면서 자신의 자립심과 의지를 표현한다. 그러므로 만약 부모의 도에 넘는 간섭과 제약으로 필요 이상의 좌절을 경험한다거나, 심한 배변훈련 등으로 위축되어 있다든가, 감당하기 어려운 정서적 문제로 인하여 자아 발달에 문제가 생겼다면 의지를 활발하게 사용하지 않게 될 것이다. 또는 아이는 공주나 왕자가 되어 과잉보호를 받게 되면 뭐든지 어른이 미리 알아서 다 해 주거나 전혀 자극받을 것이 없는 상황에 노출되어 있으면, 아이는 애써 무엇을 하지 않아도 되고, 도전받지 않으므로 의지는 그만큼 발달하지 않을 것이다.

의지의 발달은 자아의 건강함과 비례한다고 볼 수 있다. 자아의 자주권에서 자유의지가 발생하는 것이기 때문이다. 예수님이 예할 것은 '예' 하고, 아니요 할 것은 '아니요' 하라고 말한 그 능력을 배우는 때가 바로 이 시기다. 자아가 본격적으로 활발하게 발달되는 시기에 선택하는 의지도 함께 발달하는 것이다. 이때 만약 자유의지를 발달시키지 못하고 좌절이 거듭되면 그 사람은 결국 자신의 삶에 대해 적극적으로 자유의지를 발동하지 않게 되고 만다. 그렇게 됨으로써 그 사람은 심리적으로 약한 사람이 되며 권위자나 다른 사람들을 그저 따라가거나 수동 공격적[50]이 된다.

> 사순절[51]의 본의는 해방절일세.
> 본심으로 돌아가 자유를 찾세.
> 자유의 복구는 선생善生의 비결이니,
> 지성이 빛나고 위격이 서네.
> 위격에는 자주권 자유가 있네,

---

50) 싫을 때와 화가 났을 때, 남이 알아듣도록 표현하지 못하고 조용히 자신을 철회하고 회피하거나, 말 안하고 행동을 하지 않거나, 적극적으로 하지 않고 꾸물거리고 뒤로 처지는 식의 행동 등으로 공격성을 표현하는 것.

51) 부활대축일 전 40일간을 말함. 교회에서는 부활대축일을 준비하기 위해 이 40일 동안 마음을 새롭게 하기 위한 거룩한 신심행위와 기도와 선행과 회개를 하는 특별한 전례시기.

선천으로 타고나 파격의 특전! p. 18.

　방유룡 신부는 왜 천성에서 가장 중요하고 좋은 것이 자유라고 했을까를 생각해 본다. 인간은 누구나 자유롭고자 하는 강한 본연의 욕구를 가지고 있다. 누가 본인의 자유에 의해서가 아닌 강제로 어떤 일을 시키면, 인간은 즉시 기분이 나빠지면서 힘이 없어진다. 그 사람은 결코 그 일에 어떤 의욕과 의지를 발휘하지 않을 것이며 자아의 능력들을 활발하게 사용하지 않을 것이다. 그러므로 인간의 자유는 내적 힘을 만들어 내는 원동력이다. 무슨 일이든지 자신의 자유로운 선택일 때 힘이 나고 속도가 붙는다. 이 점이 가장 깊은 심리적 측면인 것이다. 그래서 방 신부는 순간순간 양심이 일러주는 대로 사욕에 동의하지 말고 자유의지로 하느님께 동의하여 협조하는 삶을 살기를 가르쳤다. 순간순간 자유로운 선택을 했을 때 생기가 돋아나며, 어떤 어려움이 와도 그 난관을 뚫고 지나갈 수 있는 마음의 힘을 갖게 되는 것임을 간파하였던 것이다.
　이성이나 양심, 의지 그리고 욕구는 상호 순환적 관계를 가지고 있어서 어느 것 하나만을 따로 떼어내어 말할 수는 없다. 의지는 욕구와 깊은 관련을 맺고 있는데, 욕구가 없으면 의지도 없고 의지가 없으면 욕구도 줄게 되는 것이다. 즉, 게슈탈트가 형성되면 그것을 해소하기 위해 현실과 접촉을 해야 하는데, 그 접촉할 의지가 약하다면 게슈탈트는 해소되지 못하고 미해결로 남게 된다. 이는 존재에게 필요한 다음 게슈탈트가 선명하게 떠오르는 데 방해가 되는 것이다. 때문에 이러한 패턴이 반복되면 결국 자신이 무엇을 원하는지도 모르게 된다. 욕구와 의지가 동시에 없어지는 것이다. 그러므로 인간의 욕구는 상당히 신중하게 다룰 필요가 있다. 방 신부는 의지와 욕구의 중요성을 간파했으므로 금욕주의에 빠지는 것을 경계했던 것이다.

어떤 행동 목표에 의지가 굳게 작용하려면 우선적으로 그것의 의미와 가치를 발견하는 것이 관건이 된다고 생각한다. 그러한 측면에서 자아초월 심리학자 프랭클Frankl이 창안한 의미치료logo therapy에서는 '자유에의 의지'와 '의미에의 의지'를 아주 중요하게 다루고 있는 것이다(정인석, 2003).

방 신부의 영성생활은 그가 '나는 성인이 되겠다.'라는 데서 출발했다. 성인이 되겠다는 선명한 목표와 그에 대한 확고한 의미와 가치를 부여하였기 때문에 그는 굳건하게 의지를 세우고 자신의 모든 행동에 자유권을 행사하며 활기차게 영적 여정을 걸었다. 이러한 자신의 내적 모든 경험들을 통해서 그는 심리적 영적 에센스들을 뽑아냈던 것이다. 프랭클Frankl이 강조한 '자유에의 의지'와 '의미에의 의지'는 가치관과 연결된다. 심리학이 과학이라는 옷을 입게 되면서 가치의 문제를 저버렸기 때문에 한계를 지닐 수밖에 없었다고 본다. 지금까지 방유룡 신부의 영성을 논하면서 가치관 문제가 심리적 건강함에 얼마나 큰 작용을 하는가를 보아왔다. 그러므로 앞으로 인류가 영적 세계에로 진입하려면 다시금 가치문제를 심도 있게 다루어야 할 것이며, 방유룡 신부의 가르침으로부터 얻어갈 것이 많으리라고 본다.

의지를 강조한 심리학자 중에는 '권력에의 의지' 혹은 '힘에의 의지'를 주장한 아들러Adler와 자아초월 심리학의 주요 선구자 중의 한 사람이며 '정신통합psychosynthesis'의 창시자인 아싸지올리Assagioli가 있다. 정신통합의 주요 목표는 인성의 모든 기능과 특성을 통합시켜 하나로서 기능할 수 있도록 하는 데 있는데, 의지력의 발휘를 대단히 중요하게 여긴다. 자기의 본질적 기능으로서 모든 선택, 결정, 참여의 필수적인 원천이나 시발점으로서 의지에 중심적 자리를 준다.

정신통합 이론의 최대의 특징은 정신분석이나 행동주의, 전통적 심리학 이론에 결여되어 있는 인간을 전체로서의 기능을 통합적으로 발휘할 수 있는 '의지'의 힘에다 중심을 두고 있다는 것이다. 그래서 정신통합은 '의지의 심리학psychology of will'(정인석, 2003)이라고도 볼 수 있다. 아싸지올리Assagioli는 자기와 의지를 등식으로 연결시킬 정도로 의지를 강조하고 있는데, 동기, 심사숙고, 결정, 확언, 계획, 실행 같은 의지의 다양한 측면을 분석하고, 이를 발달시키고 강화하여 고차적인 자기transpersonal Self로 상승하기 위한 여러 치료 기법을 개발해 냈다(아싸지올리Assagioli, 2003).

이러한 맥락에서 보면 아싸지올리Assagioli와 무아 방유룡 신부의 인성에 대한 이해와 통합적 접근은 서로 깊이 공명한다고 볼 수 있다. 아싸지올리Assagioli는 "자기실현이란 '자각'과 '의식의 확장', 이 두 가지 종류의 성장을 가리킨다. 자기실현에서 가장 빈번히 주어지는 의미는 심리적 성장과 성숙의 의미, 인간 존재에 잠재된 가능성들의 깨달음과 표출, 예를 들어 윤리적·심미적·종교적 경험과 활동이라는 의미이다."(아싸지올리Assagioli, 2003)라고 했다.

방 신부의 영성 발달체계에서 점성정신은 아싸지올리Assagioli가 말하는 '자각'의 성장을 위함이고, 침묵수련단계는 영혼의 눈으로 표현되는 '의식의 확장'과 상응하는 개념이다. 이렇게 볼 때 방 신부는 자기실현, 즉 자아 성장을 우선적 목표로 두었다는 것을 알 수 있다. 방 신부는 인간 발달의 궁극인 무아에 도달하기 위해서 먼저 심리적 힘을 증진시키는 데 역점을 두었다는 점, 이를 위해 자유의지를 매우 중요하게 여겼다는 점, 지知·정情·의意 그리고 몸의 통합적 접근으로 인성과 영성이 동시에 성장해 가도록 안내한다는 점, 인간에게 있어서 천명으로 주어진 자주권인 자유의지를 최대한 활용하여 자아초월의 세계로 비상할 목표를 갖는다는 점 등은 아싸지올리Assagioli의 정신통합과 깊이 상통하는 부분이다.

> 사욕의 침범을 받은 자유는 그르칠 수 있느니라.
> 자유의 침묵은 그 병을 고치고 병적 발작을 없애는 데 있도다.
> 의지는 선의 주관이니 선행이 천직이로다.
> 자유는 선택하는 것이니 보다 선한 것을 가려야 할 것이거늘
> 싫어할 바를 하고자 하고 꺼리는 바를 감행하여
> 사후에 화를 일으키니 세상의 비극은 여기서 시작하는도다.
> 병든 자유가 죽기 전에 제 근본으로 돌아갈지니,
> 모든 자유의 근본은 모든 자유가 시발한 근본 자유로다.
> 그 자유는 모든 자유의 본이니 그를 본떠야 하는도다.
> 양심이 말리는 것을 하지 말고
> 하느님의 뜻대로 함이 본뜨는 것이로다.   p. 195.

무아 방유룡 신부는 완덕오계의 제5계인 의지를 챙김 하는 '의지침묵' 조항을 '자유를 천주께 바치고 그 성의를 따를 지니라.'는 자유의지를 강조하는 것과 그리스도교의 수덕 신학적 개념인 봉헌의 의미와 통합하여서 제시했다. 여기서 '자유를 천주께 바치라.'는 말을 자유를 포기하라는 말로 해석하면 큰 오류가 발생한다. 자유를 포기하라는 것이 아니라 그 반대로 해석해야 한다. 자유를 증진시키기 위해 자아의 의지를 챙김 하라는 말로 알아들어야 한다. 자유롭게 선택하되, 사욕을 선택하지 말고 양심이 일러주는 하느님의 뜻(聖意)을 선택

하라는 것이며, 하느님의 뜻을 찾고 하느님의 뜻을 자유로 선택하는 그 마음을 하느님께 봉헌하라는 의미로 받아들여야 하는 것이다.

수도원에서 정해준 규칙과 정해준 삶의 방식 그리고 장상이 하라는 대로만 하면 개인의 영적 생활에 아무 문제가 없는가? 이렇게 산다면 양심불을 성장시킬 필요도 없고 자유의지를 사용할 필요가 없다. 오히려 양심불과 자유의지를 쓰게 되면 관계만 망치게 된다. 방 신부가 무아를 가르치며 왜 그렇게 자유의지와 양심불을 강조했는지 깊은 물음이 필요하다. 규칙대로 하라는 대로만 산다면 자기 영혼을 규칙과 장상에게 의존시킨다는 의미다. 이는 또한 자기 영적 생명과 영혼에 대한 책임까지도 규칙과 장상이 져 주어야 된다는 결론인데, 그 책임까지는 져 주지 못한다.

수도자들이 허원을 할 때 순명허원을 한다. 순명의 근원은 하느님의 뜻을 찾고 하느님의 뜻을 자유로 선택해야 한다는 데 그 근원이 있다. 이를 잘못 해석하여, 자유의지를 포기하고 억압하여 하느님의 로봇처럼, 아니면 장상의 어린이처럼 되어야 함을 의미하지 않는다. 이것은 방 신부의 영성과 정반대로 가는 것과 마찬가지이다. 그러나 수도자들에게서 이러한 혼란을 자주 본다. 이렇게 유아적 수준의 신앙패턴이 마치 덕이 많고 순명을 잘하는 것처럼 오해를 불러일으킬 수 있는 것이다. 만약 수도자들이 순명이라는 명목 하에 자유의지를 포기하면, 무엇보다 영혼의 힘이 없어지며, 생기 없어지고, 의무적이며, 타성적이고, 고착적이며, 기계적이고, 불감증과 더불어 만성적으로 음울해지고 아프게 된다. 이것을 방 신부는 '타락한 의지'라고 말하는 것이다.

공동체에 이러한 사람이 많아지면 그 집단은 군대와 같이 된다. 성경에 예수님이 어떤 사람의 마귀들을 쫓아낸 적이 있는데, 그 마귀들의 이름이 '군대'였다. 이 이야기에는 깊은 가르침이 숨어 있다. 수도생활은 군대생활과 거의 비슷하다. 군인들은 철저하게 규칙적이며 규율을 지켜야 하고 윗사람에게 순종하고 항상 깨어있어야 한다. 군인들도 나라를 위해서 자기를 바치는 것이다. 그렇다면 수도원과 군대가 무엇이 다를 바가 있는가? 그래도 군대는 2년만 그렇게 살면 된다. 수도자가 평생 그렇게 산다면 어떻게 되는가?

수도원이나 군대에서는 개인 개인이 마치 기계의 부속품으로 전락하기 때문에 질이 낮은 집단으로 전락한다. 개인의 뜻이나 자유의지는 불필요하니 양심은 더욱 불필요하게 된다. 그저 집단이 어디를 가고 있든지 간에 그것은 상사나 장상이 할 일이요, 개인은 각자 자기가 처한 장소에서 말 잘 듣고 열심히 맡은 일만 성실하게 하면 아무 문제가 없는 것이다. 실제로 아무 문제가 없는가? 개개인의 얼을 죽여버리고 기계와 같은, 아니면 무의식적 삶을 살게 된다. 개인의 얼이 빠지면 힘 가진 자들이 판을 치고 폭력성이 증가한다.

방 신부가 가르친 순명은 하느님의 뜻에 순명하고 천명 혹은 천성에 따라감을 기본 전제로 하기 때문에 수도자들은 대단히 이 점에 대해 신중할 필요가 있는 것이다. 방 신부는 자유의 침범은 하느님의 뜻과 자주권을 침범한 것이며, 이 침범은 역천逆天이요, 극악대죄라고 말하고 있다. 하느님도 인간의 자유권은 침해하지 않는다고 말하는 것이다. 이러한 차원에서 앞으로의 수도자들의 허원생활은 변화, 발전하고 성장할 여지가 많다고 본다. 방유룡 신부의 영적 가르침에 의하면 그렇다. "각자는 자유에서 오는 자주권이 있는데, 이것은 신성神聖에 참여하는 기능이다."(p. 557)라고 한 말과 "사욕은 타락한 의지에서 나오는 것이다."(p. 584)라고 한 방유룡 신부의 말에 다시 귀를 기울일 필요가 있다.

욕구와 의지가 결합하는 것이 의욕意慾이다. 의욕적으로 살려면 자신의 욕구와 의지를 잘 챙김 할 필요가 있다. 만약 이 자유의지를 포기하게 되면 자아가 죽어 가면서, 방 신부의 말대로 타락하여 사욕의 바다에서 헤매게 되는 것이다.

어떤 사욕에 헤맬까? 그것은 바로 자유의지의 박탈로 인해 병약해진 자아 때문에 자아에 집착을 하게 된다. 손이 건강하면 손에 마음이 집착되지 않는다. 손이 아프면 마음이 온통 손에 쏠리기 마련이다. 같은 맥락에서 자아에 문제가 있으면 온통 자아에 집착을 하게 되고 각종 사욕에 매달리게 되며, 무아無我와는 아무 상관없게 되는 것이다.

5
고통의 신비의 심리학적 의미

나를 따르려는 사람은 누구든지 자기를 버리고 매일 제 십자가를 지고 따라야 한다.
루가 복음 89:23.

아하! 아제야 알았나이다. 침묵이 무엇인지.
침묵이 아니었더라면 극기도 몰랐을 걸
극기를 몰랐더라면 희생도 몰랐을 걸
희생을 몰랐더라면 십자가도 몰랐을 걸…….
자유를 복구하는 비방이 극기인 줄이야!
십자가가 잘 사는 길인 줄이야.
p. 153.

인간이 겪는 여러 종류의 고통이 있다. 모든 종교에서 고통에 대한 말들을 하는데 고통을 싸잡아서 말하기 때문에 혼란이 있음을 보게 된다. 인간의 고통을 분류해서 생각해야만 한다.

첫 번째 종류의 고통은 집착된 페르조나와 성격을 포함한 무의식의 조건화에 의한 고통들이 있다. 두 번째로, 우리가 어쩔 수 없이 겪는 밖으로부터 주어지는 고통들이 있다. 개인의 선택에 의한 고통이 아닌, 자연 환경과 재해라든가 사고事故, 주변 사람들의 고통으로 인해 인간은 함께 고통을 겪는다. 세 번째 종류의 고통은 변화와 쇄신과 성장을 향하여 나아갈 때 필연적으로 겪게 되는 고통이다. 첫 번째의 고통과 세 번째의 고통은 서로 연관될 수도 있고 연관이 없을 수도 있다. 도전은 개인에 따라 할 수도 있고, 안 할 수도 있기 때문이다.

무아 방유룡 신부는 침묵수련 시기를 '침묵의 눈' 또는 '극기의 시기'라는 표현을 썼다. 침묵의 눈의 의미는 완덕오계에서 이미 살펴보았다. 이제 극기의 의미를 들여다보아야 할 차례다. 침묵수련기에서는 인성을 적극적으로 챙김 하는 시기인데, 이때 개인들은 자기 내적 조건 그리고 성격에 따른 어려움과 시련을 겪게 된다. 방 신부는 대월의 산정에 오르려면 등반할 때의 땀과 수고와 어려움을 수용하지 않으면 올라갈 수 없음을 말하고 있다. 말하자면 어쩔 수 없이 주어지는 고통들과 변화와 성장을 위해서 겪어야 하는 고통들에 대한 수용의 마음이 필요함을 강조하고 있다. 변화와 성장을 위해 피하고 싶은 고통을 받아들이고 겪어내는 것을 방 신부는 극기라고 말하고 있다.

보통 사람들은 페르조나와 무의식의 심적 환경과 역동에서 연유되는 고통과 변화와 도전 그리고 성장을 위해 맞닥뜨리게 되는 고통에 대하여는 애써 피하려는 경향성을 가지고 있다. 예수님의 가르침 중에 탁월한 면은 인간의 고통에 대해 매우 명쾌한 답을 제시해 주고 있다는 점이다. 고통의 이면에는 우리가 캐내야 할 보석이 묻혀 있다는 것이다. 인생을 살아가는 데 있어서 겪게 되는 모든 고통에는 깊은 의미가 있고 하느님의 뜻이 숨어 있으니, 이 뜻을 알아들으려고 노력해야 한다고 가르친다. 이 고통을 통해서 통찰을 얻을 수 있으며, 따라서 변화와 성장을 가져올 수 있기 때문이다.

필자는 병원에서 일해 본 경험이 있다. 병원에서 환자들과 상담을 하면서 관찰된 것은 신앙을 가진 사람들이 대체로 안 가진 사람보다 회복에 있어서 훨씬 빠르다는 것이다. 그들 중에는 침대에 누워 입원해 있는 동안 회개를 하는 경우도 생긴다. 그리스도 신앙인들은 고통에 대하여 수용하는 마음이 크고, 그 고통의 이면에 숨어 있는 뜻과 상징을 발견하려고 노력하기 때문에 자신의 삶에 대한 통찰을 얻게 되는 것이다. 육체적 병으로 인해 자신의 삶의 태도나 가치관 등 마음의 문제로 접근하는 사람들이 있는 것이다. 하느님이 특별한 치유의 은총을 그 신자들에게만 내려 주어서 빨리 낫는 것이 아니다. 그렇다면 그런 하느님은 인간과는 별 다름없는 시시한 하느님일 것이다. 그것보다는 이들은 당면한 고통에 대하여 성경에서 가르치는 대로 고통을 수용하고 고통의 의미를 알아들으려고 마음을 열기 때문이다.

이러한 고통에 대한 해석과 의미를 캐내는 내적 과정을 밟는 사람들은 병상에서 회개가 일어나면서, 오히려 자신의 고통의 경험에 대하여 진정으로 감사하는 마음까지 갖게 된다. 따라서 이 사람들은 고통에 대한 강한 거부감과 불만 그리고 회피하려는 마음을 갖고 있는 사람들보다는 훨씬 빠르게 회복되리라는 것은 심리학적으로 자명한 이치다. 이러한 측면에서, 삶에서 만나는 고통에 대해 긍정적인 내적 태도를 지닌 사람은 그만큼 세상에 대한 적응 면에서 우수성을 갖는 것이다.

무아는 점성, 침묵, 수련기간에 오는 어려움과 시련의 십자가를 내던지지 말고 잘 지고 가야 함을 강조한 것이다. 앞의 예에서 본 바와 같이, 고통에 대한 수용은 심리적으로도 아주 유용한 것이다. 방 신부는 십자가의 신비를 자주 이야기하면서 십자가를 '모세의 지팡이'

로 비유했는데, 모세가 이스라엘 백성을 파라오의 손에서 구출하려고 할 때, 그가 지팡이를 버리자 뱀이 되었고, 그 뱀을 집어 들자 지팡이가 되었다는 내용이 있다(출 7: 8-18). 고통으로 상징되는 뱀을 두려워하지 않고 집으니, 유용한 지팡이가 되었듯이 고통을 두려워하지 말고 고통을 집어 들면, 이는 마치 대월산에 오를 때 쓰는 등산지팡이와 같이 유용한 것이 될 것이다. 예수님이 십자가를 지고 골고타 언덕을 향해, 죽음을 향해 걸어가서 십자가에 못 박히는 죽음의 고통을 선택하지 않았다면 부활 사건은 일어나지 않았을 것이다.

그리스도교에서 가르치는 십자가의 신비와 고통의 신비는 예수의 수난과 고통과 죽음 그리고 부활에 그 근본 영성을 가지고 있다. 그래서 방 신부는 늘 전화위복轉禍爲福을 강조하면서 수도자들이 영적 여정을 갈 때 마주치게 되는 고통을 피하지 말고 수용할 것을 말했던 것이다. 변화와 성장을 위한 고통(십자가)을 짊어지고 함께 오를 것을 말하는 것이다. 왜냐하면 고통의 이면에는 반드시 삶을 위한 보석이 숨겨져 있기 때문이다.

예수께서 당신을 따르고자 한다면, 자신의 십자가를 지고 매일 당신을 따르라고 하셨는데, 이 말씀은 두 번째 종류의 고통과 세 번째 종류의 고통에 해당되는 말이지 첫 번째 종류의 고통에는 직접적으로 해당되지는 않는다. 자신의 내적 환경으로 인한 고통은 참으면 참을수록 골이 깊어지고 피해가 커지는 경우가 많다. 육체적 병과 마찬가지이다. 우리가 병고病苦를 느끼도록 만들어진 이유는 빨리 조치를 취하게끔 하고 해결하도록 하기 위해서 아픔이라는 것이 주어지는 것이다. 만약 고통을 느끼지 않는다면 결코 그것을 적극적으로 해결하려 들지 않을 것이고, 따라서 건강을 잃거나 죽음으로 이어질 수 있는 것이다. 병은 초기에 빨리 알아차려 조치를 취해야 한다. 빠르면 빠를수록 좋다. 여기서 참는 것은 인내심이 아니라 자신에 대한 무책임함과 어리석음 그리고 회피이다.

인성적 문제의 해결을 자꾸 회피하는 것은 자신에게나 공동체에게 손해를 끼치는 것이다. 그런데 심리적·정신적 문제 때문에 오는 어려움이나 고통을 인내라는 미덕으로 합리화하여 어리석은 눈가림을 하며 해결을 회피하는 일이 허다하다. 이 문제에 있어서 종교인들이 많은 혼란을 갖고 있는 것을 본다. 육체적 아픔과 똑같이 정신적 불편함이나 고통도 조짐이 보이면 참지 말고 빨리 대면하도록 해야만 한다. 심리적 문제나 성격 문제는 어리면 어릴수록 해결하기 쉽다. 성인이 되어 그 문제를 대면하려면 어릴 때 해결하는 것보다 나이가 들수록 몇 십곱의 시간이 걸린다고 보면 된다. 육체적 병 때문에 빨리 조치를 취해서 수술을 받게 되었다면 세 번째 종류의 고통, 즉 건강이라는 변화를 위해서 수술이라는 과정의 어려움이나 회복할 때까지 겪게 되는 모든 고통을 수용하며 잘 참아야 한다. 이 시점이 바로 고통을 잘 인내하며, 십자가를 지고 가야 하는 순간인 것이다.

고통을 수용하고 인내하는 미덕과 문제를 무시하고 회피하고 억압하는 것과는 구별할 수 있어야 하는 중요한 문제가 대두된다. 집착된 페르조나와 무의식의 조건화는 대부분 개인으로 하여금 사욕을 생산하기 때문에 서둘러 대면해야 하는 것이다. 이때의 인내심은 바로 미덕이 아니라 사욕이다. 자기 존재가 진정으로 필요로 하고 원하는 것을 무시하고 겸손의 덕이나 인내의 덕을 추구하고 있으니, 이것이 바로 사욕인 것이다. 사욕은 나를 망치고 결국은 타인을 어렵게 만든다.

융Jung과 게슈탈트 심리치료 이론은 인간의 고통에 대해서 심리학적 탁월한 이론을 제시했다. 개인의 무의식은 항상 자아에게 모종의 신호를 보내어 자아로 하여금 자꾸 알아차리도록 하여 이것을 해결하도록 촉구한다는 것이다. 개체는 자체적으로 이를 해결하여 성장하려는 의지를 가지고 있기 때문에, 문제가 되고 있는 무의식의 그림자나 미해결과제들은 꿈이나 행동 그리고 상징적 신경증으로 자신을 표현한다는 것이다.

여기서 주목해야 할 것은 신경증적 증세들이다. 보통 이 신경증적 증세는 누구나 두서너 개쯤은 가지고 있다. 이 신경증들은 심적 불안과 고통을 유발하여 자아로 하여금 이를 해결하도록 촉구하는 것이다. 개인 무의식의 내용물들은 상징적 행동과 신경증 증세와 심인성 여러 질병들, 여러 강박증과 불안, 정서 문제, 관계에서 오는 고통 등 수많은 증상을 일으킨다. 융Jung과 펄스Perls는 인간이 겪는 고통에 대하여 그리스도교적 해석과 비슷한 주장을 하고 있다. 이들은 무의식이 보내는 고통의 메시지를 의식화(알아차림)하고 이를 적극적으로 해결하여야 함을 강조한다. 곧 고통으로부터 무엇인가 유익한 통찰을 얻어낼 수 있으며, 이로써 인성의 문제를 해결할 수 있다는 관점이다.

방 신부의 정신으로 볼 때 무의식의 신호와 고통에 대하여 귀를 기울이지 않는다면, 이는 천성의 소리에 귀를 막는 것이고, 하느님의 소리에 귀를 막는 것이며, 양심불의 소리를 무시하는 현상이다. 어떻게 보면 자신의 하느님을 새디즘sadism적 하느님으로 전락시키는 것이다. 왜냐하면 신앙인들이 하느님의 이름으로 참기 때문이다. 그 하느님은 이러한 경우에 개인이 페르조나와 무의식의 조건화에 잠식당하고 고통을 증대시키는 것을 즐기시는 아주 잔인한 신이 되어버리는 것이다. 페르조나와 무의식의 조건화와 성격의 문제는 참지 말고 빨리 해결하도록 해야 하는 것이다. 그렇지 않으면 이것은 자학이라는 신경증을 또 하나 안게 되는 것이다. 이 자학의 형태는 보통 사람들에게 작거나 크거나 만연되어 있는 현상이다.

공동체의 문제도 마찬가지이다. 빨리 해결할수록 구성원들에게 피해가 덜 가는 것이다. 개인처럼 공동체도 똑같이 문제를 대면하지 않고, 해결을 회피하며 온갖 이유로 합리화하는 과정을 반복하는 경우가 허다하다. 이는 방 신부가 그토록 강조한 십자가를 질 힘이 없을 정도로 공동체의 인격이 취약하거나, 십자가 자체를 싫어하여 내던지고 거짓 안정과 평화와 겸손과 사랑과 인내로 가장한 사욕을 계속 선택하는 현상이다.

이쯤에서 다시 방 신부가 강조한 점성정신으로 돌아갈 필요가 있다. 점성정신으로 알아차림의 능력을 증진하여야만 무의식의 신호를 알아듣고 해결할 수 있음을 알 수 있다. 또한 앞에서 본 것처럼 알아차림만으로도 치유가 일어날 수 있기 때문이다. 이러한 맥락에서 방 신부가 또 하나 강조한 것이 있는데, 이는 만약 사욕을 선택하였다면 즉시 알아차리고 '통회', '보속', '정개'를 함으로써 자꾸 반복하고 회피하는 문제와 습관을 키우지 않도록 조치를 취했던 것이다.

최근 뇌 과학과 뇌 심리학의 활발한 연구로 인간에 대한 이해의 폭이 넓어지고 있는데, 그레고리 번스Gregory Berns는[52] 뇌 과학 실험을 통하여 특기할 만한 사실들을 발견했다. 그는 그의 연구를 《만족Satisfaction》(2007)이라는 제목으로 책을 펴냈는데, 그의 연구를 간략하게 소개하면 이렇다. 인간의 삶을 만족스럽게 만드는 것은 외

---

[52] 에모리 대학교에서 행동과학과 정신의학을 가르치는 교수이다. 〈뉴욕 타임즈〉 과학 면에 두 번 소개되었고 그의 연구 팀이 한 실험은 〈포브스〉, 〈네이처〉, 〈머니〉, 〈뉴 사이언티스트〉, 〈뉴욕 타임즈〉, 〈CNN〉, 〈BBC〉에 소개되었다.

부에서 오는 자극이 아니라, 인간의 내부에 의해 결정된다는 것이다. 그는 인간이 만족을 느낄 때 뇌 안의 변화를 관찰하였는데, 그 열쇠는 바로 뇌세포 물질인 '도파민'이라는 결론에 도달했으며, 삶의 기쁨과 관련된 도파민의 분비는 어떤 것을 성취했을 때가 아니라, 그 이전에 분비된다는 것을 발견했다. 이는 어떤 것을 성취했을 때보다 그 이전의 과정에서 행복감을 더 느낄 수 있다는 것을 의미하는 것이다. 그는 여러 임상 실험을 통해서 이를 관찰했으며, 뇌에서 도파민 분비를 촉진하는 것은 바로 '새로움'에 있다는 사실을 강조하고 있다.

어릴 때는 삶의 모든 것에 경이를 느끼고 새로움을 찾는다. 장난감을 어느 정도 가지고 놀면 아이들은 금방 싫증을 느끼고 다른 것을 찾으며, 늘 새로운 것을 탐구한다. 이는 어릴 때는 도파민이 많이 분비한다는 것과 나이가 들어가면서 도파민 분비가 감소한다는 사실이다. 따라서 인간이 행복하려면 도파민을 계속 분비하도록 해야 한다는 결론에 도달한다. 사람마다 가지고 있는 도파민 신경세포의 양은 비슷하고, 사춘기 이후부터는, 뇌 안의 도파민 양은 꾸준히 줄어든다. '사용하지 않으면 퇴화한다.'는 원리는 신체뿐만 아니라 뇌에도 역시 적용되는 것이다.

그는 뇌를 어떻게 사용하는가가, 뇌를 무엇을 위해 사용할 것인가 만큼 중요하다고 말한다. 노년기의 파킨슨병의 증상을 예방하는 최고의 방법은 도파민 신경계를 원기 왕성하게 유지시키는 것이다. 이렇게 하기 위해서 가장 효과적인 방법은 새로운 것, 도전적인 경험들을 많이 하는 것이다.

번스Berns는 또 특이한 것을 발견했는데, 일반적인 새로움의 추구들, 단순한 도전을 넘어서 고통과 고뇌의 샘을 파헤치는 활동들도 도파민을 분비하여 만족감을 경험하도록 한다는 사실이다. 또 하나 만족감이 커지는 조건이 있다. 도파민이 위치하는 곳이 선조체인데, 보상을(만족감) 예측할 수 없을 때, 이 선조체가 민감하게 반응한다는 것이다. 기쁨의(보상) 예측이 쉬운 일보다는 예측이 어려운, 말하자면 도전도가 높은 것에 도파민이 많이 분비된다는 발견이다(번스Berns, 2007).

번스Berns의 도파민설과 방 신부가 강조하는 고통의 수용에 대한 내용과 연결하여 탐구해 볼 필요가 있다. 보통 사람들은 변화와 새로움 그리고 도전을 하지 않으려고 한다. 그러한 변화를 가져오기 위해서 지불해야 하는 어려움과 고통이 싫은 것이다. 심리적으로 약한 사람일수록 변화에 강한 저항을 한다. 그것은 존재 깊이에 불안과 두려움이 있다는 증거이다. 관성의 법칙의 지배 하에 반복적이며, 습관적이고, 규칙적인 일상을 가지며, 안전을 추구한다. 또한 스스로 많은 경계선과 규제를 마음속에 정해놓고 그것을 규칙적으로 따라가면서 불안을 가라앉힌다. 새로움과 도전은 있을 수 없다.

공동체의 인격도 마찬가지이다. 질이 떨어지는 집단일수록 규칙이 발달하고, 그것에 매이며, 공동체적 신경증과 분열증을 앓고 있으면서도 대면하려하지 않는다. 그저 정해진 것을 반복하며 규칙적인 생활에 안주한다. 공동체가 반복적이고 습관적인 것만 하고, 새로운 것을 해본다거나 변화와 쇄신을 갖는 데는 겁을 내는 것이다. 이렇게 되면 번스Berns가 주장한 도파민은 방출되지 않을 것이다.

나는 세상에 불을 지르러 왔다. 이 불이 이미 타올랐다면 얼마나 좋겠느냐? …… 내가 이 세상을 평화롭게 하려고 온 줄로 아느냐? 아니다. 사실은 분열을 일으키려 왔다(루가 12:49-53). 내가 세상에 평화를 주러 온

줄로 생각하지 말아라. 평화가 아니라 칼을 주러 왔다.　　마태오 10:43-39.

오래 훈련하고 깊이 들어가려면 자꾸 부딪쳐야 한다……. 전쟁 후에 평화가 오면 훌륭한 도시가 될 것이다. 부서진 다음에는 새집을 짓게 되니 더 훌륭하다. 부서지지 않으면 옛날 헌집 그대로 있을 것이다.　　p. 397.

　건강한 사람들이 이웃과 더불어 잘 살아가기 위하여, 필요에 의해서 규칙을 만들고 지키는 것과 불안을 잠재우기 위하여, 안정을 찾기 위하여, 규칙이나 전통을 무의식적으로 따라 지키는 것은 구별해야만 한다. 이러한 현상은 개인과 집단에 똑같이 적용된다. 규칙과 세칙들은 신경증적 불안을 일시적으로 잠재우나 근본적으로는 오히려 강화하는 역할을 한다고 볼 수 있다. 바로 이러한 깊은 심리학적 이유 때문에 예수님은 과감하게 율법으로부터의 해방을 선포했던 것이다. 그리고 세상의 평화와 내가 주는 평화는 다르다고 한 말에 귀를 기울일 필요가 있다.
　내적 불안과 두려움이 많을수록 갈등과 해결을 피하고, 부담을 싫어하며, 안정과 평화만 집착한다. 무엇을 하기보다는 안하고 부담 없이 편하게 있고 싶어 한다. 이 평화는 거짓 평화인 것이다. 변화를 위해서는 필연적으로 겪는 갈등과 고통을 감내할 수 없을 정도로 불안하고 약하다는 것과, 이 두려움 때문에 자꾸 방어막인 규칙, 전통, 습관과 세칙을 만들어 그 속에서 안정과 평화를 얻으려고 하는 것이다.
　내적 불안이 클수록 똑같은 것을 반복하려 든다. 왜냐하면 똑같은 행위는 뇌파를 떨어뜨리는 효과가 있기 때문이다. 현대 젊은이들의 대중음악이 비트성이 강하며 같은 음률과 같은 단어들을 반복하는 이유는 그것이 불안을 가라앉히기 때문이다. 역으로 그만큼 현대인이 불안하다는 표징이기도 하다.

  규칙적인 행동과 일상 그리고 반복적 기도 음은 수도자들에게 안정감을 준다. 그것에는 뇌파를 떨어뜨려 불안을 잠재워준다는 이점이 숨어 있다. 불안한 사람일수록 강박적으로 기도나 규칙적 생활에 집착한다. 이런 사람들은 변화와 새로움 그리고 자유를 두려워한다. 불안하니 더 많은 법과 규정과 세칙을 만들어 낼 수밖에 없다. 예수님은 이러한 유대 사회를 보고 불을 지르고 칼을 주고 싶었을 것이다. 사람들로 하여금 고통을 느끼도록 하여 깨어나기를 바랐던 것이다.

> 저녁이면 잠자는 것이 죽음을 생각하게 하고 죽음이 오기 전에 신비적으로 죽어야 할 것을 생각하게 합니다. 침대가 무덤이 아니겠습니까? 신비적으로 죽으면 무아가 되고 무아가 되면 면형으로 들어가게 됩니다. 아침에 일어남은 예수님 무덤을 깨치고 부활하심과 같이 부활을 상징하고, 신비적으로 밤에 죽었으면 사랑이 가득 찬 빛난 아침이 될 것입니다.
>
> p. 349-350.

  방유룡 신부는 순간순간마다 죽음과 부활을 살라고 했다. 이것이 점성정신이다. 그는 수도자들이 하루를 마감하는 시간에 부르는 종과경 찬미가를 지었는데, "잠은 주검, 침대는 무덤", "잘 때마다 선종하세."라는 구절이 있다. 매일 밤 침대에 들어갈 때마다 죽고 매일 아침마다 새롭게 태어나라는 의미의 노래를 그렇게 만든 것이다. 매일 지난 과거 시간으로부터 신비적으로 죽고, 매일 새벽을 깨치고 신비적으로 살아난다면, 그날은 진정 사랑 가득 찬 아침일 것이다. 이 새로움이 없다면 영적 생명은 시들어 갈 것이다. 개인이든 공동체든 변화와 쇄신 그리고 새로움은 영적 삶의 본질적인 힘과도 같다고 본다.

뇌 심리학이 말하는 도파민의 방출로 인한 기쁨과 만족감을 맛보기 위해서라도 그렇다. 수도라는 것은 변화와 성장을 위해서, 날마다 성장하고 새로워지기 위해서 겪어야만 하는 십자가를 용기 있게 짊어지고 가야 하는 삶인데, 그 당위성을 뇌 심리학은 말해주고 있는 것이다. 기쁨과 만족을 위해 나날의 십자가를 용기 있게 지고 예수님을 따라 가는 것이다. 만약 내려오는 규칙과 관습에 매여서 새로움과 쇄신과 변화를 추구하지 않는다면, 흉내는 낼 수는 있어도 예수님을 따라가는 것은 포기한다는 말이다.

  수도자들이 일상의 틀에 박힌 생활 패턴과 규칙들에 의해 삶이 단조롭다는 것을 인정해야 한다. 세상 사람들처럼 너무나 번잡스럽게 사는 것도 영성생활로 몰입하는 데 방해가 되는 것이지만, 정반대로 틀에 박히는 것도 영성생활에 큰 방해가 된다. 왜냐하면 수도자들은 자유를 추구하는 사람들이기 때문이다. 옛 서구 수도자들은 이러한 점을 파악하여 창조적 활동이나 예술 활동을 많이 하는 지혜를 가지고 있었다는 생각이 든다. 서양의 학문과 예술문화의 발전은 모두 수도자들의 공로였다.

  수도자들은 여러 사람이 함께 살아야 함으로 규칙을 만들어야만 한다. 예수회처럼 공동기도를 하지 않는 수도회도 있으나, 대부분의 수도자들은 공동기도를 하루에 3~4번은 하기 때문에 규칙적인 시간을 갖게 마련이다. 이런 생활을 무의식적으로, 습관적으로 따라 하다 보면 의식은 꽉 막힌 사람이 되기 십상이다. 자유의 반대 방향으로 틀에 갇히게 된다. 이러한 것을 막고 변화와 새로움을 위한 의식의 확대를 위해서 무슨 일이든 도전을 하고 창조적인 일을 해야만 하는 것이다. 심리학적으로 말하면, 심리적·정서적 표출은 정신 건강에 반드시 필요하다. 따라서 전례에 변화를 주고, 이벤트를 만들어 기계적인 사람이 되지 않도록 각별하게 신경을 쓰고 살아야 한다.

이러한 측면에서 본다면 방유룡 신부는 끊임없이 창조적 작업을 하였으며, 특히 수도자들에게 새로운 노래를 자꾸 만들고 가르쳐 전례예식에 변화를 창출하였다. 전례와 예술은 심리 치료적 효과가 있으므로 수도자들은 전례를 아름답게, 창조적으로 만들도록 하여 자신들을 표현하고 표출하도록 애써 기회를 만들어야 한다. 사실 아름다운 찬미와 감사의 표현은 종교의 본질적 행위인 것이다. 이 창조적 열매들은 공동체가 나눠 갖게 됨으로, 공동체는 더욱 풍성해지는 것이며, 이러한 행위들은 서로의 소통을 활발하게 만들어 주므로 공동체의 피가 통하도록 하는 데 도움이 되는 것이다.

복자수도회 창설자들, 방순경 여사는 일인일기一人一技 교육정책을 써서 교육계의 큰 주목을 받았으며, 음악과 고전무용 보급 그리고 여성 체육활동을 통해서 여성들의 의식을 일깨웠다. 그리고 방유룡 신부와 마뗄 윤병현 수녀는 음악과 글쓰기 그리고 대축일들을 위한 이벤트를 만들고, 연극과 순교극을 연주하도록 하여 수도자들이 습관적으로, 기계적으로 틀에 박히는 위험에서 벗어나도록 한 지혜로운 사람들이었다. 전례 행위와 창조적 예술 활동의 심리 치유적 측면을 여기서 다룰 수는 없으나 진정 '새로움'의 추구를 위해서라도 수도자들의 창조적 행위는 필수적인 부분인 것이다.

집착된 페르조나와 내적 무의식의 메시지와의 대면을 회피하고 무덤까지 끌고 가는 근본 원인은 인간이 고통을 싫어한다는 것이며, 고통을 회피하는 이유는 인간 최대의 장애물인 저 깊은 심층에 있는 '두려움' 때문이다. 고통을 두려워하는 현상은 주로 아무 죄 없는 어린 시절에 입은 상처와 정서가 미해결된 채, 아직도 낫지 않았다는 뜻이다. 그러므로 내적 불안과 두려움이 있는 것이다. 낫지 않은 상처에 또 그런 끔찍한 상처가 날까봐 늘 조심스러우며 방어벽를 치고 두려움을 안고 산다. 그래서 방 신부는 고통을 뱀으로 비유한 것 같다. 뱀은 고통의 상징인 동시에 두려움과 혐오의 상징인 것이다.

 사랑의 반대말은 미움이 아니라 두려움이다. 인간은 두려워하기 때문에 무의식에 있는 분리된 자아를 대면하려 하지 않는 것이다. 이렇게 보면 인간이 최대의 과제로 안고 있는 것은 두려움의 극복이라고 볼 수 있다. 심리학은 이 두려움이 왜 생기고 어떻게 극복할 것인가에 관하여 많은 말들을 하려고 노력해 왔다. 여기서는 두려움의 원인을 분석하는 장은 아니므로, 다만 두려움의 극복이라는 주제에 관련하여서도 또다시 방유룡 신부가 중요시했던 인간 정체성의 문제와 가치관의 문제 그리고 불신감 회복의 문제에 귀를 기울일 필요가 있다.

대월관상 중의 방유룡 신부

대월관상과 사랑의 심리학

두려움과 사랑

성찬경 교수가 지난 2008년 4월 21일 수녀원 창설 기념일 날, 무아 방유룡 신부에 관한 회고담을 들려주었다. 그는 방 신부는 대단히 비범한 사람이었다라고 말하면서 그 예로 영적담화모임을 하는데, 한참 지적知的인 젊은 교수들이 방 신부에게 어떠한 어려운 질문을 해도 늘 막힘이 없이 술술 적절한 답변을 하였다고 한다. 어떻게 그렇게 할 수 있는가라는 의문을 갖고 있었는데, 방 신부는 어느 때 "난 파겁을 했거든!……."이라고 말했었다고 전해주었다. '파겁'이란 겁을 파했다는 말이다. 방 신부의 말을 통해서 두려움을 몰아낸 사람은 지혜롭다는 것을 느낄 수 있다. 그는 대월 단계에서는 두려움을 몰아내는 동시에 혜안慧眼이 열린다는 말을 영가나 강론 여기저기에서 표현하고 있다.

대월생활은 하느님과 나 사이의 사랑의 교환을 의미하는 것으로 우리가 대월생활을 잘하게 되면 완덕의 절정에 달하게 된다. 왜냐하면 하느님과의 사랑을 누린다면 모든 덕을 실천할 천상적 지혜의 눈이 밝아져 잘못에 떨어질 수 없기 때문이다. 우리 사업이 성공을 거두기 위해 하느님의 빛이 없는 사람은 밤이 새도록 수고하여도 헛될 것이다(p. 694).

사랑하는 여러분에게 당부합니다. 우리는 서로 사랑합시다. 사랑은 하느님께로부터 오는 것입니다……. 사랑하는 사람은 누구나 하느님께로부터 났으며 하느님을 압니다. 사랑하지 않는 사람은 하느님을 알지 못합니다. 하느님은 사랑이시기 때문입니다……. 이렇게 해서 하느님의 사랑이 우리 가운데 분명히 나타났습니다. 내가 말하는 사랑은 하느님에 대한 우리의 사랑이 아니라 우리에 대한 하느님의 사랑입니다……. 사랑에는 두려움이 없습니다. 완전한 사랑은 두려움을 몰아냅니다. 두려움은 징벌을 생각할 때 생기는 것입니다. 그러므로 두려움을 품는 사람은 아직 사랑을 완성하지 못한 사람입니다. 하느님께서 먼저 우리를 사랑하셨기 때문에 우리도 사랑을 합니다. 하느님을 사랑한다고 하면서 자기의 형제를 미워하는 사람은 거짓말쟁이입니다. 눈에 보이는 형제를 사랑하지 않는 자가 어떻게 보이지 않는 하느님을 사랑할 수 있겠습니까? 요한1서 4:7-20.

심리학이 풀어야 할 최대 이슈 중의 하나는 내적 두려움을 어떻게 극복할 수 있는가라는 것이다. 이 두려움을 해결해야, 성장과 변화와 쇄신에서 오는 고통을 수용할 용기가 생기는 것이기 때문이다. 심리학은 아직 이 문제에 대해 명쾌한 답을 제시하지 못하고 있다. 인간 성장에 최대의 장애가 되고 있는 이 두려움, 신경증이나 각종 정신적 질환자들은 더욱 더 내면에 큰 두려움을 갖고 있다. 심리적 건강함을 측정할 수 있는 중요한 지표가 되는 것 중의 하나가 이 두려움이다. 두려움이 없을수록 심리적으로 건강하다고 할 수 있고, 두려움이 많을수록 건강하지 않다고 볼 수 있다. 신약성경에 보면 예수님은 '두려워하지 말라.' 라는 말을 자주한다.[53] 구약 성경에서도 예언자들은 소명을 받을 때마다 '두려워하지 말라' 라는 야훼 하느님의 말씀을 자주 듣는다.[54] 이처럼 두려움은 인간성의 완성을 위해 반드시 넘어야 할 장벽이다.

인간의 마음의 문제는 육체적 질병까지도 포함하여, 한마디로 말한다면 사랑의 부재 또는 부족에서 연유된 것이다. 자신에 대한 사랑과 타인에 대한 사랑이 부족한데서 기인하는 것이다. 누구나 가지고 있는 신경증과 부적응적 성격은 개인이 수태된 이후부터 지금까지 사랑의 결핍과 사랑의 방법에서 어긋나면서 비롯되었다고 단순화해서 말할 수 있다.

사랑한다고 하지만 참다운 사랑과는 거리가 먼 경우가 허다하다. 늘 사랑 타령이나 유행가의 가사를 노래하듯 사랑은 단순한 것이 아니다. 부모가 자식을 사랑하는 것이 가장 고귀한 사랑이라고 하는데, 어느 맥락에서는 맞는 말이나 심리학적으로 보면 그렇지 못한 때가 많다. 아이들의 문제는 부모로부터 연유되고, 그 부모는 그 자신들의 부모로부터 물려받은 대로 살게 되고, 조부는 증조부로부터 대물림을 받았던 것이다. 이렇게 계속 거슬러 아담과 이브까지 올라갈 수 있다. 이 점에서 성경은 위대한 통찰을 했다. 원죄의 개념은 심리학적으로 상당히 깊은 통찰을 제공한다.

부모들은 사랑이라고 희생하며 했는데, 아이들에게는 그것이 사랑으로 해석이 안 된 경우도 허다하다. 부모도 자신의 인성의 한계 속에서 자신들의 방법으로 사랑을 하거나, 집착하거나, 방치하거나, 학

---

[53] 마태복음 10:26, 마르코 6:45, 마태복음 28:10, 마르꼬 6:51, 마르꼬 16:6.
[54] 창세기 15:1, 여호수아 1:9, 판관기 6:23, 예레미야 1:8, 에제키엘 6:6.

대하는 것이다. 예수께서는 이 사실을 간파하면서 이렇게 외쳤다. "나는 나의 아버지께서 보여주신 것을 말하고 너희는 너희의 아비가 일러 준 대로 하고 있다……. 그러니 너희의 아비가 한 대로 하고 있는 것이다……. 너희는 악마의 자식들이다. 그래서 너희는 그 아비의 욕망대로 하려고 한다."(요한 7:31-47) 아이들은 아비들을 따라하고 아비의 욕망대로 크기 마련이다. 현대 심층심리학이나 대상관계 이론가들이 말하는 차원을 예수님이 그대로 말하고 있는 것이다. 모든 문제가 사랑의 결핍에서 왔다면 그 해결 방법도 '사랑'에서 찾을 수 있을 것이다.

무아 방유룡 신부는 이 가시적인 세상에서 우리가 경험하는 우주 만물을 포함한 모든 것은 보이지 않는 신적 세계의 반영이며 영적 세계에 상응하는 것이라고 말한다. 이러한 측면에서 세상에서 남녀의 사랑은 인간과 신의 사랑의 예표적 상징인 것이다. 인간이 느낄 수 있는 가장 행복한 감정은 남녀의 사랑을 통해서 자신이 깊이 사랑받고 있다고 느낄 때일 것이다. 이때는 '행복'이라는 단어가 아니라 '황홀'이라는 단어를 쓴다. 이 사랑의 감정은 사랑의 부재와 결핍으로 인한 무의식의 근원적 상처들을 치유해 주고 자존감을 살려 주는 것이다. 사랑받은 사람은 불신감의 상처를 회복하고 불안에서 해방되어 용기를 얻게 되므로 두려움을 몰아내게 되는 것이다. 그래서 예수님의 중요 메시지는 사랑인 것 같다. 제대로 사랑하기만 하면 인간의 고통과 두려움은 많이 사라질 것이다. 그러나 인간의 사랑은 늘 한계가 있다.

방유룡 신부는 물론 점성, 침묵의 단계에서도 두려움을 극복할 방법을 제시했지만 대월의 단계는 성령의 빛을 체험하는 신비 단계로서 인간의 사랑과는 비교할 수 없는 신의 사랑을 체험하는 단계라고 설파했다. 요한 1서가 "사랑에는 두려움이 없습니다. 완전한 사랑은 두려움을 몰아냅니다."라고 한 말을 깊이 경청할 필요가 있다. 방 신부는 "영가에서 하느님은 나의 빛이시오 힘이시니 두려워할 것이 무엇이뇨? 주의 생명이 나의 생명이시니, 겁낼 것이 무엇이뇨?"라고 노래하고 있다. 대월 산정(p. 194)에서 하느님의 빛을 받아 하느님을 알아보고 하느님과 사랑의 접촉과 합일을 경험하는 이에게는 이제 모든 두려움을 몰아내는 단계로 들어가는 것임을 알 수 있다.

이 대월 단계에서는 하느님을 대면하여 알아보고 하느님을 그저 아는 사이에서 이제 본격적으로 하느님과 친밀하게 사귀고 하느님의 말귀를 알아듣고 통교할 수 있으며, 연인 사이가 되어 일치 결합하는 단계로 발전하는 것이다. 예수님이 제자들에게 유언의 말을 할 때 "이제 나는 너희를 종이라고 부르지 않고 벗이라고 부르겠다."(요한 15:15)고 하였음같이 대월 단계에서는 정체성의 변화가 온다고 볼 수 있다. 하느님의 자녀라는 정체성에서 '하느님의 연인'이라는 정체성을 갖게 되는 것이다. 방 신부는 신과의 사랑은 인간의 사랑에 비할 바가 아니라고 여러 곳에서 표현한다. 이러한 강력한 사랑의 불과 빛을 체험한 사람은 인간 실존 깊숙이 배어있는 모든 두려움을 몰아내게 된다. 두려움은 끓고 타는 사랑의 불꽃에 모두 타 버리는 것이다.

그러나 이제 나는 그를 꾀어내어
빈들로 나가 사랑을 속삭여 주리라…….
그날이 오면,
너는 나를 주인이라 부르지 아니하고,
낭군이라고 부르리라…….
너와 나는 약혼한 사이

우리 사이는 영원히 변할 수 없다.
나의 약혼 선물은
정의와 공평, 한결같은 사랑과 뜨거운 애정이다.
진실도 나의 약혼 선물이다.
이것을 받고 나 야훼의 마음을 알아다오.　　　호세아 2:16-18, 21-22.

하느님은 나의 빛이시요, 힘이시니 두려워할 것이 무엇이뇨?
주의 생명이 나의 생명이시니, 겁낼 것이 무엇이뇨?
하느님은 나의 빛이시니 하늘 길을 비추는 빛이시로다.
하느님은 나의 힘이시니, 천고만난을 넘어가는 힘이시도다.
빛과 힘으로 무장한 영혼은, 죽음을 이기고 지옥을 헐도다.
이 빛이 미치는 곳에 거룩한 사랑이 깃들고,
모든 덕이 만발하고, 복음삼덕 세 송이가 활짝 피어
명랑한 미소가 흐르고, 만복이 맺히도다.
이 빛이 만복의 빛이니, 세 복이 모여드는 도다.
성령칠은聖靈七恩이 내리는 길이요,
천사들이 오르내리는 길이요,
임의 사랑이 오가는 길이요,
사랑하는 영혼이 오르는 길이로다.　　　　　　　p. 72.

성경은 "하느님은 사랑이십니다."라고 선포한다. 요한 1서의 말씀을 보면 인간의 하느님에 대한 사랑에 대해 말하는 것이 아니라, 하느님의 인간을 향한 사랑에 대해서 강조하고 있다. 하느님이 인간에게 쏟아 붓는 이 사랑을 체험한 사람은 방 신부가 구구절절 그 황홀경을 노래한 것처럼 모든 두려움을 극복하여 "당신은 나의 빛, 내 생명이다."라고 찬미하게 되며, 그 사랑의 힘은 얼마나 치성한지 "죽음까지도 쳐부수고 지옥을 헐도다."라고 외치는 것이다.

이러한 사랑을 체험한 사람은 사랑하는 하느님을 위해서 기꺼이 목숨을 내 놓을 수 있게 된다. 그 어떠한 두려움도 남아 있지 않기 때문이다. 인간이 넘어야 할 최후의 언덕인 죽음의 두려움까지 쳐부수는 것이다.

역사상 그리스도교의 수많은 순교자들이 이러한 사랑을 경험했기 때문에 앞당겨 자기 목숨을 던져 죽음의 문을 활짝 열고 신의 생명 속으로 달려갔다. 완벽한 사랑은 모든 두려움을 몰아내기 때문에 용기백배가 되는 것이다. 이 사랑을 체험한 사람만이 자신의 모든 두려움을 떨쳐버리고 큰 힘과 용기로 집착된 자아를 내려놓게 되는 단계로 가게 된다. 그만큼 신적 사랑은 막대한 힘을 발휘하는 것이다.

신적 사랑을 차지한 자아는 이제 원하는 것이 없어진다. 인간의 주요 문제인 모든 욕구로부터 저절로 해방된다. 그러므로 이제 천성인 의지와 자유도 내려놓게 된다. 아니 필요 없게 된다. 어떠한 노력과 경주도 필요가 없게 되는 수동적 자세가 되는 것이다. 하느님에게 완전히 내어 맡기고 하느님의 것이 되며, 결코 하느님이 떠나지 않는 상태가 되는 것이다. 이러한 단계에서 일어나는 모든 것은 이제 개인의 노력으로 일어나는 것이 아니라 그저 발생하는 것이다. 그러므로 인성의 모든 도구적 능력이 필요 없어진다. 대월산에서 신과 사랑의 합일체험은 인성의 완성 곧 '완덕의 절정'에 달하게 한다고 방 신부는 말했다.

고통의 적극적 수용과 형제애

이렇게 대월할 적마다 좋아하시는 얼굴이 이 심중에 비치네.
성용의 광채가 이 마음에 사무치니 아, 참 좋아라!
어려움은 지나가고 신나고 재미있네.
이제는 괴로워도 즐거워라, 괴로움이 나는 좋아.　　　　　p. 180.

임의 사랑이 십자가를 지니, 아하! 이 어인일인지!
본성의 생각과는 아주 달라라. 괴로워도 즐거워라,
아하! 참으로 사랑은 수고도 좋아라. 어려운 것 하나 없어라!
참 사랑은 죽음도 모르니 죽어도 사는 길은 사랑이로다.　　p. 153.

　하느님 사랑의 체험으로 달라지는 것이 또 하나 있으니 고통의 수용이다. 사람들이 가장 싫어하는 고통에 대한 답을 제시하고 있다. 앞에서 완전한 사랑은 모든 두려움을 몰아낸다는 것을 보았다. 인간이 성장하지 못하는 이유 중 하나가 고통을 두려워하고 피하는 데서 모든 문제의 해결이 미뤄지고 회피를 반복하는 데 있다. 대월 단계에서 하느님의 사랑을 체험하게 되면 괴로움을 오히려 좋아하게 된다고 방 신부는 노래하고 있다. 우리가 어떤 사람을 사랑하게 되면 그를 위해서는 간이라도 빼주고 싶어 하며, 어떤 수고도 마다하지 않는 것을 보면 알 수 있다. 참으로 '사랑은 수고를 몰라라.'가 된다.
　두려움이 사라지면서 자신을 보호했던 방어벽을 허물고 힘과 용기를 가지고 무의식의 내용과 미해결 과제를 대면했을 때 피하지 않게 되는 것이다. 이런 내면의 소리를 즉시즉시 알아차림 하면서 넉넉한 마음으로 있는 그대로 자신을 볼 수 있게 된다. 이제는 기꺼이 성장

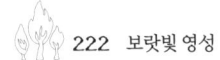

과 변화와 도전을 위한 고통도 기쁘게 받아들이게 된다. 그러므로 대월관상 시기는 인격 성장에 있어서 일대 비약이 일어나고 인간성 완성 혹은 자아의 승리의 단계인 것이다.

방 신부는 대월 단계에서는 신적 지혜, 신적 눈과 귀가 튼다고 했으며 양심불이 휘황찬란해진다고 했다. 이러한 신비적 감각체험을 제치고라도, 고통에 대한 적극적인 수용으로 인하여 자신을 깊이 있게 보게 되므로, 결국 자기 자신과 화해하며 통합이 일어나고 무엇보다 자기 전체 인격(Self)과 만나며 자기 자신을 온전히 사랑하게 되는 단계이다.

> 천주께 빛을 받아 형제를 비추는 이는 성인이로다.   p. 6.

인간은 스스로의 것만으로는 존재할 수 없으며 외부로부터 주어진 공기를 마셔야 살 수 있다. 이것은 영적 세계에서도 마찬가지로 외부로부터 오는 하느님의 성령, 하느님의 사랑을 필요로 한다는 것에 대한 상징이다. 인간의 한계를 지닌 사랑이 아니라 하느님의 인간에 대한 사랑은 완벽한 사랑이므로 인간이 근원적으로 안고 있는 장애물인 모든 두려움을 완전하게 물리쳐 주는 것임을 앞에서 보았다.

대월 단계에서의 사랑의 체험은 자아가 완성되는 순간이다. 이때야말로 자신의 핵인, 근원적 참자기 혹은 신과 합일하는 것이며 타인과 참사랑을 할 수 있게 되는 것이다. 요한 1서는 하느님의 인간에 대한 사랑을 논하면서 마지막에 이웃 사랑에 대한 말을 하는데, 하느님 사랑을 체험하면 그 받은 사랑은 자연스럽게 이웃에게로 흘러넘치게 되어 있다.

자기 자신에 대한 수용이 없이 타인을 수용할 수는 없다는 것이 심리학이 밝혀낸 것이다. 먼저 하느님의 사랑을 체험하고 참다운 의미의 이웃을 사랑할 수 있게 된다. 이 사랑의 관계를 먹고 아이들은 크며, 그 아이들은 성장하여 형제애를 발휘하고 나아가 자연과 인류애로 사랑이 발전할 것이다. 그러면 지구는 좀 더 평화로운 마을이 될 것이다.

방유룡 신부의 영성이 강조하고 있는 '형제애'는 대월의 단계에서 체험한 하느님의 사랑이 적극적으로 형제들에게 나눠지기를 바라는 것이다. 하느님의 깊은 사랑의 체험이 없으면 우리는 감히 형제를 사랑한다는 착각에서 벗어나야 한다. 우리는 다만 '그때그때 양심에서 일러주는 대로 자기 수준에서 사랑을 하려고 노력하고 있다.'고 말해야 할 것이다. 그것이 참다운 사랑인지 아닌지는 하느님의 빛으로 보지 않는 한 판단을 보류해야 한다. 흔히 우리는 자신의 왜곡된 안경으로 자신과 남을 판단하기 때문이다. 방 유룡 신부가 강조한 형제애는 앞으로 관계의 심리학으로 발전할 수 있다고 본다.

> 천주의 어린양, 세상의 죄를 없애시는 주여!
> 애달피 뉘웃는 이 맘 씻어 주소서.
> 애련히, 애련히, 애련히 여기시어
> 애련히 여기시어 용서하소서.
> 그리스당의 휘장은 형제애요, 그 보람은 일치, 자유, 평화.
> 일치, 자유, 평화, 형제애의 보람.
> 형제애, 형제애로 길이길이
> 평화, 평화, 평화, 그리스당의 휘장, 형제애의 보람.
> 형제애, 형제애로 살고지고.
>   p. 287.

수도자들은 자기 자신보다 공동체를 더 사랑하고 공동체를 위해 희생해야 한다는 닳고 닳은 말을 앵무새처럼 되풀이하고 듣고 산다. 각자 자신을 희생하고 사는 데도 현실적으로 정작 형제애가 풍성하게 피어나지 않은 현실에 대한 진단이 필요하다. 이런 현실을 볼 때 공동체를 위해서 희생해야 한다는 가르침에 어떤 수정이 필요한 것이다.

송열섭 신부는 "공동체를 사랑하는 사람은 공동체를 죽인다. 형제를 사랑하는 사람은 공동체를 살린다."[55]라고 말하였다. 공동체 생활을 하는 사람은 이 말을 깊이 있게 숙고할 필요가 있다. 공동체라는 실체는 없는 것이다. 다만 사람들이 모여 사는 것, 어떤 좋은 가치를 공유하면서 모여 사는 집단을 일컫는 '단어'일 뿐이다. 공동체의 실체는 사람들이다. 수도 공동체의 '얼'은 어디까지나 하느님 혹은 예수님의 가치의 실현을 하고자 하는 사람들의 '뜻'일 것이다.

그런데 하느님의 뜻이나 다른 좋은 가치들의 자리에 대신 '공동체'라는 것을 앞혀놓고, 공동체를 위해 자신을 희생하며 다수의 사람들을 따라가는 것이 공동체 정신을 실현하는 것으로 착각하는 현상이 있다. 모든 것의 기준은 예수님이 아니고 '다수의 사람' 혹은 '공동체'가 기준이 되어 버리는 것이다. '다수의 사람'은 곧 '공동체'라는 등식이 암묵적으로 형성된다. 여러 사람이 하면 예수님의 가치에 어긋나도 양심의 가책을 갖지 않고도 공동체를 위한다는 명분으로 따라서 하는 현상이 흔하다.

따라서 송 신부의 말처럼 공동체를 사랑하는 사람은 결국 공동체를 죽인다고 말할 수 있는 것이다. 실체가 없는 공동체에 대한 사랑

---

55) 2005년 10월 4~8일, 한국순교복자수녀회 총회 준비를 위한 송열섭 신부의 강의 내용 중.

이 아니라, 사람 사랑이라는 차원에서 생각해 봐야 할 것이다. 방 신부는 공동체를 사랑하라는 말은 한마디도 하지 않았다. 반대로 '형제애', 형제를 사랑하라는 말을 강조한 사람이다. 사람을 희생시키고 무아로 살아야 하므로 형제의 자아와 기상을 죽이는 쪽으로 가야 하는 것이 아니라 형제를 살리는 쪽으로 가야 한다.

　우리는 누구의 희생도 원하지 말아야 한다. 이러한 태도로 형제를 살리고 사랑해야 하는 것이다. 희생이란 스스로 자유롭게 할 때 그것이 희생인 것이다. '사랑은 수고를 몰라라.'이다. 자신이 희생이라고 생각해서 하는 것은 사실 희생이 아닌 경우가 허다하다. 어머니가 자기 자식을 위해서 하는 수고를 희생이라고 생각하면서 하지는 않는다. 당연한 것으로 받아들이고 사랑의 힘으로 하는 경우가 더 많다. 이를 두고 타인들이 '아름다운 희생'이라는 단어를 붙여주는 것이지, 올바른 어머니라면 본인이 스스로 희생이라고 대단하게 생각하지는 않는 법이다.

　공동체라는 환상, 집단정신을 쫓아가지 말고, 진정 사람을 사랑하는 쪽으로 방향을 돌리면 사람들은 희생하라고 가르치지 않아도 기꺼이 남을 위해 양보할 것은 양보하고 타협, 조정할 줄을 알게 되어 있는 것이다. 왜냐하면 인성 안에는 그 모든 잠재력이 천성으로 주어졌기 때문이다. 방 신부가 그토록 강조한 내용이다.

　어느 집단이든 소수 정예가 아니라면, 집단의 인격은 수준이 낮을 수밖에 없다. 그러므로 다수를 쫓아가거나 집단의식을 따라가면 질은 더욱 낮아질 수밖에 없는 것이다. 형제애란 자아를 건강하게 해 주려고 노력하는 것, 자아를 없애려고 하기보다는 자아를 살려내며 충분히 기능하도록 도와주어야만, 방유룡 신부가 강조한 각자의 양심불과 자유의지를 충분히 활용하는 쪽으로 가려고 한다. 이 양심불과 자유의지를 활용해야 대월하게 되며, 대월하면 지혜와 오관이 열리므로 제대로 형제를 바라보고 제대로의 판단력을 발휘하며, 형제를 위한 고통을 수용하고 감내하는, 제대로의 형제애가 꽃피게 될 것이다. 그렇게 됨으로써 공동체의 얼인 예수님의 얼이 활기를 얻게 될 것이다. 그 이전에 사랑이나, 희생이나, 겸손이나, 무아를 타인에게 원하지도 말아야 하고 쉽게 논하지도 말아야 한다.

십자가에서 수직선은 인간 내면의 통합과 하느님과의 통합을 상징하며, 수평선은 개체 이외의 모든 것과의 통합을 상징하고 있는데, 이 상징성은 참으로 위대한 것이다. 신적 사랑의 체험을 도외시하고 심리학은 어떻게 인간의 두려움을 몰아내는 학문을 발달시킬 수 있는지 의문이 가게 된다. 심리학은 두려움의 원인을 밝혀내는데 많은 에너지를 바쳤다. 이러한 점에서 큰 공헌이라고 할 수 있으나, 어떻게 그 두려움을 극복할지에 대해서는 아직도 말을 제대로 못하고 있는 것이 사실이다. 바로 이러한 측면에서 심리학은 영적 세계를 인정하지 않을 수 없을 것이며, 무아 방유룡 신부의 대월 단계에 주목할 필요가 있다.

오관의 열림

대월은 침묵의 절정입니다. 여기서 눈과 귀가 밝아지되, 대월로 밝아지면 태양보다 밝은 눈으로 딴 세계를 보게 됩니다. 자연계 밖에 신비세계가 있고 이 세계를 지나서는 영원계가 있습니다. 하느님께서 뜻하신 세계는 이 신비세계입니다. 하느님께서 대월생활만 한다면 나쁜 생각을 없이 해주신다 하셨는데, 이는 굼벵이가 매미가 됨과 같이 잘난 사람이나 못 난 사람이나 성인이 될 수 있다는 것입니다.　　　　　　　　p. 338.

　대학의 기초 교양과목으로 배우는 심리학 개론 책에 보면 예외 없이 인간의 뇌를 공부해야 하고, 신경계와 특히 인간의 오관과 지각 신경들을 다루며, 어떻게 정보와 자극을 받아들이고, 저장하고, 처리하고, 해석하는가 하는 인지과정이라는 주제를 다룬다. 심리학이 어렵다고 말하는 학생들은 왜 심리학에서 마음이나 다루지 이런 어렵고도 재미없는 자연 과학 부분을 다루는지 의아해 한다. 심리학이 이를 중요하게 다루는 이유는, 인간은 정신과 몸이 분리된 존재가 아니기 때문이다. 마음의 작용은 뇌의 뇌신경, 세포 물질, 호르몬, 지각 신경, 자율 신경계 등의 작용과 깊은 관련을 맺고 있다. 인간이 최초로 외부세계의 정보를 받아들이는 문이 바로 오감각 신경이기 때문이다.

　심리적으로 약한 사람들은 이 오관에 문제가 일어난다. 말하자면 다섯 감각 신경 세포들이 약해져서 작동을 제대로 하지 못한다고 볼 수 있다. 보고, 듣고, 느끼는데 느리거나, 약하거나, 둔해지거나, 퇴화되거나 한다. 인간의 이성 작용의 문 역할을 하는 이 오관이 제대로 작동하지 못하면 정보를 받아들이고, 해석하고, 행동하는 데까지 계속 순환적 문제를 낳게 된다. 들어온 정보와 자극을 처리하고 해석하는 데에도 왜곡이라는 문제가 일어나는 것이다. 이러한 측면을 잘 파악한 방 신부는 이성 작용에 영향을 미치는 이 오관을 특별히 챙김(침묵) 하도록 완덕오계에서 강조했던 것이다.

　심리학적 견지에서 볼 때, 심리적으로 건강한가를 알아보는 지표 중의 하나는 감각기능이 제 기능을 잘 발휘하고 있는가이다. 정신질환을 앓는 사람들은 지각신경에 문제가 일어난다. 그래서 그들은 환시나 환청, 환각을 경험한다. 방 신부가 체험한 것처럼 영적체험을 하는 사람들도 비전vision을 보거나 비일상적 신비체험을 하는데, 정신병의 지각체계는 기능이 뒤틀려서 혹은 퇴화되어서 오는 현상이고 방유룡 신부처럼 영적 신비체험을 하는 사람은 지각이 고차원으로 발달, 진화한 현상에서 오는 것이다.

이들을 구별할 수 있는 지표는 '현실 검증력'이다. 정신질환은 그들의 지각이 허상, 망상, 착각과 왜곡, 즉 거짓을 만들어 냈기 때문에 현실과 괴리를 가질 수밖에 없다. 그러나 진정한 신비가들 중에는 5감각이 보통인들보다 발달, 진화하여 보통사람들이 볼 수 없는 영적 현실을 지각하는 것이다. 반대로 정신병은 환상과 지각의 오류와 왜곡으로 타인과 통교가 어렵게 되고, 자기의 왜곡된 자기의 지각 세계에 갇혀서 살기 때문에 현실 적응이 어렵게 되는 것이다. 그들은 환시나 환청 등을 체험하니까 그들에게는 절대적 경험이요, 현실인 것이다. 그래서 아무리 옆에서 문제가 있다고 가르쳐 줘도 그들은 실제로 경험하기 때문에 오히려 말해주는 사람이 문제라고 보는 것이다. 이들은 때로는 예수님을 보고 그의 음성을 듣기도 하며 귀신이나 마귀를 볼 수 있다. 심하면 그들과 대화도 한다. 이는 대부분 다 무의식에서 올라오는 정서에 의해 형성된 환상을 보는 것이다.

신비가 외쳤네, 침묵을 들었네.
대월은 불을 켜더니 분명히 보고 듣고 느꼈네.
흐느낌의 눈물일세, 그는 못내 울었네.
터진 마음은 끓고 탔네, 그는 불을 뿜었네.
크게 소리쳤네, 면형이 어디냐?
면형 가신 분이 못내 그리워 그는 울었네……

몸은 파란 산에 있어도 마음은 삼중천에서
이루 말할 수 없는 신비를 보았네. 그는 황홀경에 들었네…….
면형 가는 그 길은 침묵이요, 그 등대는 대월일세.
무효병이 면형으로 갔네, 나는 분명히 보았네.
참으로 침묵이 웅변일세, 그는 이내 맘을 찔렀네.
대월은 사자훌세, 그는 땅을 흔들었네.
면형은 끓고 타는 불일세, 천지를 놀랜 불일세.
하늘로 올라가신 그분을 모시려면
내려가신 데로 따라 갈지니
우리도 물처럼 내려가세, 내려가야 올라가네.　　　　　p. 244.

　점성 단계에서는 알아차림이 중요한 개념 중의 하나인데 이에 영향을 미치는 오관이 제대로 건강하게 작용하기 위해서 특별히 침묵 단계에서는 오관을 챙김 하는 것이다. 그러나 이제 신비 단계인 대월 단계에서는 이 오관에 대변화가 온다. 무아 방유룡 신부는 대월 1단계에서 신비적 묵시默示나 비전vision 그리고 에너지의 격동을 간간히 체험하게 된다고 말한다. 3단계에서는 치열한 불꽃과 찬란한 빛을 체험한다고 했다.
　그러나 이런 사랑의 황홀경과 신비경에 그저 도취되는 것만이 아니라, 동시에 천상적 지혜의 눈, 혜안慧眼, 진안眞眼 혹은 영안靈眼이라고 할 수 있는 눈이 밝아져서 이제는 잘못에 떨어질 수 없고(p. 694), 눈과 귀가 밝아져 엄청난 초자연계를 보게 된다고 말하는 것과 같이 오감각 신경에 진화가 오는 것이다. 즉, 오관이 열리게 되는 것이다. 그러므로 방 신부는 앞의 두 영가에서 보는 것처럼 보고, 듣고, 느끼는 것에 대한 묘사가 너무나 치열하고 생생하다. 그는 하느님의 용안을 보았으며, 사방에 황홀한 빛과 하늘 길이 열려 있다는 표현을 하였다. 동시에 대월 단계에서 엄청난 소리를 체험했는데, 이를 '사자후獅子吼'[56]라는 상징적 표현을 자주 썼다. 그의 세례명이 사자Leo[57]인 것이 우연이 아닌지 신기하기만 하다.

이처럼 대월 단계에서는 심리학적으로 아주 중요한 오관의 착각과 망상 그리고 왜곡을 완벽하게 해결한다고 하는 대희망의 메시지가 담겨 있다. 해결할 뿐만 아니라 더 확장되고 진화된다고 말하는 것이 정확하리라. 이러한 의미에서 자아의 완성과 실현, 인성의 완성이 이루어지는 것이다. 이러한 완성은 다음 단계를 가능하게 하는 완성이다. 방 신부는 이제 이후부터는 자아를 초월하는 단계로 어렵지 않게 술술 넘어가게 된다고 말한다. 대월 단계에서의 영적 과업이 완성되지 못하면 다음 단계로 갈 수 없다고 볼 수 있다. 무아 방유룡 신부의 영성은 철저하게 인성적 여러 발달 라인들이 여러 단계를 거쳐서 궁극의 단계로 들어가고 있는 것이다.

부드러운 연인

대월생활은 하느님을 대면하면서 하느님의 지혜와 사랑을 맞들이며 사랑의 통교가 이루어지고 절친해지는 과정이다. 마치 하느님은

---

[56] 1. 부처의 위엄 있는 설법을, 사자의 울부짖음에 모든 짐승이 두려워하여 굴복하는 것에 비유한 말.
    2. 사자의 우렁찬 울부짖음이란 뜻으로, 크게 부르짖어 열변을 토하는 연설을 이르는 말.
[57] 사자lion의 라틴어. 방 신부의 조부가 갓 태어난 방유룡을 사자 같다고 하여 레오라는 이름을 붙여주었다고 함.

연인과도 같은 사이가 되어, 존재가 점점 그 치열한 성령의 빛에 쬐면서, 신비적으로 하느님을 만나고 합일을 체험하는 단계인 것이다.

대월 후기단계는 대월 1, 2, 3단계의 효과로서 일어나는 단계인데, 4, 5단계에서 관상자는 완전히 수동적 자세가 된다. 자기 주도적 현상에서 벗어나서 수동적 자세로 들어가 그저 신의 품안에서 쉬며, 그 사랑과 지혜의 빛을 받아들이는 상태인 것이다. 그러므로 연인이신 주님이 좋아하고 원하는 것만 하게 되는 상태이다. 즉, 나를 초월하여 연인을 위하여 살고, 연인을 위해 죽고 싶어지는 생활이다.

그러므로 성경에는 하느님과 인간이 연인 사이로 비유되는 부분이 상당히 많다.[58] 또한 수도자들이 종신서원을[59] 발할 때 '예수 그리스도의 정배'가 된다는 표현을 쓰는데, 이는 그리스도와 영적 교류, 친밀한 사랑을 나누는 전통에서 유래된 것이다. 많은 신비가들이 하느님을 사모하는 '임'으로 체험한 기록은 허다하다. 이렇듯 대월 단계는 치열한 연애시기와 같다고 보며, 나중 단계에서는 결합의 단계까지 가는 것이다. 방 신부는 대월 단계까지가 어려운 것이지 대월 단계부터는 모든 것이 쉬워진다고 말한다. 빛의 도움, 성령의 빛으로 비추임을 받게 됨으로 그렇다.

점성과 침묵의 단계는 인성의 건강함과 자아실현을 추구하는 단계이기 때문에 자주권에서 오는 자유의지가 최고의 기능을 발휘하면서 자각과 챙김을 증진하는 것이다. 대월산에 오르기 위해서는 힘이 필요하고 강한 욕구, 즉 정상에 가고자 하는 의지를 꽉 쥐고 있어야 하

---

58) 아가서, 이사야 62:3-6, 에제키엘 16:8, 호세아서 2:18-22.
59) 수도자들이 수도회에 입회하여 초기 양성기간 4년을 마친 다음 첫 허원을 발하며 6번의 갱신을 한 후 10년 만에 종신토록 수도생활을 하겠다고 서원誓願을 발하는 것.

는 것이다. 여기서 강조되는 것은 심리적 건강함과 자유의지다. 그러나 대월 단계에서는 정상에 올라와서 임을 만나는 최종 목표를 이미 달성하였기 때문에 대만족과 형언하기 어려운 행복을 경험하며, 더 바랄 것이 없는 상태가 되므로 모든 욕구를 내려놓게 된다. 따라서 자연히 사욕으로부터 해방되는 것이다.

인간 본연의 욕구적 존재에서 욕구가 필요 없는 존재로 변혁이 일어난다. 실존적 대혁명이 일어나는 것이다. 바라는 것이 없으니 의지도 필요 없어지고, 자유도 불필요하게 되고, 힘도 필요 없게 되는 것이다. 그냥 님을 즐기며 님이 원하는 대로 하게 내버려 두게 된다. 하느님이 알아서 다 하는 것이다.

몸에 있는 모든 강한 의지의 힘과 모든 애씀이 비워지니 경직된 몸이 풀리기 시작한다. 존재는 엄마 품에서 안겨서 젖을 맘껏 먹고 큰 만족감에 있는 어린아이처럼 부드러운 존재가 된다. 몸과 마음이 모두 부드러워지는 것이다. 부드럽고 사랑스런 연인이 된다고 할까! 모든 욕망, 영적 욕구마저 다 필요 없어진다. 인간에게서 그렇게도 중요한 이슈가 됐던 욕구로부터의 해방이 일어나고 비 욕구적 존재가 되면서 완벽하게 수동적 자세가 되어 임 안에서 편히 쉬며 임의 뜻이 내 뜻이 되는 것이다. 그래서 자유의지를 내려놓게 되고 수동적 관상생활을 즐기게 된다.

방유룡 신부는 남자이면서도 여자보다도 더 부드러운 용모를 가졌다. 방유룡 신부를 전혀 모르는 어떤 신부가 벽에 걸려 있는 방 신부의 57세 때, 종신서원한 날 찍은 사진을 보고는 어린아이 같은 얼굴이라고 표현하였듯이, 그렇게 부드러운 어린아이 같은 모습을 지녔었다.

대월산 정상에까지 오르기 위해서는 '성인'이 - 성인이 아닌 다른 표현을 쓸 수도 있을 것이지만 - 되겠다는 분명한 목표와 강한 욕구와 의지를 지녀야만 한다. 그러나 이제 더 이상 성인이 되어야 한다는 욕구는 완성되었으므로 필요 없게 되고, 모든 방어벽과 모든 경계는 허물어진다. 이제 부드럽게 물처럼 내려가고 내려가서 점이 되어 무아의 품으로 사라져 들어가게 된다. 이제 성인聖人이 아니라 자연스럽게 모든 것을 내려놓으며 무아의 세계로 흘러가는 것이다.

여성성과 남성성의 통합

분석심리학의 창시자인 융Jung은 인간의 무의식 속에 자아를 보다 깊고 넓은 정신으로 인도하는 심혼心魂(Seele, Soul)이 존재함을 확인하였고, 이를 내적 인격인 아니마Anima와 아니무스Animus라고 하였다. 심혼이란 정신의 독자성, 자아를 초월하는 정신의 자율성적 차원을 갖는다. 인간의 마음 깊은 곳에는 혼이라고 부를 수 있는 강렬함과 자유로움 그리고 신성한 힘의 영향력을 발휘하는 것이 존재하며 끊임없이 내면에서 작동하고 있다고 말한다. 그동안 심리학은 인간에게서 이 혼을 부정하는, 혼이 없는 심리학이었음을 시사하고 있다. 아니마는 남성 속의 여성성, 아니무스는 여성 속의 남성성을 말하는데, 자아가 외적 인격인 페르조나와 관계를 맺듯이 집단 무의식의 자리에 위치하는 내적 인격인 아니마, 아니무스와도 관계를 맺는다. 이 내적 인격은 개인 무의식과 원형 층을 이어주는 징검다리와 같은 것으로 개인적인 무의식의 내용과 더 깊은 층의 원형적 요소를 포괄하고 있다.

아니마와 아니무스는 태초로부터 인류가 남성과 여성에 대해 상상하고 체험한 모든 것에서 우러나온 원형의 조건을 토대로 하는, 시대와 사회를 초월한 인류 공통의 보편성을 지닌다. 인격이 원형 층의 신성한 초월적 자리인 자기Self, 때로는 진아眞我 혹은 참자기라고 하는 원형 층으로 발달하여 가는 과정에서, 개인 무의식의 그림자를 의식화하지 않고는 아니무스, 아니마를 의식화하기는 어렵다고 한다.

융Jung의 아니마, 아니무스 이론은, 인간이 남성과 여성 반쪽에만 머물러 있지 말고 자신의 내면에 있는 남성은 여성적 요소를, 여성은 남성적 요소를 살려서 의식에 통합해야 함을 강조하고 있다. 융Jung은 흔히 사람들은 이 자신 안에 있는 여성성 혹은 남성성을 투사하거나 깊이 억압하는 쪽으로 간다고 한다. 여성들의 특징과 남성들의 특징들을 비교, 열거하는 것과 어떻게 억압하고 투사하는가 하는 문제는 여기서 생략한다. 다만 한 가지 예를 든다면 융Jung은, 크게 여성은 관계와 사랑을 지향하는 '에로스eros적'이며, 남성은 객관적 사실에 근거하는 이성과 정신을 지향하는 '로고스logos적'이라고 표현한다. 흔히 남성은 성sex과 에로스를 혼돈하고, 반면에 여성은 로고스를 지루한 이성 놀음으로 혐오한다. 그는 "여성의 심리학은 맺는 자이자 푸는 자인 위대한 에로스의 원리에 근거하고 있다. 이에 반해서 예부터 남성에게는 로고스가 가장 높은 원리하고 생각되어 왔다. 우리는 현대적 언어로 에로스의 개념을 심적心的 관계, 로고스를 사실에 대한 관심이라고 표현할 수 있을 것이다."(이부영, 2006)라고 에로스와 로고스를 설명한다.

이어서 그는, 여성은 남성보다 고도로 심리학적이며, 남성은 논리로 만족한다. 그리고 모든 심혼적인 것, 무의식적인 것은 비위에 맞지 않으며, 너무 막연한 것으로 심지어는 병적이라고 여긴다고 한다. 남성은 객관적 사실을 알고 싶어 하고 감정이나 환상을 받아들이지 않으며, 여성은 심적 관계적인 것을 우선시하여 논리와 사실적인 것을 놓치는 경향을 가지고 있다는 것이다.

융Jung은 남성이든 여성이든 양극성을 극복하고 자신 안에 풍부하게 있는 다른 쪽을 의식화하여 완성을 지향할 필요를 역설한다. 융Jung은 이 여성성과 남성성의 통합은 신성과 초월성으로 들어가는 문턱에 있는 것으로 인간 발달에 있어서 중요한 측면으로 다루고 있다.

윌버Wilber(2006)는 《통합영성Integral Spirituality》에서 주로 길리건Gilligan의 여성성과 남성성에 대한 이론과 요가에서의 7가지 차크라chakra 이론을 빌어 남성성과 여성성의 통합을 강조하고 있다. 그는, 여성은 관계, 관심, 책임이라는 개념에 바탕을 두는 반면, 남자는 행동적이며, 논리, 자율, 정의, 권리라는 개념에 바탕을 둔다고 한다. 여자는 교류를 따르려하고, 남자는 규칙을 따르며 개인주의를 지향하고, 여자는 관계를 지향한다고 한다.

그는 이 책에서 의술의 상징으로 쓰이는 커두시어스caduceus 그림을 제시한다. 이 그림은 두 마리의 뱀이 교차하면서 지팡이를 감고 올라가는 모양인데, 지팡이 꼭대기에는 날개가 활짝 펴진 모습이다. 지팡이는 상체 중앙의 척추를 묘사한 것이고, 두 마리의 뱀은 각각 태양 에너지와 달 에너지, 즉 여성 에너지와 남성 에너지를 상징하며, 7개의 차크라를 동시에 보여 준다.

간단하게 1번째 차크라는 음식과 관련되며, 2번째 차크라는 성과 관련하며, 3번째 차크라는 힘과 관련된 차크라다. 여기까지가 1단계에 속한다. 4번째 차크라는 이성적인 마음과 관련되어 있으며, 5번째 차크라는 관계와 의사소통과 관련하는데 2단계에 속하고, 3단계는 6번째 심령적 차크라와 7번째는 영적 차크라가 이에 속한다.

윌버Wilber는 7번째 차크라에서 남성과 여성을 상징하는 두 마리 뱀이 근원으로 사라지는 것에 주목한다. 남성과 여성은 꼭대기에서 만나 하나로 결합한다. 여기에서는 모든 사람 속에 내재되어 있는 두 목소리가 통합되어 자율과 관계, 권리와 책임, 행동과 교류, 지혜와 동정심, 정의와 자비, 남성성과 여성성이 역설적인 결합을 한다는 것이다(윌버Wilber, 2006).

무아 방유룡 신부의 영성 여정 단계 중 대월 단계에서 마지막으로 탐구할 주제는 남성성과 여성성의 통합이라는 차원이다. 남녀 사랑은 궁극적으로 신과 인간이 합일하는 사랑을 상징한다. 대월 단계에서는 남성성과 여성성의 대극을 초월하여 남성이나 여성을 초월한 하느님의 연인이 된다. 하느님은 여성도 남성도 아니기 때문에 그의 연인이 되려면 당연히 남자도 아니고 여자도 아니다. 말하자면 자신의 반쪽성을 통합하지 않으면 신의 연인이 될 수 없는 것이다.

방유룡 신부의 영성은 특히 점성 단계에서 섬세하고, 민감하고, 고요하고, 유연한 마음을 훈련하고, 하느님과의 관계를 강조하여 여성성을 발달하도록 하였으며, 침묵 단계에서는 인간의 개체성과 자유의지, 용맹 정진성, 양심불로 대변하는 활발한 이성의 작용 등을 강조함으로써 남성성의 특징이라고 일컫는 성향을 개발하고 발휘하도록 하고 있다. 그리고 대월 단계에서는 양극성이 드디어 완성되는 것이다.

방 신부는 그의 영성체계 안에서 근본적으로 예수님이 설파한 '사랑'과 '형제애'를 강조한다. 먼저 하느님과의 깊은 인격적 관계를 통해 사랑을 배우며, 이웃과의 관계를 사랑으로 구현하는 것이 신비의 결정체이다. 그리스도교 영성은 근본적으로 사랑을 강조한 '관계 지향적' 영성이다. 이 사랑이 지배하는 '하느님 나라'를 추구한다. 구약의 신의 이미지는 엄위하고, 공의로우며, 심판하는, 남성적이고도 부성적인 모습이 두드러지나, 예수님은 이러한 극단성의 흐름을 꺾고 균형을 갖으려고 하였다. 그가 강조한 하느님의 이미지는 따뜻하게 품어주는, 부드럽고 자비로우며 사랑 가득한, 그래서 99번이라도 용서하는 모성적 하느님, 사랑의 하느님을 강조하였던 것이다.

무아 방유룡 신부는 신학교에 들어와서 일 년 만에 대회심을 하는데, 이 회심 이전에는 남성적이며, 거칠고도 우右향적 · 태양적 남성 기질이 두드러졌었다. 회심 이후에는 달로 표현되는 좌左향적 · 여성적 기질 쪽으로 기울었다. 그는 결국 대월관상 단계를 통해 신과의 합일을 자주 체험하면서 자신 안에 있는 남성성과 여성성 양극을 통합하였음을 앞장에서 보았다. 대월 단계에서는 융Jung이 남성성의 특징이라고 했던 이성이 지혜의 문으로 들어가게 되고 여성성의 특징이라고 보는 관계성의 에로스는 아가페agape[60]적 사랑의 문으로 들어가 한 인격 안에서 통합이 일어나는 것이다.

방 신부의 영적 여정과 융Jung의 인성 구조와 비교하면 대단히 흥미로운 사실을 발견하게 된다. 점성정신에서는 융Jung이 말한 페르조나를 해결하고, 침묵 단계에서는 개인 무의식의 그림자들을[61] 해결

---

60) 〈신약성서〉에서 특별한 의미가 부여된 '사랑'이라는 뜻의 그리스어 명사. 〈신약성서〉는 특히 예수 그리스도를 통해 나타난 하느님의 인류에 대한 사랑과 이에 대한 보답으로 이루어지는 하느님에 대한 인간의 사랑, 그리고 이 사랑에서 반드시 귀결되는 인간 서로간의 사랑을 가리키는 데 이 낱말을 사용했다. 교부教父들이 빵과 포도주를 모두 사용하는 의식과 가난한 사람들을 초대하는 사귐의 식사를 모두 가리키는 '애찬' (愛餐, love feast)이라는 뜻으로 아가페라는 말을 사용해 왔다.

61) Jung 심리학 이론을 토대로 인간 내면에 숨어 있는 어두운 존재, 불안, 나태, 분노, 우울 등 현대인들이 토로하는 심리적 문제는 저마다 다른 형태로 표출되지만, 그 기저에는 그림자가 짙게 깔려 있다. 이들 문제는 사회에 자신을 적응하는 과정에서 억압된 자아, 즉 그림자를 부정함으로써 생겨난 결과이기 때문이다.

할 수 있으며, 대월 단계에서는 집단 무의식 층의 여성성과 남성성의 대극성 문제를 해결하는 것이다. 이제 남자, 여자라는 반쪽만의 존재가 아니라 여성성과 남성성을 자신 안에서 통합함으로써 온전한 전인이 되어 그 거대한 시너지적 에너지로 무궁한 존재의 핵, 융Jung의 자기Self로 표현되는 내재적·신적 세계, 궁극의 세계에 도달하는 것이다.

두 사람의 심성론의 체계는 내용면에서 너무나 놀랍고도 신기하게 서로 아귀가 잘 맞아 떨어진다. 대월 단계에서의 자신의 남성성과 여성성의 통합을 이루면서 깊은 합일의 신비적 차원으로 가게 되는 것은 정확하게 융Jung이 남성성과 여성성의 통합은 영적 세계의 문전이라고 말한 것과 일치한다. 진정 위대한 두 인물의 만남이 이루어진다. 융Jung은 경험적 과학, 즉 심리학이라는 길을 갔고, 방유룡 신부는 종교적 영성의 길을 갔지만 나란히 같은 심리학적 인성 구조의 층을 밟아 가면서 인간 내면에서 같은 지점에 도달했던 것이다. 방신부는 신비가로서는 드물게 현대 심리학을 포괄한 영성을 창안하였다. 이는 심리학과 영성의 대통합을 일궈낸 영성이라는 결론에 도달하게 한다.

면형무아 심리학

  이 장은 무아 방유룡 신부 영성의 종점인 면형무아와 통합신비 영성의 심리학적 함의에 대한 결론적 장이 될 것이다. 그리고 통합신비 영성에서 추구하는 인간성장 발달모형, 즉 성인모형과 통합모형으로서의 면형무아 심리학에 관하여 논한다.

  인지人智는 모든 차원을 넘어 신지경神智境으로 갔네.
  대월은 진리를 뚫고 천지사리에 정통했네…….
  면형의 성소는 신비절경이니,
  찬란한 양심불은 신비경으로 들어갔네.
  그는 황홀경에서 탈혼되어 신비에 정통했네.
  그는 침묵하는 면형을 닮아 침묵으로 길을 내더니,
  대월은 성령의 빛을 받아 양심불을 밝혀 길을 조명하더니,
  호수천신이 앞장 서셨네. 모든 천신들은 환호하네.
  그는 보고 듣고 느꼈네. 느낀 마음은 끓고 타면서
  그는 광속을 지나 신속으로 치달리네.
  그는 크게 외쳤네. 그는 사자후였네.
  태산이 녹아내리고 하늘이 열렸네.

1) 점성은 길을 내고,

2) 침묵은 꽃을 피워 길을 꾸미니,

3) 관상(대월)은 칠색이 영롱한 꽃길을 조명하고,

4) 면형은 모든 차원을 넘어가서 천지사리 정통했네.

5) 무아는 임과 일치했도다.   p. 242.

발달적 성인聖人 모형

아하! 이 어인 일인고! 불은 물이 되고 물은 불이 되었네.

이는 면형 신비의 계시니 불은 천주시오 물은 사람일세.

천주께서는 사람이 되시고 사람은 천주가 되었네.

불은 사랑이요, 치열한 불은 애덕이니

애덕은 천주시오, 성령의 궁전일세.

물은 정화함이니 물과 눈물로 정화한 심신이요,

유아를 떠나 무아로 가서 주와 일치한 무사무욕무아일세.

주는 자신을 텅 비우시고 땅 속까지 가시더니

그분은 무가 좋으시어 면형으로 가셨네.   p. 226.

방유룡 신부는 영적 여정을 5차원, 즉 일차원은 점성, 이차원은 침묵, 삼차원은 대월, 사차원은 면형 문전이요, 오차원은 무아극치라고 말했다(p. 233, 234, 247). 면형무아의 단계는 비유적으로 3장에서 말한 바와 같이 대월 산정에서 사랑의 체험과 합일을 이룬 다음 이제 완성된 자아를 떠나는 단계다. 마치 벌레가 고치라는 신방에 들어가 사랑을 나눈 후 나비가 되어 날아오르듯 자신의 고치를 떠나는 것에 비유될 수 있다.

또 다른 비유를 든다면 대월산 등반을 위하여 평지에서 체력을 단련하고 워밍업을 하고 가파르지 않은 길을 오를 때가 점성의 단계요, 이제 가파른 산을 오르는 단계는 침묵의 단계요, 마침내 정상에 올라서 하느님을 만나 사랑에만 몰두하는 단계가 대월의 단계요, 이제 올라올 때 사용한 인성이라는 짐과 도구를 모두 내려놓고 다시 하산하는 단계로 면형 문전의 단계요, 거대한 바다에 합류하는 단계가 무아 극치의 단계라고 비유해 본다. 산을 오름은 불의 상징이며 하산은 물의 상징이다. 물은 또다시 하늘로 올라가 방 신부의 표현처럼 오색영롱한 구름이 된다. 신은 끊임없이 육화肉化하려하고 인간은 끊임없이 신화神化하려는 우주적 역동은 하나의 순환하는 원운동인 것이다.

통합신비 영성은 전통적 서구 성인상聖人像을 확대하고 있다. 대월 단계에서 성인들은 신적 합일의 체험을 한다. 그동안 전통적으로 신앙인들이 추구하는 최고의 성인모형은 여기까지의 모습이다. 그러나 무아 방유룡 신부는 성인 단계의 신적 합일 여정을 계속했는데, 바로 면형무아 단계이다. 방 신부는 대월 단계를 5단계로 세밀하게 정교화하면서 성령의 조명과 합일의 단계를 세밀하게 안내한다. 그러나 면형의 단계는 대부분 나누지 않고 하나로 표현하고 있으나, 어느 때는 단계를 구분해서 설명할 때도 있었다. 방 신부의 성인 이상형은 면형무아까지라고 말할 수 있다. 그는 신과 합일하면서 무아라는 전혀 다른 차원에 도달한 것이다. 그렇지 않다면 면형무아의 단계를 가르치려고 하지 않았을 것이다. 대월 단계로 끝이 났을 것이다.

대월로 양심 등불을 밝히면 면형 가는 길을 알아냈네…….
참으로 주 예수께서는 빵집(Bethlehem)에서 나시고

나는 하늘에서 내려온 산 빵이라 하셨으니. 　　요한 6:22-59, p. 246.

참으로 그분은 무사무욕 무효병으로서
면형으로 가시어 무아가 되셨네. 　　　　　　　　　　p. 240.

　　면형무아 단계는 두 가지 중요한 주제를 포함하고 있는데, '무아'라는 신비와 '면형'이라는 성체 신비다. 기본 정신은 예수님이 하느님이자 동시에 점이며 또한 빵이 되어 인간에게 오는 깊은 신비에 그 바탕을 둔다. 방유룡 신부가 위대한 영성가 중의 영성가라는 말의 또 하나의 의미는 가톨릭의 성체 신비를 인간 여정의 발달적 차원에 종착점으로 포함시켰다는 점이다. 새로운 성인 모형을 제시하고 있는 것이다. 물론 성체 신비는 가톨릭의 핵심 영성이지만 이것을 인간 발달모형 안으로 통합한 사람은 세계 영성사靈性史에서 방유룡 신부가 처음이며 유일하다. 이로써 방 신부는 그리스도교 영성을 확대, 발전시켰다고 볼 수 있다. 많은 서구 가톨릭 성인들이 대월 단계의 조명과 하느님과의 합일을 체험하였다. 그러나 방유룡 신부는 거기에서 다시 예수님처럼 존재의 차원을 달리하는 또 다른 실존적 변혁이 일어나는 차원을 체험하고, 제시하고 있는 것이다. 방 신부는 이러한 영적 여정을 모든 인간이 도달할 수 있는 성인의 모습으로 확대하였으므로 전통적 성인 개념을 확대한 것이다.
　　방 신부는 나무를 무척 좋아하였다. 나무를 전지하는 것이 아마도 가장 즐거워한 취미가 아니었나 생각한다. 나무는 동서를 막론하고 특히, 카발라62)에서는 대단히 중요한 영적 신비를 나무로 묘사한다.

---

62) 유대교의 신비주의.

창세기의 낙원설화에 보면 선악과나무와 생명나무가 낙원에 있었다. 아담과 이브는 하느님이 절대 따먹지 말라는 선악과나무를 따먹었다. 말하자면 선과 악을 분별하는 분별심에 의해 고통과 악을 낳게 되었다는 것을 암시한다고 볼 수 있다. 그래서 하느님은 인간이 생명나무의 열매까지 따먹지 못하도록 불 칼을 설치하여서 이 생명나무의 열매를 따먹지 못하도록 하였다. 선악과를 먹고 인간은 죽게 되었지만 이 생명나무 열매를 먹으면 인간은 영원히 살게 되는 것이다(창 3:22-24).

그런데 인류 역사 안에 이 불 칼에 죽는 모험을 감행하고 이것을 따먹은 자가 있으니, 새 아담이라고 부르는 예수다. 예수님은 죽음을 불사하고 이 생명나무의 열매를 따먹었기 때문에 불 칼에 죽었으나, 바로 그 생명나무의 열매를 이미 먹었기에 부활하여 영원한 생명을 얻었으며, 그 열매를 무수한 사람들에게 나눠 주고 있다고 생각한다. 인간은 더 이상 시간과 공간의 틀 속에서 사는 존재가 아니라 신이 되는 것이다. 이제 선악과로 인해서 추락한 인간 존재는 생명나무 열매로 다시 참 생명인 불멸성과 신성을 얻었다. 이것은 필자의 묵상이므로 신학적으로 검증된 것이 아님을 밝힌다.

방 신부의 인간 성장발달 모형을 좀 더 쉽게 이해하기 위하여 생명나무에 비유하고자 한다. 나무에 있어서 뿌리 부분은 점성정신이요, 나무 기둥과 가지는 침묵수련이요, 대월 단계는 나뭇잎이 무성해지고 꽃이 만발해진 나무요, 면형무아는 이 생명나무의 열매들에 비유해 볼 수 있다. 생명나무의 결실인 열매는 존재의 또 다른 차원인 변환된 생명으로서 나무라는 자신을 떠나버리고, 인간이나 동물 혹은 땅에게 먹힘으로써 존재가 없어진다. 무가 되는 것이다.

이 세상의 모든 가시적 존재는 불가시 세계의 상응물이며 상징물이다. 나무는 이렇게 영적 세계의 풍부한 의미를 상징해 주고 있다. 꽃이 암술과 수술의 합일로 인해 열매가 열리는 것처럼 대월 단계에서 신성과 사랑의 합일에 의해 맺힌 열매가 면형무아인 것이다. 이 생명나무의 풍성한 열매는 인류 공동체를 먹여 살리는 생명의 열매라고 생각한다.

　방유룡 신부의 성인모형은 면형무아인데 예수가 물을 포도주로 만든 그 변환을 실제로 실현하는 것이며, 술이 다른 이들과 나눠 마실 음료인 것처럼, 인간은 면형무아 **빵**이 되어 다른 이들의 영적 생명, 새 생명을 위해 먹히는 **빵**, 생명나무의 열매가 되는 것이다.

면형무아 심리학의 통합모형

　무아 방유룡 안드레아 신부는 제4장에서 본 바와 같이 통합의 귀재다. 현대 심리학의 목표는 인격의 통합이다. 그동안 심리학은 인간의 분열성을 극복하기 위하여 많은 노력을 기울여 왔다. 분열성의 통합 없이는 인간의 성장은 있을 수 없을 것이다. 한 개인의 인격과 마찬가지로 건강하지 못한 사회일수록 소통이 없고 갈기갈기 나눠진다. 한국 사람들은 유난히 이분법적 사고 속에서 살고 있다. 사회가 건강하지 못하다는 증거이다. 한국인들이 건강해지려면 무엇보다 하루 빨리 통일이 되어야 한다고 본다. 남과 북이 갈라져 있기 때문에 이것이 의식에 미치는 영향이 크다고 보는 것이다.

　현대 정신문화는 통합을 추구하는 시대로 접어들었다. 그리고 어느 때보다도 커뮤니케이션을 위한 도구들이 발달하여 이제 인류는 한 마을 사람들처럼 서로를 알게 될 것이다. 이렇게 외면적 환경은 활발하게 소통을 향해 나아가고 있는데, 개인 내면에서의 소통은 아직도 요원하게 보인다. 건강하지 않은 인구가 자꾸 늘어만 가고 있으니 말이다.

이제 인류는 개인 개인이 어떻게 자신의 인격을 통합해 나아가야 할 것인가에 관심을 가져야만 하는 도전을 받고 있는 것이다. 무아 방유룡 안드레아 신부의 영성은 인격의 조화와 균형적 발달을 추구하며 대통합을 이루어 낸 통합신비 영성이다. 이 통합모형에 대한 이해를 위해 인간 창조설화와 자아초월 심리학적 관점을 살펴 볼 필요가 있다.

> 하느님께서 진흙으로 사람을 빚어 만드시고 코에 입김을 불어 넣으시니, 사람이 되어 숨을 쉬었다. 야훼 하느님께서는 동쪽에 있는 에덴이라는 곳에 동산을 마련하시고 당신께서 빚어 만드신 사람을 그리로 데려다가 살게 하셨다. 야훼 하느님께서는 보기 좋고 맛있는 열매를 맺는 온갖 나무를 그 땅에서 돋아나게 하셨다. 또 그 동산 한가운데는 생명나무와 선과 악을 알게 하는 나무도 돋아나게 하셨다.   창세기 1:7-9.

하느님께서 사람을 진흙으로 만들었다고(창 2:7) 창조설화는 말하고 있는데, 그 의미는 무엇일까? 인간이 하느님을 닮았다는 것과는 너무나 이질적이고도 반대적이다. 인간이 흙으로 만들어졌다는 의미는 알아듣기 어렵지만, 인간 현실을 보면 쉽게 이해할 수 있다. 인간은 자신의 위대성과는 정반대의 측면을 또한 지니고 있음에 대한 통찰을 상징화한 이야기라고 생각된다. 인간이 창조되고 난 다음 따먹지 말라고 명한 열매를 따먹고 난 후 인간 존재의 또 다른 정체성은 "너는 흙에서 난 몸이니 흙으로 돌아가기까지 이마에 땀을 흘려야 낟

알을 얻어먹으리라. 너는 먼지이니 먼지로 돌아가리라."(창 3:19)라고 한 것이다. 인간이 창조될 때 우선 강조된 것은 인간이 하느님을 닮았다는 것이고 또 이것을 세 번씩이나 강조하고 있는 반면, 지금 이 구절에서 제시된 인간의 정체성은 '너는 흙의 먼지' 라는 것이다.

 인간 창조설화는 인간의 정체성과 실존적 문제에 대한 답을 추구하고자 하는 의도에서 만들어진 원인론적 설화라는 것을 상기해 본다. 인간이 흙으로 만들어졌다는 것과 흙으로 돌아갈 것을 기억하라는 말은 인간의 나약함과 덧없음 그리고 많은 제한 속에서 고통당하며 짓눌리는 현상적 측면에 대한 통찰과 그에 대한 해석인 것이다. 인간이 안고 있는 이 나약한 부분, 갈등하는 존재, 불완전한 존재, 모순적 존재, 불안한 존재, 분열적 존재 그리고 한없이 그 존엄성이 추락되어 먼지같이 미약하고 덧없는 존재, 먼지일 수밖에 없는 측면에 대해 깊이 숙고해 볼 필요가 있다. 이 먼지의 상징은 덧없음과 미약함 그리고 종국에 가서는 없어지고 말 것이라는 의미를 갖고 있다. 인간의 이 두 가지의 모순적이고도 역설적인 정체성은 인간 실존에 대한 많은 의미를 전달하려고 한다.

 인간은 이 두 대극적 정체성의 선상에서 갈등을 겪으며 분열적 현상에 빠지기 일쑤다. 인간은 태어나면서부터 이원성의 구조에 노출된다. 밤과 낮이 있고, 하늘과 땅이 있고, 기쁨과 괴로움 그리고 좋음과 나쁨의 정서 체험을 하며, 어머니와 아버지 그리고 남자와 여자를 경험한다. 또한 말을 배우면서 우리는 언어의 이원 구조 속에서 살며, 이원적 사고의 틀을 형성해 간다. 그러나 인간이 성장해 간다는 것은 이 이원적 구조를 통합해 가면서 극복 내지는 초월해 가는 것일 것이다. 어린아이일수록 이 이중 구조의 틀 속에 들어가 있고 아이가 성장하면서 그 둘을 통합해 가는 것을 배우는 것인데, 이 통합에 실패하고 어느 시기에 고착되어 버리면 그만큼 심리내적 불균형으로 인한 불안과 고통에 시달림을 받게 되는 것이다.

인간성에 있어서 상반된 두 대극적 요소가 통합적으로 기능하지 못하고 서로 조정과 타협 그리고 화해가 이루어질 수 없는 분열적 현상은 모든 사람이 극복해야만 하는 큰 과제다. 심리학과 영성이 해결해야 할 큰 주제 중의 하나이다. 인간 안에 두 대립적 요소의 갈등과 분열 현상은 모든 인간이 가지고 있는 실존적인 문제이다. 이상과 현실의 대립적 갈등, 의식과 무의식 그리고 영성의 분열적 현상, 자아의 분열(초자아와 이드의 대립, 거짓 자아와 참자아의 대립 등)현상, 몸과 마음의 분열, 이성과 감정의 분열 그리고 영과 육의 분열, 각 개인의 그림자들과의 분열 등등 많은 대극적 요소의 분열 현상이 인성 안에 존재하는 것이다.

한 인간이 자기 잠재력을 충분히 쓰면서 지속적인 성장의 길을 가려면 인간성 안에 있는 이 이원적 요소의 갈등과 조각 조각난 분열성을 해소하고 극복하며 통합해 가는 과정이 필수이다. 그렇지 않으면 이 분열성은 존재가 온전한 힘을 발휘하지 못하게 하고 양극적 갈등으로 인한 만성적 불안을 끊임없이 만들어 내기 때문이다. 이러한 불안은 당사자가 의식하든지 못 하든지와 상관없이 에너지는 낭비되는 것이다.

> "묵상을 하기 전에 당신이 먼저 해야 할 일이 있다. 첫째, 타고난 통일성을 회복해야 한다. 둘째, 분열된 존재를 재통합하여 통일된 인간으로 사는 법을 배워야 한다. 그러려면 산만해진 자기 존재의 단편들을 다시 모아야 한다. 그래야 '나'라고 말할 때 '나'가 진실로 존재할 수 있다."
>
> 토마스 머톤Thomas Merton(2003) p. 21.

이 문제를 심도 있게 연구하고 고민했던 심리학자들은 참으로 많지만, 그 중에서도 프로이트Freud학파나 융Jung학파 학자들은 특히 무의식과 의식의 분리성에 대해 주목했다. 자신의 의식으로부터 분리되어 있으면서 정신적·육체적 문제를 야기하는 무의식의 구성물들의 문제를 어떻게 해결할 것인가에 대해서 말이다. 그들이 공통적으로 말하는 것은 인간이 심리적으로 건강하게 살아가려면 '무의식의 의식화' 과정이 이루어져야만 하며, 그것이 결국 치료라고 말한다.

억압하거나 무시하고 부인해 버린, 무의식의 지하 창고의 문을 열고 소외되고 억압되어 있던 자아의 파편인 그림자들과의 대면과 소통 그리고 그것들에 대한 인정과 수용의 과정들, 즉 통합의 과정들을 거쳐야 한다는 것을 강조했다. 정신 분석학psycho analysis의 뒤를 이어 유아기 초기에 자아가 형성되어 가는 과정을 더욱 정교화하고 세분화해서 연구한 대상관계 이론가들은 특히 유아기의 분열성에 대해 주목하였다. 그들은 대체로 정신병, 즉 정신분열병, 편집증, 경계선 성격장애 그리고 심한 우울증의 근원들이 생애 초기의 대상 형성과 대상과의 관계에서 발생한 문제로부터 연유된다고 보았다. 이때 발생하는 분열성을 원만히 해결하지 못하면 그 이후의 나머지 생애에는 치명적인 흔적을 남긴다고 주장한다.

융Jung은 인간성 안에 있는 이 두 대극적 요소에 대하여 특히 주목한 학자이다. 그는 심리학적 유형론을 논하면서 첫째 일반적인 태도상에서 보는 유형으로 내향성적 태도와 외향성적 태도로 구분을 하였고(이부영, 1984), 다음에는 정신 기능을 네 가지로 분류했는데, 이것은 서로 대극을 이루고 있는 것으로, 사고기능과 감정기능 그리고 감각기능과 직관기능에 대해서 말했다. 내향성과 외향성, 사고와 감정 그리고 직관과 감각의 두 대극적 요소는 모든 개인 안에서 존재하면서 서로 상반되는 두 개 중 어느 기능이 우열하고 열등한가와 그 정도에 따라 개인 간의 차이가 있다고 보았다. 그리고 이 열등 기능과 그림자 이론을 연결시켰으며, 두 기능이 서로 통합적으로 기능하지 못하고 어느 한쪽으로 심하게 기울면 인격의 균형이 깨진다고 보았다. 그래서 이 열등한 기능의 그림자들을 살려내어 두 상반된 극이 균형을 유지해야 심리적 건강함을 이룰 수 있다고 보았다. 그래서 자기실현이란 '대극의 합일'을 실현하는 것으로 완전한 인격을 이루는 것이 아니라 나눠지지 않은 '온전한 인격'을 이루는 것이라고 주장했다.

아싸지올리Assagioli의 정신 통합psycho synthesis을 살펴볼 필요가 있다. 인성에 있어서의 대극성이란 인간 정신세계에 있어서 극복되어야 할 큰 쟁점이 된다고 한다. 아싸지올리Assagioli는 신경증neurosis이나 정신병psychosis 환자만이 아니라 평균적 정상인들도 정신적 그리고 심적 각 요소가 서로 통합되어 있지 않고 분열로 인한 갈등으로 고통당하고 있다고 하였다. 그리고 이것 역시 질병으로 보았으며, 이 근원적 질병으로부터 해방되어 진정한 내면적 통합을 어떻게 이룰 수 있는가에 대해 연구하였으며, 자기치유와 자기실현self-actualization과 자기초월self-transcendence의 수준까지를 정신통합의 목표로 보았다(정인석, 2003).

매슬로우Maslow는 자신의 후기 작업에서, 세상에는 세 그룹의 사람들이 있음을 알아냈다. 첫 번째 그룹은 자기실현을 구현한 자들로서 인격이 잘 통합되고, 강하고, 실제적인 자기 주체성을 가지고 있는 사람이지만 초월적 체험이 거의 없는 사람들이고, 두 번째 그룹은 영적 차원과 초월적 차원에 강하게 밀착되어 그러한 체험을 하지만, 자아는 종종 개발되지 못한 사람들이었다. 세 번째 그룹은 자기 실현자들로서 강하고 실제적인 인격을 가졌을 뿐만 아니라 인간 주체의 한계를 초월할 수 있는 능력과 영원성과 신성에 대한 깊은 이해와 접촉을 가진 초월적이고 영적인 사람들이라고 보고한다. 앞의 세 그룹 중에서 우리가 추구해야 할 참인간상은 본질적이고, 총체적이며, 궁극적인 존재를 실현하기 위하여 개아적person이고, 자아초월적 transperson인 차원 모두를 억압하지 않고 긍정하여 통합하여 나아가는 사람들이다. 이 두 차원 중 어느 하나가 억압되어 소외된 채로 분리되어 존재함으로써 인간은 고통의 바다를 헤매고, 자기 안에 존재하는 훌륭하고도 무한한 잠재적 씨는 발아되지 않고, 협소한 자신의 성격 안에 갇힌 채로 한 생을 살게 되는 것이다.

그동안 심리학자들은 인간의 이 비참함과 나약한 측면을 매우 심도 있게 연구해 왔다. 어떻게 병리적 증상에 인간이 묶이게 되고, 각종 신경증과 신체화 증상들 그리고 정서 장애들에 대한 연구들이 바로 그것이다. 그러나 이제 인간의 이런 부정적이고 나약한 부분에만 초점을 맞추는 데서 긍정적인 모습에 눈을 돌리며, 인간을 보는 눈이 확대되고, 보다 전체적인 모습으로 인간을 조명하며, 인간의 긍정적인 모습과 위대성까지도 주목하게 되었음은 진정 고무적인 일이다. 다만 인간의 긍정성을 본다고 해서 인간이 '흙'인 부분을 무시하거나, 억압하거나 회칠해 버린다면 그것 또한 균형을 잃는 것이다. 사실을 있는 그대로 바라보고 수용하여 양쪽을 균형 있게 통합하는 작업이야말로 강조되어야 할 부분이다.

현대의 영성가인 머톤Merton도 이 점에 대한 통찰을 깊이 있게 하였으므로 기도와 묵상에 들어가기 전에 먼저 자신의 분열성의 통합에 대해 숙고하기를 제안하고 있다. 아니 이 통합의 과정이 더 질 높은 기도와 명상인 것이다.

방유룡 신부의 심리적·영적 통합모형을 결론적으로 축약해 보면 다음과 같다. 점성단계와 침묵수련 단계에서는 인성의 탄탄한 기초를 다지기 위하여 제기되는 인간 정체성, 자아 이미지 그리고 불신감의 극복과 의존성 문제의 해결 그리고 참다운 인생관과 가치관 형성을 확고하게 잡아나가는 단계이다. 또한 페르조나(가면)와 무의식의 조건화들로부터 해방되어 사욕을 조절하고 따라서 증진된 양심불과 자유의지를 최대한 활용하여 자아의 성장 그리고 인격의 재구성을 추구하고 진선미의 균형적 발전을 증진하는 단계이다. 말하자면 인격의 새 창조가 일어나는 단계이다.

대월관상 단계는 완덕오계를 통해 추구했던 진선미가 완성된다. 이는 모든 두려움과 불신, 사욕을 깨끗하게 해결하는 단계이며, 지혜와 오관이 열리며, 자유의지가 완성되는 것이다. 동시에 존재의 집단 무의식 층인 여성성과 남성성마저도 통합되는 단계이다. 이 단계는 방 신부의 표현대로 '천성의 완결' 또는 '완덕의 절정' 심리학적 표현으로 '인성의 완성', '자기실현'을 이루며, 신성과의 사랑의 접촉과 합일을 경험하는 단계이다. 인성의 내재적·신적 생명과 외재적 신인 성령과의 합일로 인하여 600억의 거성보다도 더 밝은 빛(p. 560)이 일어나는 과정들이다.

이로 인하여 하느님도 반하는 아름답고 우아한 연인이라는 정체성으로 전환하는 실존적 대혁명이 일어나는 것이다. 이 단계에서는 인간의 모든 분열성을 극복한다. 곧 자아와 무의식과의 분열, 남성성과 여성성의 분열, 신성과의 분열, 타인과의 분열을 극복하는 과정이다. 창조설화에서의 흙과 하느님과의 만남을 드디어 통합, 완성하는 단계이다. 동시에 선과 악이라는 분별심에서 연유하는 이원성과 분리에서 대극對極합일의 도道가 실현되는 단계인 것이다. 대극의 통합이란 양쪽 어느 한 편이라도 억압하거나 무시 혹은 회피하지 않고 다 인식, 수용하는 것이다.

방유룡 신부는 "무아는 순수한 자아이다."(p. 705) "무아는 완전한 자아이다."(p. 706)라고 말했다. '순수한 자아' 그리고 '완전한 자아'인 무아를 이해하기 위하여 연구자는 융Jung의 심성구조 개념을 빌려 사용했다. 방유룡 신부가 주창한 심리학적 인성구조와 영성 발달 단계는 융Jung의 심성 구조와 서로 같은 발달 층을 밟아가고 있으며 깊이 상통하고 있다. 융Jung의 자기Self는 결국 완전한 자아이며 순수한 자아라고 말한 부분도 방 신부와 일치한다. 자아는 통합의 단계를 차례로 밟으며 존재의 핵인 자기Self 혹은 참자기와 통합되는 것이다. 방 신부는 융Jung이 말한 영적이며 신적 존재인 자기Self의 단계를 둘로 나누었다.

면형무아 심리학의 특징은 지금까지 제2장과 제3장에서 보았듯이 대극합일의 도인 통합을 추구하고 이 통합의 힘으로 각 발달적 단계를 초월해 간다. 통합이 없이 초월은 이루어지지 않는다. 통합이 없이는 자아와의 집착된 동일시에서 탈동일시가 발생할 수 없다. 초월은 탈동일시 되면서 비약하는 것을 일컫는다고 볼 수 있는데, 이것은 분열되어 있는 양극에 대한 선명한 알아차림이 일어나야 하고 양쪽을 인정하고 수용하여 하나가 된, 통합된 힘으로 초월하는 것이다.

점성정신을 통하여 자아가 페르조나와의 동일시에서 탈동일시 되고, 침묵수련을 통하여 몸과 무의식의 콤플렉스들과의 동일시에서 탈동일시 되고, 대월 단계를 통하여 여성 혹은 남성으로부터 탈동일시가 일어나고, 자아는 전인격의 핵인 신성과 통합되는 것이다.

방유룡 신부는 한 단계 더 발전시킨다. 바로 면형무아이다. 개체 존재로부터 탈동일시됨으로 존재의 밖 우주로 무한 확산되는 존재다.

하느님의 연인이라는 정체성에서 이제 다시 무가 되는 것이며 빵이 되는 것이다. 존재의 변형이 한 번 더 일어나는 것이다. 예수님이 빵이 된 것처럼 말이다. 이는 수직적 트랜스trans인 인간 내면의 통합과 초월이 일어나는 과정을 완성하며, 자신을 넘어 수평적 트랜스trans가 일어나는 것과 같다.

이는 신과 인간이라는 경계와 나와 너라는 경계, 물질과 자연과 인간의 경계, 가시성과 불가시성, 시간과 영원성(시간 없음)의 경계를 허물고 대통합의 '하나'가 되는 것이다. 이것은 텅 빈 원의 이미지로 표현할 수 있고, 혹은 반대로 충만한 원이라고도 이름 할 수 있다. 또한 둥근 면형(성체)으로 상징되는, 중앙에 십자표를 가진 만다라 mandala 원형圓形의 모습으로 상징될 수 있으며, 방유룡 신부의 무사무욕의 텅 빈 원으로 표현되는 '순수한 자아'가 되는 것, 혹은 성령 충만한 원으로 표현되는 '완전한 자아'가 되는 것이다.

그러므로 면형무아 영성은 심리학적 개인의 통합 차원과 자아초월적 차원을 함께 발달적 체계로 제시한 통합신비 영성모형이다. 면형무아 영성은 심리학을 제외하고 생각할 수 없는 영성이다. 이러한 심리학적 측면을 제외하고 해석한다면 아주 빈약한 껍질만 보는 격이 될 것이다.

제 4장

'통합신비' 영성의 빛깔과 특징

찬란한 양심불에
성령칠은이 영롱한 황홀경에

황금대로 오르는
면형제사 그지없어라

무아 방유룡 신부의
신비세계와 신비체험

수도자들은 신비 생활을 하는 자들이니까 신비가들이다. 이 자연계가 훌륭하지만 자연계가 뜻하는 것이 있다. 재창조하시는 것이 본 사업이다. 주무시지도 졸지도 아니하시고, 새로 창조하신다……. 보라! 하느님 너희 마음에 있나니, 규수와 같이 아름다운 도성이 어디로 가나, 수도자의 마음에 있나이다. 말이 천대, 모욕, 십자가이지 정말 아름답게 꾸며 거룩하게 강복하시고 생활하게 하시어 주신 것이다. 신비 사업에 비하면 이 세상은 아무것도 아니다……. 자연계의 것은 천상의 것을 상징하는 것이니…….

p. 441.

무아 방유룡 신부의 영가는 물론 강론들(1958년부터 1978년)을 읽으면 '신비세계', '신비사업', '초성超性세계', '신비'라는 단어가 수도 없이 많이 나온다. 방 신부는 신비라는 단어를 쓰지 않을 수가 없었을 것이다. 초자연 세계를 맛본 사람은 그것에 관해서 말을 안 할 수가 없는 것이기 때문이다. 그는 언어의 부족을 느끼며 '신비계는 느끼는 이 외에는 말을 할 수가 없다(p. 336).'라는 말을 하면서도 나름대로 표현하려고 노력하였던 것이다. 이 시기에(1958년~)는 주

제4장_'통합신비' 영성의 빛깔과 특징 257

로 침묵 대월에 관한 말을 많이 하는데 대부분 신비세계에 관한 것이다.

> 대월은 침묵의 절정입니다. 여기서 눈과 귀가 밝아지되, 대월로 밝아지면 태양보다 밝은 눈으로 딴 세계를 보게 됩니다. 자연계 밖에 신비세계가 있고 이 세계를 지나서는 영원계가 있습니다. 하느님께서 뜻하신 세계는 이 신비세계입니다. 하느님께서 대월생활만 한다면 나쁜 생각을 없이 해 주신다 하셨는데, 이는 굼벵이가 매미가 됨과 같이 잘난 사람이나 못난 사람이나 성인이 될 수 있다는 것입니다. p. 338.

무아 방유룡 신부는 앞에서도 언급했지만 대월 1단계에서 개인은 신비적 묵시默示나 비전vision 그리고 에너지의 격동을 간간이 체험하게 되며 3단계에서는 치열한 불꽃과 찬란한 빛을 체험한다고 했다. 그러나 이런 사랑의 황홀경과 신비경에 그저 도취되는 것만이 아니라 동시에 천상적 지혜의 눈, 혜안慧眼, 진안眞眼 혹은 영안靈眼이라고 할 수 있는 눈이 밝아져서 이제는 잘못에 떨어질 수 없고(p. 694), 눈과 귀가 밝아져 엄청난 초자연계를 보게 된다고 말하는 것과 같이 5감각 신경에 진화가 오는 것이다.

어느 날 방 신부가 돌담을 보고 한곳에서 무려 여섯 시간 씩이나 서 있었다는 말을 한 이영숙 수녀는 그때 방 신부와 나눈 대화를 기억하고 있는데, 방 신부는 "수녀님의 귀가 언제 열리나? 귀가 열리면 자미(재미)있어요. 동물의 형상은 소리요, 그 소리는 사람을 움직이지……. 사람이 동물의 목소리를 알아들으면 형통했다고 해요. 거기까지 가기 위해서는 여러 단계를 거쳐야 해……. 인·사·물 현상을 통해 들려오는 그 소리는 하느님의 말씀이야. 수도자는 하느님의 형상으로 바뀌어야 한다. 알았지? …… 우리가 하느님의 형상을 닮으면 심중천국이야. 그것은 오관이 열릴 때면 돼. 성령의 힘으로 되지."[63]라고 말했듯이, 우리의 육체도 영적 환경에 따라 변화한다고 주장하는데, 이 말에 깊이 공감한다. 영안이라는 것이 개념적 혹은 상징적 의미만이 아니라 실제로 인간 몸의 지각 신경에 변화가 오면서 생기는 것이다.

심리학적 견지에서 볼 때, 심리적으로 건강한가, 허약한가를 보는 지표 중의 하나는 감각기능이 제 기능을 잘 발휘하고 있는가이다. 정신병을 앓는 사람들은 지각 신경에 문제가 일어난다. 그래서 그들은 환시나 환청, 환각을 경험하는 것이다. 영적 신비체험을 하는 사람들도 비전vision을 보거나 비일상적 체험을 하는데 정신병의 지각체계는 기능이 모자라서, 퇴화되어서 오는 현상이고 방유룡 신부처럼 영적 신비체험을 하는 사람은 지각이 고차원으로 발달, 진화한 현상에서 오는 것이다. 이 문제를 식별하는 데 있어서도 윌버Wilber가 말한 전초 오류를 범할 가능성이 많다. 이들을 구별할 수 있는 지표는 '현실 검증력' 이다. 정신병은 그들의 지각이 허상과 망상과 착각과 왜곡, 즉 거짓을 만들어 내기 때문에 현실과 괴리를 가질 수밖에 없다. 그러나 진정한 신비가들 중에는 5감각이 보통 사람들보다 발달, 진화하여 보통 사람들이 볼 수 없는 영적 현실을 지각하는 사람들이 있다.

역사적으로 가톨릭의 신비가들은 다양한 신비체험을 하였지만 일상과 동떨어진 삶을 살지 않았다. 그들은 대부분 수도회를 건설한 창립자들이었던 것이다. 성인들은 뛰어난 현실적응력으로 다른 이와 더

---

63) 이영숙 수녀(2000), 〈순교의 맥〉, 제196호, p. 52.

불어 공동체생활을 하였으며, 나아가 공동체의 성장과 공동체의 개혁과 쇄신을 일으킨 사람들이다. 이들은 누구보다도 뛰어난 현실감각을 가지고 있었다. 물론 이들이 각자 독특한 고유성과 개성과 가치관과 뛰어난 의식의 세계 등으로 인해 주변 사람들에게 이해되지 않았던 부분도 많이 있었다. 어느 면에서는 성경에 나오는 예언자들처럼 외롭게 앞서갔던 사람들도 많았다. 그럼에도 불구하고 보통 사람들보다 고통에 대한 수용량이 컸기 때문에 이 모든 것을 극복하였다. 진정한 신비가나 영성가들은 다른 이들의 자유와 성장에 헌신하며 공동체와 시대가 필요로 하는 개혁을 일궈내면서 창조적인 일을 한다. 방 신부도 예외 없이 뛰어난 개혁적·창조적인 업적을 이루었다.

형제애

내가 하느님의 말씀을 받아 전할 수 있다 하더라도,
온갖 신비를 환히 꿰뚫어 보고
모든 지식을 가졌다 하더라도,
산을 옮길 만한 완전한 믿음을 가졌다 하더라도,
사랑이 없으면 나는 아무것도 아닙니다.
내가 비록 모든 재산을 남에게 나누어 준다 하더라도,
또 내가 남을 위해 불 속에 뛰어 든다 하더라도,
사랑이 없으면 아무 소용이 없습니다.　　　　1고린토 13:2-3.

사랑에서 태어나고, 사랑 위해 생겼으니,
우리 본은 사랑이요, 목적도 사명도 사랑일세.

　　　　　　　　　　방유룡 신부, 한국순교복자수녀회 회헌 p. 1.

신비체험이 현실과 분리된다면 그것은 상당히 위험할 수 있다. 신비체험이 개인의 인간적 삶을 고양시키며 현실에서 그 열매를 풍성하게 거두지 않는다면 무슨 의미가 있는가? 신비가들이 어떤 비일상적 특별한 능력을 갖게 되는데 이것에 대해서 성경은 매우 단호한 관점을 취한다. 그동안 교회 역사 안에서도 매우 신중하게 다뤄왔다.

방유룡 신부는 신비체험 자체를 추구한 사람은 아니었다. 그는 예수님과 같은 성인이 되려하였고 신과 합일하기를 추구했다. 그 여정에서 자연스럽게 신비체험을 했으며 자신의 신비체험을 현실생활에 깊이 뿌리내리고 성장하여 열매를 맺어 많은 이들이 나누어 먹을 수 있게 하였던 것이다. 그 열매는 지금도 나누어지고 있다. 방 신부의 신비체험에 대한 태도는 철저하게 성경의 가르침에 따랐다. 신비체험을 여러 번 했던 바오로 사도는 그 체험이나 신비적 능력을 사랑으로 접목시켜 놓지 않는다면 그 가치를 전혀 인정하지 않았다.

방 신부는 수도생활 여정에 있어서 '면형무아'를 수도의 정점으로 삼았으며, 동시에 그 신비적 사랑을 공동체 생활 속에서, 현실의 일상성 안에서 사랑으로 피워내는 '형제애'를 많이 강조하였다. 무아 방유룡 신부가 선종했을 때, 시신 양 옆에서 타올랐던 큰 초에 새겨진 글씨는 '무아'와 '형제애'였다. 하느님 체험은 그것이 올바른 것이라면 반드시 사랑의 열매를 맺게 되어 있다고 방 신부는 가르치고 있는 것이다. 사랑처럼 철저하게 현실적이며 실천적이어야 하는 덕목은 없는 것이다.

면형무아는 쪼개져서 많은 사람을 먹이는 영적 빵이다. 이 영적 빵의 의미는 존재가 점처럼 작아져서 마침내 보이지 않는 점, 곧 무아가 되는 것이며, 동시에 보이지 않는 하느님을 보이게 한다는 의미를 갖는다. 방 신부는 개인 영성과 하느님 나라 건설이라는 공동체적 삶이 개인 안에서 형제애로 균형을 갖고 신비초월 세계와 일상적 현실세계가 형제애 안에서 통합되기를 바랐던 것이다. 사랑은 인간성의 모든 발달 지류들이 통합된 결과로 실현되는 것이므로, 삶 안에서 형제애(사랑)와 무아(영성)는 나란히 발달, 진화해 가는 지류)[64]인 것이다.

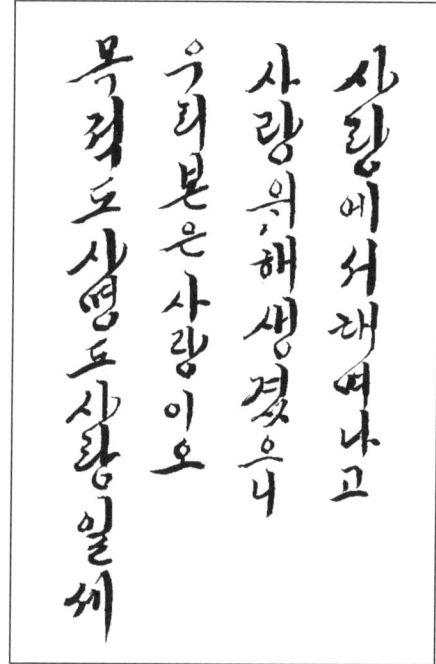

방유룡 신부 친필

---

64) 인성 안에서 발달해 가는 여러 요소들을 일컫는다. 육체, 인지, 정서, 의지, 도덕성, 창조성, 사랑, 영성 등.

무아 방유룡 안드레아 신부의 '통합신비' 영성

신부님의 삶과 영적 가르침을 묵상하고 있노라면 이는 마치 땅속 깊이 묻혀 있는 풍성한 그리고 끝을 모르고 달려간 광맥을 보는 것과 같습니다.

김옥희 수녀(1991).[65] 《영혼의 빛》, p. 22.

방 신부님의 영성의 빛깔을 굳이 말한다면 보라색이겠지요. 극단과 극단이 만나서 이루는 색이니까요.

이현주 목사(2008. 3. 7), 편지글 중.

통합이라는 말은 탈근대와 현시대의 중요한 정신 사조를 표현해 주는 말 중의 하나다. 현대의 사조는 통합을 지향하고 있다. 때문에 정치, 경제, 산업, 의학, 교육, 예술, 심리학 등 모든 분야에서 통합은 큰 주제가 되고 있으며, 그래서 '소통'이 현대의 큰 이슈가 된다. 통합이라는 말은 포괄적일 수밖에 없다. 통합에는 다차원적 의미가 있으나, 연구자는 특별히 두 가지 측면을 강조한다. 첫째, 통합에서

---

65) 한국순교복자수녀회 소속 수녀. 프랑스 소르본느대학교에서 교회사 박사학위 받음. 방유룡 신부의 영가와 강론 그리고 노래 등을 모아 《영혼의 빛》을 출판하였다.

는 항상 단절과 독주를 극복한 '만남'이 일어난다. 의식들 간의 만남, 각 문화 간의 만남, 패러다임 간의 만남, 시스템 간의 만남, 장르 간의 만남 등등 서로 다른 것들의 만남이 있다. 이 만남을 통해 '받아들임'이 일어나면 이때 통합이 일어나는 것이다. 어떤 정신이든, 시스템이든 완전한 것은 없으며, 어느 것이든 유용한 측면이 있음을 인정하는 것이다. 그래서 그 어느 것을 함부로 제외시키지 않고 그것들의 좋은 면을 수용함을 의미한다. 경계와 벽을 허물고 다른 것을 인정하고 수용하는 것이다.

또 다른 측면은 원래 하나였는데 분열이 일어나 나뉘면서 힘이나 기능 등이 약해졌을 때, 이 분열된 것들이 다시 이어지는 차원에서의 통합이다. 분리되고 소외되었던 것을 다시 찾아 온전하게 한다는 의미를 가지고 있다. 연구자는 통합의 이 두 측면을 포괄하면서 통합이라는 단어를 사용했다.

무아 방유룡 신부의 영성은 가톨릭의 수많은 영성가들의 전통적 영성의 강으로부터 시작하여 자신만의 고유한 빛깔을 지닌 영성을 개척하면서 동양이라는 토양에 새로운 영성적 큰 물길을 낸 영성이라고 볼 수 있다. 그의 영성은 성경에 바탕을 두고, 가톨릭 영성의 발달 여정인 정화淨化·조명照明·일치一致라는 전통적 맥을 이어가면서도, 자신의 동양인으로서의 정신문화적 정체성을 잃지 않고, 절묘하고도 자연스럽게 다차원적 측면에서 대통합을 이룬 영성이다. 이 통합적 측면은 다시 결론 부분에서 윌버Wilber의 통합모형의 틀로 조명하여 보다 종합적으로 선명하게 드러낼 것이다.

그의 영성은 현대적인 정신사조와도 어깨를 나란히 하며 서구 가톨릭 영성을 보완하고 확대, 발전시켰다고 볼 수 있다. 현대 정신사의 흐름은 특히 동양(東)과 서양(西)의 만남과 통합을 추구하고 있다.

방 신부는 이러한 맥락에서 선구자적인 역할을 하였다. 현대적이라는 또 다른 의미는 그의 영성이 수행자를 위한 실천적 측면을 강조하여 근현대 그리스도 교회 영성이 소홀하게 여겼던 인성적 측면과 실천적 측면을 대단히 정교하고도 체계적으로 구축하였기 때문이다. 뿐만 아니라 신비적 관상생활로 진입한 이후 밟아가는 영적 발달 여정도 또한 구체적으로 제시하고 있다. 이것은 마치 영적 여정을 가는 이에게 필요한 지도地圖를 제공하는 것과도 같이 현실적이며 실천적이고도 구체적이다.

> 우리가 배우고 있는 수도 정신은 현실적이요, 실천적이다. 어디든지 붙이고 적응할 수 있는 것이다. p. 387.

방 신부는 스스로 자신의 영성을 실천적이고 현실적이라는 표현을 하였다. 방유룡 신부의 영성체계를 '실천적 영성'이라고 공감하는 이유는, 그동안 그리스도교에서는 하느님의 은총과 믿음을 강조하면서 인간의 동물성을 포함한 인간성 부분을 깊이 억압하거나 무시하는 경향이 있었던 것이다. 이러한 흐름은 현실 생활과 영적 세계와의 분리라는 현상을 초래하였다. 교회는 다만 신앙 윤리적 차원에서만 실천적 부분을 강조하였던 것이다.

좀 더 구체적으로 말하면 신앙인들이 인간성 정화의 단계를 거치지 않고도 정화가 끝난 사람들이 맛보는 조명 일치 단계에 속하는 영적 가르침 속에서 허덕이는 격이 되어 버렸던 것이다. 인간성 안에 있는 심리적 문제와 욕망과 욕구의 문제를 소홀하게 다루는 경향으로 흘렀던 것이다. 이러한 분열 현상은 신학이 하느님의 의지와 하느님의 뜻, 하느님의 은총, 성령의 도움을 강조하다 보니, 정작 인간은 자신의 내적 인간성과 신성은 잃어버리고 하늘만 열심히 바라보는 격이 되었다. 이런 식의 신학 사조나 과학실증주의의 영향은 결국 현대의 잃어버린 영성의 시대로 오게 만드는 결과로 작용했다.

이러한 측면에서 새로운 통합의 길을 낸 방 신부는 인간의 자유와 의지를 영성생활에서 아주 중요한 사안으로 보았다. 또한 인간 내면에 있는 참으로 현실적인 욕구의 세계를 주목하기 시작했다. 영성생활의 정화기 단계에서는 인간의 자유의지가 아주 중요한 몫을 한다는 것을 강조하며 사욕의 해결이 뒤따라야 한다고 역설했다. 이로써 개인이 자신의 인격을 위해 할 일도, 실천할 것도 없고 그저 믿기만 하며 하느님을 사랑하면 된다고 하는 무지막지함, 그저 바라기만 하는 수동적이고 유아적 신앙에서 벗어나는 길을 제시했다. 자유의지를 동원하지 않아도 되는 수동적인 자세가 되는 단계는 상당히 영적으로 높은 수준의 단계에서나 이루어지는 현상이다. 지금까지 이 고차원의 수동적 자세를 신앙 초기 단계에서부터 주입받고, 고차원의 수동적 자세를 그저 흉내만 낼 수밖에 없는 상황이 되어 버렸던 것이다. 이러한 현상이 바로 윌버Wilber가 말한 전초오류前超誤謬이다(2004).

역사적으로 신 중심 사조의 흐름은 개신교의 출현에 의해 더욱 가중되었다. 오로지 믿기만 하면 된다는 개념이 만연해지면서 자신의 내면으로 향하는 길, 성찰의 길, 정화의 길을 중요시했던 가톨릭적 전통이 퇴색되어 갔던 것이다. 인류는 정반대의 극으로 갔다. 신 중심에서 인간 중심으로 전향하면서 인간 내면의 신성과 영성을 부정하고, 억압하고, 무시하는 극단으로 간 것이다. 이러한 분열 현상은 한 인간 내면에서 일어나는 억압과 무시, 회피에 의한 분열이 일어나는 심리적 현상과 너무나도 유사한 현상인 것이다.

동물성을 포함한 인성과 신성 둘 중에 어느 것도 억압해서는 안 되는 것임을 현대 자아초월 심리학은 말해 주고 있다. 억압과 무시, 부정과 회피가 아니라 양 극의 수용과 인정 그리고 통합과 극복을 통해 전인적 성장을 향해 나가야 하는 것이다. 이러한 측면에서, 방유룡 신부는 이 시대사적 양극성을 극복했다. 영적 여정에서 인간성을 위한 수행적·정화적 차원과 동시에 신적·초월적 차원을 통합하여 하나의 영성 발달체계 안에 담았다.

무아 방유룡 신부의 통합적 신비 영성의 간과할 수 없는 또 하나의 특징은 자신의 영성을 표현하는데, 그리스도교적 혹은 가톨릭적 표현을 쓴 것이 아니라 전부 자신의 고유한 토착적 의미 언어로 표현했다는 점이다. 그는 자신의 영성을 표현하기 위해 새로운 신조어를 만들었다. 영성 발달 단계의 제일 근본이며, 시발점의 단계인 '점성정신'이라는 말은 순전히 자신이 만들어 낸 말이다.

다음 단계인 '침묵'은 말을 하지 않는다는 말로 흔히 쓰이지만 방 신부의 침묵은 말하고, 안 하고 와는 전혀 관계가 없는, 말하자면 그 의미에 있어서 심오하고 독창적이며 획기적으로 침묵이라는 용어를 사용하고 있다.

그 다음이 '대월'인데, 대월對越[66]이라는 용어는 방 신부가 이것도 초월적·신비적 의미를 첨가하여 그 의미를 확대해서 쓰고 있다. 영성의 정점인 '면형무아' 역시 방 신부가 만들어서 쓴 말이다. 이밖에

---

66) '대월'이라는 용어는 이 퇴계의 성학십도聖學十圖 중 제9 경제잠의 상제上帝 대월大越이라는 말에서 유래한다. 또한 우리나라에 천주교가 전해진 초기에 홍유한을 위한 추도문에서 녹암 권철신은 잠심潛心 대월大越이라는 말을 사용했다. 그리고 드물게 한국 천주교회 안에서는 적어도 1961년까지 사용하였으나 사어死語가 되어 갔다(이숙자, 〈순교의 맥〉, 제188호. p. 21.).

제4장_'통합신비' 영성의 빛깔과 특징 267

　여기에 소개하지 않은 방 신부의 고유한 용어들이 상당히 많다. 이 용어들은 그리스도교적 전통 언어라기보다는 동양적인 분위기가 나는 말로, 가톨릭 영성을 표현하는 동시에 거기에다 자신의 영성을 보태어 자신만의 고유한 빛깔을 내는 언어를 구사하였다. 이는 방 신부가 자신의 영성을 내용 면에 있어서도 동서를 통합했지만, 언어적인 면에서도 통합을 시도한 모습이다. 이는 곧 이 땅에 그리스도교 정신의 토착화에 큰 몫을 한 것이다.

　방 신부는 언어에 남다른 관심과 예민한 감각을 가지고 있는 사람이었다. 송광섭 신부는 방 신부가 상당히 언어에 민감하였다고 회고한다.[67] 예를 들어 그 당시 가톨릭교회에서 사용한 최민순 신부가 번역한 주기도문의 언어적 모순을 강력하게 비판하였는데, 그래서인지 현재 우리가 하는 주기도문은 다행히 방 신부가 원하는 대로 고쳐졌다고 한다. 그것뿐만 아니라 한문이나 한글 말에 상당한 조예를 가지고 말한 적이 여러 번 있었다고 말한다. 물론 언어적으로 뛰어난 집안의 흐름을 받았다고는 하지만 무아는 영가靈歌에서도 가지가지 비유와 상징어를 많이 사용하여 영가를 읊고 있는 것이다. 방 신부가 자신의 빛깔을 담은 자신만의 언어를 구사하는 것과 더구나 자신의 심오한 철학과 영적 가르침을 전부 노랫말에 담아 곡을 붙여 놓았다는 것은 예술적 경지를 뛰어 넘는 예지적 창조성을 지니고 있는 것이다.

　무아 방유룡 신부는 복자수녀원에서 발행한 《영혼의 빛》에 영가 100편, 노래 가사 35편 등 총 135편과 남자 복자수도원에서 발행한 《사랑이 사랑을 위하여》에 영가 300편, 단상 94편, 노래 29편 등 총

---

67) 인터뷰 자료 : 2008. 1. 24. 현재 삼성산 천주교회와 성지 전담 신부.

423편, 모두 합하여 558편의 영가와 노랫말 그리고 강론집을 남기고 있는데, 모두가 이런 식의 신비체험을 노래하면서 영적 여정의 핵심들을 담고 있다. 이 영가들이 단순히 신비체험만 담고 있는 것이 아니라, 구구절절 점성의 단계를 거쳐 침묵의 정화기 그리고 대월에서 관상생활을 통해 조명을 받게 되며, 드디어 일치기인 면형무아에 도달한 자신의 신비체험을 발달적 차원에서 체계화했으며, 성경의 주요 가르침과 자신의 철학적·신학적 가르침을 모두 영가에 담았다.

그는 강론 중에 자신이 언제 어떻게 체험하고 어떤 느낌이었나에 대해 사적 말을 하는 일이 도무지 없었다. 그러나 진술하게 자신의 신비체험을 맑은 지성으로 정련하여 글로 표현, 전달했다. 이러한 면은 그가 자신의 넘치는 창조성을 자연스레 표현한 측면도 있으나, 한편으로 당신을 따르는 많은 수도회의 제자들을 앞으로 어떻게 양성하고 교육할 것인가에 상당히 고심하였던 것 같다. 그렇기 때문에 자신의 모든 영성을 언제나 입으로 쉽게 노래함으로써 뼈에 새겨지도록 담아놓았던 것 같다.

《영혼의 빛》을 영어로 번역한 김달용 교수[68]의 말을 들어보자. 김 교수는 방 신부의 글들을 번역하면서, 그의 언어 세계가 너무나도 조직적이고 체계적인데 놀라서 스스로 인덱스 작업을 하게 되었다고 말한다. 방 신부의 영성은 마치 아름다운 건축물과도 같은 구조와 체계를 구축하고 있는 것이다.

기독교에서 쓰는 용어를 안 쓰고 고유한 토착 종교 언어를 썼다는 점, 이

---

68) 서울대학교 문학 석사, 미국 미주리대학교(콜롬비아) 문학 박사. 현재 전남대학교 사범대학 영어교육과 교수로 재직. 주요 번역서는 《영혼의 빛》, 《삼국유사》 등 다수.

게 참 특이합니다. 우리나라 문화에 맞게끔 어휘를 바꾸셔서, 상당히 특이한데 우리말이나 우리나라 문화, 정서, 사고방식, 이런 것을 토착적 언어를 통해서 했다는 것이 특이한 것 같아요……. 그래서 중요한 언어들, 이런 말들을 뒤에다 달면서, 아무래도 이제 전체적으로 페이지 수를 정했는데, 적으면서 다 논리적으로 연결이 돼요. 나는 번역할 때는 몰랐어요. 다 끝나고 나서, 놀랐지요. 전체적으로 말들이 하나의 틀로 체계화가 딱 돼요. 그걸 느꼈어요. 그래서 저도 깜짝 놀랐어요. 그러면서 인덱스를 뒤에 하면서 체계화되니까 이걸 또 다시 적용하게 되고……. 그냥 말씀하신 게 아니라, 이미 잘 체계화되어 있고 조직화 되어 있어요. 전체적으로 시를 보더라도 한마디 말이 그 시에만 나오는 게 아니고 그 사람 시 전체에 연결이 되죠. 그런 의미에서 시인이시니까……. 모든 개념이나 언어가 다 논리적으로 연결이 돼요. 제가 그래서 놀랐어요.

인터뷰 자료 : 김달용 교수, 2008. 1. 15.

　가톨릭 전통적 영성가들이 말하는 영성의 발달 단계stages는 첫째, 정화의 단계, 둘째, 조명의 단계, 마지막으로 일치의 단계다. 이 단계가 발전하면서 의식의 상태도states도 달라지는 것이다. 방 신부는 이 전통적·영적 성장 단계를 '세 고비의 비방秘方'이라는 말로 표현했으며(p. 673), 그 자신도 이 세 고개를 자연스럽게 밟았다. 그는 이를 좀 더 세부적으로 정교화하여 보편적이면서도 자신만의 독특하고도 고유한 영성체계를 창안하였다.
　방 신부의 영성에서 신과의 합일을 거쳐 무아가 되는 것이 영성의 정점인데, - 방 신부의 표현으로 성인이 되는 것 - 이 여정에 있어서 첫 출발점은 점성點性정신이다. 성인이 되기 위하여 특별히 할 것은 없고 일상의 사소하고도 평범한 시간 안에서 실천적 신비 영성을 살도록 안내하였다. 이것이 바로 점성정신의 핵심이다. 점성정신은 누구나 할 수 있다는 점에서 영성의 대중화와 영성의 민주화를 가능하게 했다고 보는데, 이 점 또한 미래 시대를 예견했다고 보이는 부분이다. 몇몇 소수의 사람만이 영적 힘을 소유하고 파워를 행사하는 것이 아니라 모두가 다 영적 힘을 가진 성인이 될 수 있다고 주장한다. 이런 맥락에서 영적 대중화와 영적 민주화라는 말을 사용한 것이다. 방 신부는 남녀노소, 지식이 많든지 없든지, 결혼을 하든지 독신생활을 하든지 누구나 다 수도생활을 할 수 있도록 다양한 수도 공동체를 세웠다. 그리고 수도원은 바로 성인을 만드는 전문 기관, 성인을 만드는 학교라고 말하였으며[69], 수도자들의 전공과목은 '성인되는 것'이라고 하였다.

　방 신부는 일상적으로 신비적 황홀경에 도취하여 눈물을 글썽이며 노래할 때가 많았지만 철저하게 현실감을 가지고 맑게 깨어서 하늘로 상승하는 기류를 다시 땅속으로 깊이깊이 내렸다. 그래서 자신의 몸가짐, 동작 하나하나, 말씨 하나가 다 침묵의 향기를 표현했다. 자신의 전 존재를 통해 점성정신으로 '지금 여기'에서 알아차림과 마음챙김을 하였다. 순간순간을 승화昇華하고 성화聖化하도록 가르쳤다. 그러기에 방 신부의 영성의 체계는 하늘과 땅을 통합하는 영성이다. 이는 곧 인간 존재의 정체성에 어울리고 공명되는 수도 방법이다. 성경에서 가르치는 인간 정체성이란 하늘로 상징되는 하느님과 땅으로 상징되는 흙의 만남으로 인간이 만들어졌다는 것을 상기할 필요가 있다.

　무아 방유룡 신부는 특별한 기도 방법이나 특별한 육체적 수행 방

---

[69] 방유룡 신부 강론집 《영혼의 빛》, p. 315, 348, 〈순교의 맥〉, 제186호, p. 12.

제4장_'통합신비' 영성의 빛깔과 특징 271

법을 고안한 것이 아니다. 그는 첫째, 인간 안에 있는 사욕邪慾의 세계에 주목함으로 해서 매우 현실적인 인간 실존과 대면했다. 이 사욕의 문제에 초점을 맞추고 있는 부분은 불교와도 상통하고 있는 부분이다. 불교는 인간의 집착에 대해 깊은 통찰을 제공하는데, 인간이 집착하게 되는 근원적 요소가 사욕인 것이다.

또한 방 신부는 우리의 일상에서 필요한 몸을 움직일 때 주의를 몸으로 가져가 자신의 모든 몸동작에 깨어 자각하는 방법을 제시했다. 이 부분도 불교의 위빠사나[70]와 다른 동양적 수행과 상통하는 부분이다. 그리고 그는 '나쁜 생각'을 하지 않으면 된다는 아주 쉬운 표현을 통하여 사고의 흐름을 주시하도록 요청했다. 몸(행동), 마음(양심불과 사욕), 사고(나쁜 생각)를 주시하는 방법으로 자신을 정화하면 관상 세계에 도달한다고 강조했던 것이다. 이러한 부분은 다분히 동양적인, 즉 유불선의 전통적 수행 문화와 맥을 함께하는 부분이라고 보여지는 것이다. 여기까지는 동양적 정신문화와 공명하는 부분이며, 이 단계를 방 신부는 점성, 침묵沈默의 단계라고 이름 붙였다. 그리고 그 다음의 단계가 대월 그리고 면형무아가 그 정점이다.

점성정신과 침묵관상 생활은 수행적 단계, 즉 정화의 단계이다. 동양의 수행 방법은 여기까지가 강조되어 있다. 그러나 가톨릭 영성의 전통에서 다음은 조명照明의 시기가 와야 한다고 강조한다. 하늘에서 내려오는 빛, 성령의 빛을 받아 신과 합일하기 위한, 정화淨化를 포

---

70) 몸과 마음의 현상인 오온五蘊이 작용하여 그러한 감정과 생각을 나와 동일시하는 착각으로 무상과 고와 무아를 확인하지 못함이 범인들의 현실인데, 위빠싸나의 수행을 통해 오온을 꿰뚫어 삶의 현상을 순간순간 포착하여 그 변화를 보고 이것의 실체가 없으며 고통임을 알아 현상 이전의 본성을 파악함으로써 영원한 평화와 지혜를 여는 것이 이 수행의 핵심. 원문 출처 : [카페] '요가 아쉬람.'

함하면서도 자신의 노력만이 아닌 외부로부터 오는 은총의 빛을 받아야 함을 강조하는 것이다. 이 단계를 방 신부는 대월對越의 단계라고 자신의 말로 표현했다. 자주 성령聖靈과 대월하면서, 이 빛과 접촉하면서 신과의 합일 그리고 자아로부터의 해방, 즉 무아가 되며 또 다른 차원의 합일인 성체聖體, 곧 영성생활의 완성 단계인 면형무아가 되는 것이다.

방 신부는, 수도자의 길은 점성, 침묵, 대월, 면형무아라고 가르쳤는데 가톨릭에서 오랫동안 말하는 정화, 조명, 일치의 전통적 3단계에다 정화기를 둘로 나누어 4단계로 만들었다. 방 신부는 면형무아 단계를 세분해서 말한 적이 있지만, 크게 나누어서 4단계이다. 면형 단계를 둘로 나누어 전체적으로 5단계로 말하기도 한다. 이로써 그는 수행의 중요성을 강조하면서 인간의 풍부한 자원인 몸 그리고 지知·정情·의意를 잘 활용하여 정화기를 갈 것과 자신을 정화하면서 진眞·선善·미美의 추구를 통해 균형적·통합적 전인으로 성장하기를 가르쳤다. 이후의 대월 단계로 넘어가면 개인은 영적 생활에서 점점 수동적 자세가 되면서 자아로부터 해방되는 정도에 따라 조명기와 일치기가 달라지는 것이다.

결론적으로 방 신부는 인간성과 관련한 수련방법을 깊이 있게 탐구하였다. 인간성을 해결하기 위한 '점성' 단계와 '침묵'의 단계를 아주 정교하게 체계를 세웠다. 어떻게 실천하고 수행할 것인가에 대해서, 어떻게 정화淨化기를 갈 것인가에 대해서 일상적 생활 안에서의 실천적 행위를 강조하는 체계를 발전시켰기 때문에 매우 '실천적 영성'이라 보는 것이다.

방 신부는 여기서 끝나는 것이 아니다. 하느님으로부터 오는 성령의 빛을 받아들이는 대월기도와 대월생활을 강조하고 하느님과의 합일을 이루는 신비적 체험의 중요성을 똑같이 강조했기에 '신비영성'이라는 것이다. 무아 방유룡 신부는 신성과 인성의 양극 편향의 역사적 괴리를 통합하였다. 개인 안에서의 몸과 마음 그리고 영성의 괴리를 극복, 통합하였고, 다시 신성과 통합하는 것을 자신의 영성체계 안에 모두 담았다. 그러므로 그의 영성을 '통합신비' 영성이라고 말하는 것이다. 이밖에 다른 통합적 차원은 이 장의 곳곳에서 다루어질 것이다.

나무를 전지하고 있는 방유룡 신부

무아 방유룡 신부의
'통합신비 영성 발달모형' 과
윌버Wilber의 AQAL, IOS 통합 이론

　무아 방유룡 안드레아 신부의 생애와 그가 창안한 통합신비 영성의 체계를 통해서 그의 영성이 인간 발달과 동시에 영성 발달을 위한 통합적 접근을 하고 있음을 보았다. 그의 '통합신비' 영성은 영적 여정을 위한 입체적 안내지도와 같다. 입체적이라고 하는 이유는 그의 영성 발달을 위한 안내 지도가 수직적 · 수평적 · 다원적 차원 모두를 포괄하고 있기 때문이다.

　윌버Wilber는 최근 그의 저서《모든 것의 역사A Brief History of Everything》(1996),《통합심리학Integral Psychology》(2000),《통합영성Integral Spirituality》(2006) 등에서 그의 통합이론인 AQAL(All-Quadrants, All-Levels) 온수준 온상한, IOS(Integral Operating System)통합운영체계 그리고 IPM, IMP[71] 등을 내어놓았다. 무아의 통합신비 영성모형은 윌버Wilber의 통합지도와 매우 잘 공명한다. 이 논문은 비교연구가 아니므로 둘이 어떻게 잘 공명하는가 하는 측면만《통합영성》(2006)을 중심으로 간단하게 볼 것이다.

---

71) IPM : Integral Post-Metaphysics. 탈형이상학, IMP : Integral Methodological Pluralism 통합방법론적 다원주의.

윌버Wilber는 인류 의식의 여정에 있어서 전근대, 근대, 탈근대의 시대적 괴리와 분열을 극복하려는 노력의 일환으로 인간 발달을 위한 통합 매트릭스 AQAL 그리고 IOS 지도를 만들었다. 윌버Wilber 사상의 발전기를 제1기~제5기(현재)라고 본다면, 이 지도는 그의 통합정신이 무르익은 제4기, 5기의 결실이다(조효남. 2008). IOS 통합지도는 5가지 요소를 포함하고 있는데, 온수준All-levels, 온상한 All-quadrants, 온지류All-lines, 온상태All-states와 온단계All-stages 그리고 온유형All-types이다. 모든 것을 포괄한 이 통합지도는 개인이 어떤 상황에서 무슨 일을 하든지 간에 모든 분야에 이것을 이용할 수 있고 발전 속도를 극적으로 높일 수 있을 것이라고 강조한다. 그는 통합사상의 기본 틀인 AQAL을 각각 다시 내측·외측 관점에서 조망할 수 있다고 하여 4Q8Z(4Quadrants 8Zone)으로 세분화하고, 보다 포스트모던적 AQAL 통합 매트릭스 이론을 제시하고 있다.

이러한 통합 매트릭스는 다방면의 사람들에게 통합적 시각과 의식을 함양하는 데 큰 역할을 할 것으로 전망하나, 부분 부분에 있어서는 시간을 가지고 검증받아야 할 부분이라고 본다. AQAL 매트릭스 혹은 IOS 지도는 모든 것을 포괄하는 지도이나, 영적 성장과 여정을 위한 전문 안내 지도로서는 다소 부족하다고 본다. 윌버Wilber는 통합 사상가이고 이론가이나, 무아 방유룡 안드레아 신부는 신비가이며, 영성가이다. 방 신부의 통합신비 영성은 개인의 영적 안내지도를 내어놓은 것이지 통합 이론가는 아니다. 그러므로 이들의 모형을 비교하는 설정은 그리 좋지는 않다. 그러나 이들의 의식이 매우 '통합적'이며 '발달적 체계'라는 측면에서 서로 공감대를 형성하므로, 방유룡 신부의 통합신비 영성을 윌버Wilber의 통합모형으로 조명해 보는 것은 유용하다.

윌버Wilber는 그의 AQAL을 바탕으로 하는 통합이론을 그동안 여러 책들에서 반복적으로 자세하게 설명을 했기 때문에, 여기서 그의 통합이론을 소개하는 것은 생략한다. 설명을 줄이고 전체를 한눈에 들어오도록 하기 위해서 통합신비 영성모형과 윌버Wilber의 AQAL 혹은 IOS를 〈표 2〉로 정리하였으며, 윌버Wilber AQAL 통합모형의 이해를 돕기 위해서 〈그림 1〉을 제시하였다. 이는 제4장 '무아 방유룡 신부의 통합신비 영성의 빛깔과 특징'을 결론적으로 마무리하는 차원이다.

AQAL 매트릭스 통합모형의 핵심은 인류의 정신 발달이라는 측면

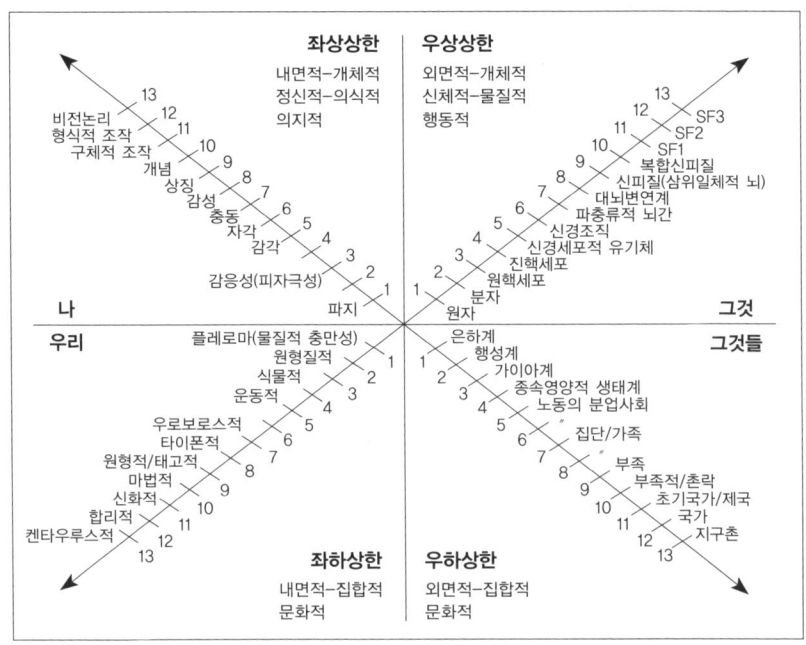

〈그림 1〉 윌버Wilber AQAL

에서 전근대 정신은 인류의 참 지혜인 '영원의 철학'을 바탕으로 하는 '존재의 대둥지'의 온수준All-levels은 다뤄지고 있으나, 온상한 All-quadrants적은 아니라는 점이다. 근대는 정신의 3대 가치인 '진·선·미'의 분화가 있었으나 과학적 실증주의에 의한 환원주의로 온수준All-levels을 잃어버리고 온상한All-quadrants의 평원적 붕괴를 낳게 되는 분열성에 허덕였음을 주시했다. 탈근대에 와서는 3대 가치의 통합은 이루었으나 극단적 상대주의와 구성주의의 허무성이나 극단적 해체주의의 문제성을 안고 있음을 지적했다.

윌버Wilber는 이 세 시대의 분열성을 극복하여 앞으로의 시대는 온수준과 온상한을 온전히 통합하는 쪽으로 가야 함을 강조하고 있다.

윌버Wilber는 나아가 실제 생활에서 통합적인 삶을 살아가기 위한 구체적인 훈련을 위한 프로그램인 ILP(Integral Life Practice)를 내어놓았다. ILP는 인간의 몸, 마음, 영, 그림자 이렇게 4가지를 훈련하는 핵심 모듈들(modules)과 윤리, 성, 직업, 정서, 인간관계를 훈련하는 5가지 보조 모듈들로 구성되어 있다

윌버Wilber는 인간 성장과 변환을 위해 산재해 있는 기존의 많은 방법이나 프로그램들을 수집하여 ILP에 제공하고 있다. 이는 다양한 접근 방법들 중에서 개인의 선택에 따라 몸, 마음, 영, 그림자 모두를 균형 있게 훈련하며 보조 모듈들 중에서 하나씩 선택하여 사용하도록 적극 제안하고 있다.

윌버Wilber의 통합적 비전은, 온우주(Kosmos)는 온수준과 온상한에 두루 '활동하는 영'의 현현이며, 모든 인간도 이에 상응하는 실존을 본디 가지고 있다고 역설한다. 그러므로 이 통합적 정체성을 자각하고, 자신과 인류의 진화를 위해 통합적 시각을 형성하고, 통합적 IOS(Integral Operating System) 지도를 활용할 것을 적극 권장하

고 있다. 그러나 이 지도는 지도일 뿐이지 영토 자체는 아님을 부언한다. 윌버Wilber의 이 온주순 온상한의 IOS 통합모형의 관점에서 각 요소와 무아 방유룡 신부의 통합신비 영성이 어떻게 상통하는가를 〈표 2〉에서 함축적으로 밝혔다. 그 내용에 따라 순차적으로 설명을 곁들였다.

온수준All-levels이란 인간의식 스펙트럼의 각 단계의 발달적 기본 파동을 포괄한다. 이는 물질, 생물, 마음, 혼, 영 이렇게 단순화해서 표현할 수 있다. 하위수준일수록 보다 단순하면서 상위 수준으로 갈수록 복잡한 의식 구조를 갖게 되고 축자적으로 전개되는 구조를 갖는다. 이는 개체적으로 보면 발달적이며, 계통적으로 보면 진화적 관점을 갖는다. 방유룡 신부는 인간 존재의 구성을 광물성, 식물성, 동물성, 영성, 신성 이렇게 5가지로 보고 있는데, 의식이라는 관점에서 윌버Wilber가 말하는 것과 같이 이들은 발달적이다. 영적 발달이라는 측면에서도 무아는 점성 - 침묵 - 대월 - 면형무아라는 수준을 설정하고 있다. 인간의 의식과 영성이 모두 수준을 가지고 있고 발달적 단계를 밟으며 성장하여 감을 나타낸다.

온상한All-quadrants의 4상한은 온우주의 네 코너를 의미한다. 온우주의 모든 존재와 의식에 대한 개체적인 것과 집합적인 것 그리고 내면적인 것과 외면적 시각과 조망을 일컫는다. 모든 홀론은 내면적이며 주관적인 '나(I)' 영역, 상호 주관적인 '우리(we)' 영역, 외면적이며 객관적인 '그것(it)' 영역, 상호 객관적이며 집합적인 '그것들(its)'로 각각 좌상, 좌하, 우상, 우하 네 상한으로 범주화한다.

4상한 통합 매트릭스는 각 상한에서 일어날 수 있는 불균형과 분열적 시각, 즉 좌상 상한에서의 극단적인 이상주의, 좌하 상한에서의 극단적인 포스트모더니즘, 우상 상한에서의 극단적 과학주의, 우하 상한에서의 극단적 시스템 이론을 배격하고 통합적 세계관과 시각을 가져야 함을 주장한다.

〈표 2〉 무아의 통합신비 영성 발달모형과 윌버Wilber의 통합모형

윌버의 AQAL, IOS 통합모형	무아의 통합신비 영성모형
All-levels 온수준 • 물질-생물-마음-혼-영 • 태고-마법-신화-합리-심혼-정묘-원인	• 광물성-식물성-동물성-영성-신성 • 점성-침묵-대월-면형-무아
All-quadrants 온상한 좌상 : 나(I), 의지적 · 주관적 　　　내적-인지 · 정서 · 영성 · 진실성 좌하 : 우리(we), 문화적 · 상호주관적-도덕, 상호 개인, 정당성 우상 : 그것(it), 행동적 · 객관적, 외적-몸, 생리, 행동 우하 : 그것들(its), 사회적, 상호 객관적-구조적 기능주의, 시스템 망, 기능적 적응 • 3대 가치 : 진(its) · 선(we) · 미(I) 　　　　　과학(its) · 도덕(w) · 예술(I)	좌상 : 일반 차원의 점성정신. 이성침묵, 사욕침묵, 의지침묵, 양심불, 자유의지, 대월, 면형무아 좌하 : 신비 차원의 점성정신, 대월, 형제애, 면형사제, 면형제사 우상 : 몸, 오관침묵, 동작침묵, 사기지은의 몸 우하 : 순교자 현양사업, 공동체 건설, 미사와 전례 행위, 각종 사회복지, 교육, 병원사업 등의 사도직 활동, 그리스도를 머리로 하는 신비체神秘體, 세상계-연옥계-천상계가 함께하는 공동체 • 3대 가치 : 진 · 선 · 미 　　　　　생태(자연its) · 사랑(we) · 예술(I)
All-lines 온지류 인지, 정서, 도덕성, 대인관계성, 성심리….	몸, 오관, 이성, 의지, 형제애, 창조성….
All-states 온상태 깨어있는 상태, 수면 상태, 꿈 상태 All-stages 온단계 • 자기중심적 단계egocentric/몸/전 관습 • 민족중심적 단계ethnocentric/마음/관습 • 세계중심적 단계worldcentric/영/탈관습	• 점성, 침묵의 각성 상태 • 대월의 황홀경, 심중천국 지복직관 상태 • 점성, 침묵 단계 - 자아 진흥 • 대월 단계 - 신적 합일 • 면형무아 단계 - 무아
All-types 온유형 • 여성과 남성 • 성격유형 : 에니어그램, MBTI….	• 여성성과 남성성의 극복 • 모든 이에게 열려있는 수도생활

〈표 2〉를 보면 방유룡 신부의 통합신비 영성도 이 AQAL 차원을 풍부하게 갖추고 있음을 알 수 있다. 통합이론의 대가라고 불리는 월버Wilber의 통합지도와 방 신부의 통합신비 영성이 얼마나 통합적인가를 한눈에 봐도 알 수 있다. 월버Wilber는 온수준, 온지류, 온상태-온단계, 온유형 모두에 AQAL을 적용할 수 있으며, 모든 것에 대한 통합적 접근과 통합적 비전을 제시하는 큰 지도를 만들어 냈다.

좌상 상한은 '나(I)' 개인의 주관적·내적·의지적 차원을 포괄한다. 개인의 인지, 정서, 진실성, 영성 차원 등이 여기 해당된다. 통합신비 영성은 개인의 내적 발달이라는 측면에서 개인의 매우 주관적이고도 내적 차원인 양심을 챙김 하는 이성침묵과 동시에 개인 주권의 특권인 자유의지를 강조한 의지침묵, 개인의 정서와 깊은 관련이 있는 사욕침묵을 중요시하고 있다. 그리고 알아차림과 깨어있음을 함양하는 일반적 차원의 점성정신이 강조되는데, 이는 모두 좌상 상한면에 속한다. 본격적인 개인의 영성생활이 활성화되는 대월관상 단계와 면형무아 단계도 좌상 상한에 속한다. 특기할 것은 위에서 열거한 것을 보면, 통합신비 영성이 좌상 상한 내에서조차도 개인의 이성적 차원, 심리적 차원, 영적 차원 그리고 일상의 여러 일work의 차원을 통합한다는 것이다

좌하 상한은 '우리(we)'의 차원으로 문화와 상호주관적 상호개인이 강조되므로 윤리 도덕 차원이 여기에 속한다. 통합신비 영성은 우선 나를 신에게 순간순간 봉헌하는, 신과의 상호 관계성을 형성하는 차원을 가지고 있다. 신과의 이 관계성은 곧바로 타인과의 관계성과 도덕적 차원으로 연결된다. 마찬가지로 대월 단계에서 신과의 합일은 현실 생활에서 이웃과의 합일의 능력이 함양되는 차원으로 나타나는 것이다. 통합신비 영성은 타인과 신을 분리하지 않는다는 것이다. 그

래서 방 신부는 '형제애'를 강조하고 동시에 신과 나날의 일상 속에서의 관계를 위한 '면형사제'와 하느님과 이웃을 위한 '면형제사'를 강조하였다. 문화적 차원을 본다면 통합신비 영성이 타인과의 소통 수단인 창조적 행위와 예술을 그의 영성에 포함시킨 부분으로 드러난다. 좌하 상한 내에서도 일상·이웃·명상·영적 차원과의 통합을 꾀하고 있다.

우상 상한은 '그것(it)'의 객관적·행동적·외적·몸적·생리적 차원이다. 윌버Wilber는 인간의 몸이 각 의식 수준에 상응한다고 본다. 그래서 밀도가 높은 거친 몸gross body, 정묘한 몸subtle body, 원인이 되는 몸causal body이 그것이다. 밀도가 높은 몸은 물질적이며, 육체적이며, 감각에 반응하는 보통의 깨어있는 상태의 몸이다. 정묘한 몸은 우리가 꿈꾸는 동안의 몸과 같은 것이고 원인이 되는 몸은 광대한 공空만 존재하며, 형태 없음의 광대한 무無적 몸이며, 무한한 몸이며, 무한한 에너지의 원인이 되는 몸을 말한다.

통합신비 영성은 몸을 영성의 동반자로 본다. 몸은 의식과 영성이 발달함에 따라 그에 상응한다는 점에서 윌버Wilber가 말한 것과 비슷한 측면을 가지고 있다. 그는 몸의 최고의 단계는 사기지은의 몸인 부활한 예수의 몸과 같이 될 수 있음을 강조한다(1고린토 15장). 이는 윌버Wilber가 말한 causal body와 상통하는 면이 있다. 방 신부는 영성생활을 하는 수도자들에게 몸을 잘 챙기고 보살피는 것, 잠자고, 먹고, 쉬는 생리적 욕구의 존중과 안정을 중요시하였던 것이다. 명상적 차원과 심리적 차원 그리고 행동적 차원을 챙김 하는 동작침묵과 오관을 챙김 하는 오관침묵을 강조함으로써 몸과 행동을 동시에 돌보고 챙김 해야 함을 제시한다. 대월관상 단계에서는 의식과 영 그리고 몸의 총체적 변용이 일어나는데, 특히 오관의 열림과 몸이 달라지며 진화하는 단계를 말한다. 이는 육체의 생리적 차원, 세포차원 그리고 뇌와 신경계에 변용이 일어나는 것이다. 통합신비 영성은 우상 상한 안에서도 몸·행동·명상적 차원을 통합하였다.

우하 상한에서는 그것들(its), 사회적·상호 객관적·구조적 기능, 시스템망 그리고 그의 적응과 적용을 포괄한다. 가톨릭 수도자들이 개인적으로 영성생활을 하는 것뿐만 아니라, 철저한 공동체 생활을 하도록 되어 있다. 공동체 생활이 아닌 형태는 수도생활 혹은 수도자라고 하지 않는다. 수도자 개인 각자는 영적 수련과 함께, 공동체 생활의 기능적인 면이나, 구조적이고 시스템적 차원 그리고 공동체의 경영 차원에서 훈련을 받으며, 각자 누구나 공동체 건설의 책임을 갖고 있다. 이는 성경이 가르치는 삶으로서, 그리스도를 머리로 하여 모든 사람은 지체가 되어 유기체적 연결을 갖는다. 이를 신비체神秘體라 한다. 모든 인류가 한몸을 이루는 신비체의 구현과, 예수가 강조한 '하느님 나라'의 건설이라는 대망大望을 구현하는 차원을 가지고 있는 것이다.

영성생활은 그저 개인과 수평적 이웃의 측면만이 아닌 체제와 체계 그리고 구조적 차원을 포괄하는 차원이다. 이러한 측면은 전례와 미사에서도 극명하게 드러난다. 너와 나의 좋은 관계만으로 전례가 잘 운영될 수는 없다. 분명 구조적이며 시스템적인 부분을 잘 포괄하여야만 공동전례가 성사되기 때문이다. 그리스도교는 우하 상한의 시스템 부분이 타 종교에 비해 우수하다고 본다. 수도자들은 사회의 의식과 구조적 변혁을 위해 각종 전문적 교육, 병원, 사회복지 등을 운영하기 때문이다. 이러한 것들을 운영하기 위해서는 개인적·영적 생활만으로는 부족한 것이다. 과학이나 의학, 기타 여러 전문 학문들을 받아들여야만 이들을 경영할 수 있다.

그래서 수도회들은 수도자들을 다양한 전문가들로 양성하는 것이다. 방유룡 신부는 수도원에 각종 전문 연구소들을 갖춘 수도원을 꿈꾸었다. 방유룡 신부는 개인적으로 기계를 몹시 좋아하였다. 그리고 그는 수도자들이 공장을 운영할 것을 교황청 인가 문서에 명시하였던 것이다. 방 신부가 또한 강조한 것은 순교자 현양 사업이다. 이를 위해서는 역시 경영과 기능과 구조와 시스템적 차원을 수도자들이 발달시켜야만 되는 것이다. 현대 그리스도 교회는 우하 상한적 차원인 대 사회를 향한 구조적·의식적 변혁을 위한 활동에 치우치고 있는 측면이 있다.

마지막으로 부언할 것은 수도자들은 하늘에 있는 성인들과 통교한다. 또한 죽은 이들을 늘 생각하고 이들을 위해 기도한다. 그리스도인들의 공동체 개념은 이러하다. 이승의 사람들은 저승세계에서 연옥의 여정, 즉 정화여정을 가고 있는 영혼들을 위해 기도해 주며, 성인들은 이승의 산 사람들을 위해 기도해 주는, 하느님과 연옥의 영혼과 천상의 성인들 그리고 산 이들이 함께 서로 돕는 공동체이다. 그래서 성인들과의 통공通功 통교를 이룬다. 성모 마리아에게 혹은 성인들에게 도움과 기도를 청하는 것이 바로 그것이다. 그러므로 산 이와 죽은 이들 모두 함께 가는 공동체이다. 우하 상한에서는 시스템적 차원과 경영 차원, 인류공동체 건설의 차원 그리고 산 이와 죽은 이까지 통합하는 우주적 공동체, 신과 자연과 생태계까지 모두를 포괄, 통합하는 깊은 철학적 바탕을 가지고 있는 것이다.

방유룡 신부는 진·선·미를 영성생활의 핵심적 가치로 여겼으며, 이 가치를 균형적으로, 통합적으로 추구하기 위해서 이를 완덕오계에 담았다. 한편 윌버Wilber는 진·선·미의 가치를 AQAL의 나 – 미美, 우리 – 선善, 그것(그것들을 포함한) – 진眞으로 범주화했다. 즉,

진선미는 AQAL을 축소적으로 포괄하고 있다는 것이다. 바로 이 점만 보아도 통합신비 영성이 얼마나 통합적인가를 단적으로 말해 주고 있다. 윌버Wilber는 온우주(Kosmos)는 온수준·온상한에 두루 현현하므로 진선미의 추구와 참여를 통해 개인과 인류 진화를 촉진해야 함을 역설한다. 통합신비 영성은 또한 자연과 생태(its)·사랑(we)·예술(I) 차원을 역시 통합적으로 그의 영성에 담았다.

온지류ALL-lines는 인간성 안에 있는 여러 차원의 잠재력과 기능적 차원을 말한다. 윌버Wilber는 인간이 많은 발달 지류들을 갖고 있다고 본다. 그러나 단순화하여 중요한 지류인 5개를 예로 든다. 이 지류들은 인간이 성장함에 따라 발달 단계들을 거친다. 통합신비 영성에서도 분명 인성 발달에서 있어서 강조하는 부분이 있는데 몸과, 오관, 이성, 양심, 자유의지, 대인관계 능력인 형제애, 창조성 등이다. 이 중에서 어느 것 하나라도 제외시키지 않고 전인적·균형적·통합적 발달을 추구하고 있다.

온상태All-states, 온단계All-stages에 관하여 윌버Wilber는 《통합영성》에서 꽤나 긴 지면을 할애하고 있는데, 상태state는 왔다가 사라지는 것이고, 단계stage는 일단 성취하면 그 단계가 사라지지 않는 것이라고 구별한다. 무아는 낮 동안에는 점성, 침묵에서 각성상태를 유지하고, 잠을 잘 때는 잘 자기를 바랐다. 그가 궁극적으로 추구한 것은 트랜스trans 상태를 추구한 것이 아니라, 일상생활 안에서 맑게 깨어있는 정도가 깊으면서도, 심중천국과 지복직관의 상태를 유지하는 삶이 인생의 목표라고까지 말했다. 사람들이 이러한 마음의 기쁨과 황홀 상태를 못 누리는 것에 대한 안타까움을 토로하면서 말이다. 그는 밤이나 낮이나 하느님의 성령의 임재하심을 몸으로 느끼며 살았다.

방유룡 신부는 인간의 의식 상태는 단계와 연결되어 있다고 본다. 왜냐하면 점성이나 침묵 단계에서는 신적 합일에 의한 기쁨을 말하지 않고 있다. 대월 단계에서 인간성 완성이라는 발달과업을 성취한 다음에 하느님과의 합일을 경험하고 황홀경 상태를 주로 경험하기 때문이다.

윌버Wilber는 인간이 성장하면서 처음에는 자기중심성에서 민족중심으로 그리고 세계중심으로 확대되어 가는 경향을 말하고 있다. 통합신비 영성에서 중요하게 여기는 발달 단계는 점성, 침묵, 대월 면형무아이다. 점성과 침묵 단계에서는 인간성 진흥을, 즉 자아의 발달을 주로 강화하고 대월 단계에서는 신과의 합일로 인한 '인성의 완성' 단계를 이루며, 영적 여정이 활성화되면서 다시 존재의 변형을 일으키는 단계다. 즉, 빵(면형)이 될 것을 강조하고 남에게 먹히면 존재는 완전히 사라지는, 즉 면형무아麵形無我가 되는 데까지 영성의 발달 단계를 가르치고 있다. 이 무無가 '영성의 완성'이 일어나는 단계인 것이다. 신화神化하기 위하여 존재는 끊임없이 상승하며 신을 추구하고 다시 물처럼 하강하여 보이지 않은 점, 즉 무가 되는 단계까지 인간 발달 단계로 보았다. 이런 단계는 윌버Wilber가 말하는 자기중심성에서 민족중심을 거쳐 세계중심으로 발달하여 가는 단계와 함께 가는 여정이다.

온유형ALL-types에서 윌버Wilber도 결국 개인은 여성성과 남성성을 통합, 초월해야 함을 강조한다. 이는 본디 융Jung의 이론이다. 윌버Wilber는 융Jung이 전초오류를 범했다고 비판하고 있으나 - 이는 연구자를 포함하여 다른 이들의 비판을 받고 있는 부분이다 - 융Jung의 개념과 용어들을 많이 차용하여 쓰고 있다. 페르조나, 그림자 이론, 심혼, 여성성과 남성성의 통합 이론, 성격유형 이론에서의 통합, 만다라 등의 개념들을 수용하여 쓰고 있다. 융Jung은 개인의 개성화과정을 통해서 인격적 통합과 균형 그리고 무의식과 영성의 통합을 강하게 주장한 사람이다. 무아 방유룡 신부도 이러한 균형과 통합 그리고 온전함을 추구했기 때문에 여성성과 남성성의 조화와 균형을 그의 영성에 충실하게 반영한 것으로 간주된다.

방 신부는 성모 마리아에 대한 각별한 애정과 존경으로 여성성의 모델로 삼았다. 윌버Wilber는 여성은 관계 지향적이고 남성은 이성과 자유 지향적이라고 말한다. 방 신부는 통합신비 영성을 통해서 윌버Wilber가 남성적 특징이라고 말하는 합리성과 이성을 강조하는 양심불과 깨달음 그리고 자유의지를 역시 강조했다. 또한 여성성이라고 하는 관계성의 함양을 도모하는 신과의 관계, 사람과의 관계성, 즉 형제애를 강조하였던 것이다. 대월 단계에서는 이제 이성은 지혜를 갖추게 되고, 여성이든 남성이든 자기 성을 통합, 극복하고 초월하여 모두 남성도 아닌, 여성도 아닌 하느님의 우아하고 부드러운 연인이 됨을 알려주고 있다.

지금까지 윌버Wilber의 통합모형 지도의 5가지 구성 요소를 중심으로 무아 방유룡 신부의 통합신비 영성의 전체 윤곽이 AQAL를 기본으로 하는 앞의 5가지 구성 요소를 고루고루 갖추고 있음을 보았다. 이는 통합신비 영성이 그만큼 포괄적이며 통합적임을 증명하는 것이다. 통합신비 영성은 각 상한 내에서조차도 통합적 요소를 풍부하게 갖고 있음도 알게 되었다.

윌버Wilber의 AQAL 이론을 처음 읽었을 때, 십자가와 십자성호를 떠올렸다. 가톨릭신자들은 기도를 시작하기 전이나 후에 반드시 자신의 머리와 가슴 그리고 양쪽 어깨 쪽에 수직선과 수평선을 만들며 자신의 가슴 중앙에 큰 십자표를 긋는다. 신자들은 '구원의 상징' 과

'거룩한 이름'을 부른다는 뜻에서 이를 '십자성호聖號'를 긋는다고 말한다. 예수께서 십자가에서 돌아가심으로 십자가는 구원의 상징이 되었다. 또한 십자표는 4상한 대통합의 상징이다. 양극성과 이원성의 합일과 하늘과 땅을 이어주는 심오한 상징이며 인류가 앞으로 통합을 향하여 나아가야 할 구원의 대망이 담겨있는 것이다.

성호를 그을 때마다 윌버Wilber의 사四 상한의 통합 그리고 자신과 공동체와 인류, 나아가서 우주적 대통합을 생각하며 거룩한 십자표를 그어야 할 것이다. 복자수도회 대가족들은 하나 더 생각해야 하리라. 창설자 무아 방유룡 안드레아 신부의 영성은 '통합신비' 영성임을 말이다. 통합은 치유를 불러오기 때문에 중요한 것이고, 통합이 없이는 초월도 일어날 수가 없다. 그러므로 영성생활이란 인간의 분열성을 극복하는 심리적 차원의 치유로부터 시작하여 신성과 분리된 분열성을 치유하는 단계로 나아가서 마침내 '인간성 완성'과 '영성의 완성'에 이르는 여정을 의미한다고 볼 수 있다.

무아 방유룡 안드레아 신부 영성의 특징

　지금까지 무아 방유룡 신부의 영성의 내용과 빛깔, 그 특성들을 논하였다. 이제 그의 영성의 특성을 간단하게 요약해 보려고 한다. 통합신비 영성의 10가지 특징에 관한 것은, 방유룡 신부 영성의 심층연구를 시작한 이래 필자가 새롭게 해석한 것임을 밝힌다. 앞으로 여기 제시한 열 가지 특성에 대한 연구가 따로 따로 좀 더 심도 있게 연구될 필요가 있다고 본다. 인류 영성사靈性史 안에서 윌버Wilber가 내놓은 통합이론인 온수준과 온상한을 두루 포괄한 통합적 영성 모델을 제시한 영성가는 없다. 모두 어느 면에 우수하면 다른 면에서는 부족한 것이 대부분이다. 무아 방유룡 신부의 통합신비 영성은 균형과 조화를 지니며 심리학적 함의를 풍부하게 포함한 영성이다. 방 신부의 영성처럼 인간적 차원의 정교함과 동시에 신비 차원에서의 발달적 차원을 섬세하고도 선명하게 보여주는 영성은 드물다. 면형무아 영성은 너무 세세하게 나눠서 복잡다단하지도, 너무 단순화하여 흐릿하지도 않고, 명료하게 영성의 발달적 과정을 체계화하였다.
　방유룡 신부의 통합신비 영성의 특징을 10가지로 집약해 보았다. 각 특징마다 간단한 설명을 곁들였다.

무아 방유룡 신부의 통합신비 영성의 10가지 특징

1. 실천적 영성이다.
2. 신비 영성이다.
3. 통합 영성이다.
4. 창조 영성이다.
5. 성인학聖人學적 수도修道 영성이다.
6. 생태학적 영성이다.
7. 자아초월 심리학적 영성이다.
8. 심중천국 지복직관至福直觀을 추구하는 영성이다.
9. 아름다움을 추구하는 영성이다.
10. 미래의 영성이다.

1. 실천적 영성이다

무아 방유룡 안드레아 신부의 영성은 인간성에 깊이 바탕을 두고 있다. 우선 인간의 욕구에 주목했다. 사욕이 인간 성장에 있어서 방해요소라고 보고 있는 것이다. 이 사욕으로부터 자유롭기 위하여 사욕의 저장고인 몸, 정서, 사고 그리고 의지의 영역을 통합적으로 수련하는 방법을 제시하였다. '점성정신'과 '침묵'의 단계에서 인간의 다섯 영역을 챙김 하도록 한 것이 바로 '완덕오계'이다. 이는 수련과정에서 오는 십자가를 지는 수고의 땀과 인내와 집중이 요구된다. 또한 내외적·이성적·영적 침묵의 훈련으로서 세밀하고도 구체적인 실천방법을 제시하였다. 이는 인간의 자유의지를 총동원한, 인간성을 성장시키고 해결하기 위한 수행적 차원이다. 이와 같은 수행 단계의 실천 없이 방해되는 인간성으로부터의 해방은 어렵다고 보는 것이다.

다음에는 대월 단계에서 신적 사랑에 맛들이며 사랑의 합일을 체험하는 신비단계로 들어가는데, 이 신비적 합일의 체험이 구체적인 행동으로 드러나는 지표를 제시하였다. 그것이 바로 '대월 삼칙'이다. 1단계에서는 내 자작으로는 아무것도 안 하는 것이며, 좀 더 발전하여 2단계에서는 하느님이 가르쳐 주신 것만 말하고 행하는 것이며, 3단계에서는 하느님께서 좋아하는 것만 항상 하는 단계이다. 대월 단계에서도 그저 마음으로 사랑을 느끼는 것이 아니라 그 사랑의 표현을 일상 안에서 행위의 실천으로 드러내야 함을 강조하고 있다. 그래서 방 신부의 영성이 실천적이라고 말할 수 있다.

최고 정점인 면형무아의 단계에서 자아로부터의 해방과 초월이 이루어진 무아 상태의 체험은 일상 안에서 끊임없이 실존적 봉헌 생활로 이어져야 한다. 이것을 방 신부는 면형사제와 면형제사 정신에 담았다. 신적 합일의 체험이 구체적으로 이웃에게, 공동체에 '형제애'의 실천으로 드러나야 함을 말하는 영성이야말로 실천적인 영성인 것이다. 신비적 체험 몇 번으로 영성생활을 한다고 보는 것이 아니라 실천적으로 그 열매를 이웃과 공유하며 또한 개인의 전 생애의 삶으로 확장되어야 함을 강조하는 영성인 것이다.

2. 신비 영성이다

무아 방유룡 신부의 영성은 신비 영성이다. 왜냐하면 수행적 단계에서, 인간의 의지를 동원하여 자력自力적 노력 만으로의 단계로 끝나는 것이 아니다. 인간 내면 안에 있는 양심불이 점점 촉수를 높여 가는 단계를 거치며 대월 단계로 발전해야 한다. 여기부터 인간성인 천성은 충만하게 진흥되며, 영적 생명의 개화와 더불어 인간 외부로부터 신비스런 성령의 빛의 조명을 받아야 함을 강조하고 있기 때문이다.

이 대월관상 단계에서는 인간의 자력적 노력은 현격히 줄어들기 시작한다. 성령의 강한 활동에 동조되는 현상이고 신과의 신비적 합일을 통해 수동적이 된다. 나아가 점점 자아와 탈동일시된다. 초월이 이루어지는 것이다. 신적 합일을 자주 체험하면서 나중에는 결코 하느님과 떨어지지 않는 상태가 된다. 이는 다른 말로 표현하면 자아의 영적 죽음 혹은 방 신부의 표현으로 '죽음의 죽음'을 통하여 무아가 되는 단계다. 존재는 신神이 되는 것이다.

방 신부는 이것을 자주 벌레가 나비가 되는 현상으로 비유하였다. 벌레는 더 이상 옛날의 존재는 아닌 것이다. 자아로 비유할 수 있는 고치를 떠나게 된다. 더 이상 자아에 붙어 있을 필요가 없어지는 현상이다. 이런 점에서 방 신부의 영성은 신비적이라고 말하는 것이다.

인간의 노력만으로 되는 것이 아니라 신과 인간의 상호 만남과 작용이라는 신비적 요소가 들어가기 때문이다. 또한 이 대월 단계에서는 사랑의 불꽃과 빛의 체험만 있는 것이 아니라, 5감각의 문이 열리고, 초월적 세계에 대한 신비적 현실들을 감지한다. 지혜의 문이 열리며, 초자연적 세계에 상응하는 의식의 폭발이 일어난다.

이러한 신비체험은 일상의 자연적 현상의 인·사·물 현상에 대한 새로운 시각이 생겨난다. 세상 모든 것을 경이에 차서 신비로운 눈으로 더 넓게, 더 깊게, 더 높게 바라보게 된다. 방 신부는 분명하게 자신의 초자연적 체험을 통해 이러한 초차원적 모습을 보여 주었다. 그의 영성은 매 순간 일상 시시한 시간이 신비가 되는 것을 목표로 하는 영성인 것이다. 방 신부의 영성을 신학적으로 보면 창조의 신비, 십자가의 신비, 죽음의 신비, 성체 신비, 부활의 신비, 육화의 신비, 환희의 신비, 영광의 신비를 그의 영성 안에 모두 포괄하여 담아내고 있기에 통합적이면서도 또한 신비 영성이라고 하는 것이다.

3. 통합 영성이다

방 신부는 신비를 일상 안으로 끌어들이고 일상의 순간순간이 영적 예배가 되도록, 하늘과 땅, 가시적 세계와 불가시적 세계, 일상과 비일상, 성聖과 속俗, 일상과 예배가 하나가 되도록 만든 통합적 영성이다. 그는 인간의 몸을 신비 영성의 동반자로 보았으며, 인간의 육체를 천시하고 무시하는 태도에서 벗어나 영靈과 육肉의 이원성을 통합했다.

그는 영성생활에서는 믿음·희망·사랑의 향주삼덕向主三德과 청빈·정결·순명의 복음삼덕福音三德을 균형 있게 추구해야 함을 제시하였고, 완덕5계로 진·선·미와 지知정情의意와 몸, 이 모든 것을 균형 있게 추구하며 통합적 방법으로 수행하도록 가르쳤다. 인간 안에 있는 동물성과 인간성과 영성에서 어느 것 하나라도 수행체계에서 제외시키지 않았다. 다만 장애되는 것들에 대한 철저한 '깨어있음'과 '알아차림', '챙김' 할 것을 가르쳤던 것이다.

그는 또한 인간의 욕구의 세계를 충분히 인정했다. 이는 수련에서 그의 표현으로 천성(인성)의 의지와 자유를 많이 강조한 것으로 알 수 있다. 욕구를 인정할 뿐만 아니라 당당하게 그것을 즐겼다. 그는 인생을 즐기며 살았다. 자연과 취미생활과 시를 쓰고 음악을 만들고 노는 것, 먹는 것, 쉬는 것, 모든 것을 즐겼다. 심지어 인간사에서 어쩔 수 없이 주어지는 고통과 십자가까지도 수동적으로 할 수 없이 받아들이는 것이 아니라 순교자들처럼 적극적으로 그것을 환영하였다. 그는 세계 여타의 영성가들과는 다르게 보통 사람들이 즐기려는 욕구 생활과 영성생활과의 조화와 통합을 이루었던 것이다.

그의 영성이 통합적이라는 의미는 사실 상당히 여러 차원에 있다. 앞서 방 신부의 영성이 윌버Wilber의 통합 이론인 AQAL 이론과 잘 맞아 떨어지는 것을 보았다. 방 신부는 성경에 바탕을 둔 신학과 동-서 철학 그리고 동-서 영성을 모두 통합하여 자신만의 독특하고 고유한 영성체계를 세웠다. 동양의 영성과 서양의 영성 그리고 예수 그리스도의 영성을 절묘하게 통합하였던 것이다.

그의 조부는 한학자요, 부친은 조선시대 최초의 영어 학교를 졸업한 사람이다. 그는 프랑스 신부들 밑에서 오랜 학업을 했다. 이런 집안의 정신문화는 그에게 많은 영향을 미쳤다. 그는 한국인으로서 뚜렷한 자기 문화적 정체성을 가지고 전통적 서구 신비주의 영성과 동양의 정신문화를 통합한 것이다.

그는 자신의 정신을 시와 노래로 통합하였다. 자신의 영적 가르침을 구구절절 노래에 담아 수도자들이 매일 부르고 입에 닳고 달아 몸으로 체득할 수 있도록 하였다. 자신의 영성에 예술성을 부여하였던 것이다. 그는 대단히 아름다움을 추구하는 사람이었다. 수도원 전례에서 방 신부가 작곡한 노래를 듣는 이들은 특별한 느낌을 받았다. 이러한 정신과 영적 발달 단계의 과정 전부를 예술성과 통합한 것은 진정 방유룡 신부 영성의 아주 독특한 부분인 것이다.

그의 영성은 '여성성과 남성성의 통합을 이룬 영성'이다. 인간 내면으로 깊이 파고 들어가고, 부드러우며, 고요하고, 섬세함의 여성적 특성이 발달하도록 만들었다. 이러한 여성성이 발달하지 않으면 그의 영성을 따라갈 수 없는 것이다. 또한 수행의 여정에 있어서 남성의 우월적 특징이라고 할 수 있는 적극성과 용맹성 또한 이성의 작용 중의 하나인 '양심불'에 큰 중요성을 부여하였다. 그는, 완전한 사람은 ① 있는 사람, ② 사는 사람, ③ 깨닫는 사람, ④ 이지적 행동을 하는 사람, ⑤ 성령을 모시고 사는 사람, 이것이 하느님의 사람이라고(p. 460) 말하고 있듯이 인간의 이해력과 이지적 능력, 깨달음, 즉 통찰을 중요시함을 볼 수 있다.

그는 평소에 예수님의 이미지와 성모 마리아의 이미지를 강하게 부각시켰다. 이런 맥락에서 가톨릭 전통 신학에서 주류가 되는 남성 우월적 신학사상에서 벗어나서, 그는 여성도 사제가 될 수 있다고 가르치며 면형사제가 될 것을 강조했던 것이다. 이처럼 방 신부의 영성은 여성성과 남성성을 통합적으로 추구하였으므로 여성 수도자와 남성 수도자가 다 같이 이 영성으로 성장하기를 바랐던 것이다. 그는 대월 신비 단계에서 역시 인간 내면의 아니무스, 아니마 층을 의식에 통합하였다.

그는 신비적 차원에서 점과 하느님을 통합하였고 물질과 인간성과 신성이 하나 되는, 즉 만물과 신이 하나 되는 면형무아의 영성을 창조했다. 이는 세계 영성사에 독보적이며 새로운 영성인 것이다. 또한 물과 불, 즉 개인이 초월적 신비세계로 상승하여 신화神化하려는 신비와 신神이 끊임없이 하강하여 육화(肉化, incarnation)하는 신비를 통합한 영성을 개발하였다. 즉, 물과 불이 존재 안에서 하나가 되는 영성을 말하였기 때문이다. 물과 불은 상징적인 의미를 포함한, 실재로 육신 안에서 일어나는 현상이다.

면형무아 영성은 개개인의 인격을 중요하게 생각한다. 방 신부는 개개인이 어떻게 살아야만 한다고 하는 이데올로기적 틀에 맞춰서 영성생활을 시작하도록 하지 않았다. 물론 영성생활의 여정을 잘 갈 수 있는 전체적 안내지도를 내어놓았으나, 중요하게 생각했던 것은 각자 자신의 양심을 기준으로 따라가야 한다고 강조하였다. 그래서 방 신부는 양심을 천명이라고까지 표현하고 있다. 영성생활에 있어서 개개인의 특성과 개성과 정신문화에 따라 그리고 내적 수준에 따라 일일이 세세한 지침을 제시할 수도 없는 것이다. 그것은 스승을 통해서만 이루어질 수 있는 부분이다. 그러나 모든 개인이 고매한 스승을 모실 수는 없는 형편이다. 그러한 스승이 있는가도 문제이지만 현실적으로 어렵다. 그러나 방 신부는 각자의 내면의 양심을 스승처럼 모시는 것이다. 각자 개인의 수준과 정도에서 자기 내면의 목소리와 지혜에 귀를 기울이며 자꾸 양심을 맑게 닦고, 양심에 불을 붙이며, 불의 촉수를 점점 높여 나가라고 강조한다(p. 448).

자신을 판단하는 기준은 외적으로 존재하는 계율이나 법, 혹은 누구의 가르침도 아니요, 그 어느 것도 아닌 바로 각 개인의 양심의 판단에 맡기고, 그 양심불을 점점 더 밝히면서 개인의 자유와 책임과 의지를 유감없이 발휘하도록 하였기에 철저하게 개인적인 영성에서 출발한다. 영적으로 낮은 수준의 사람들에게 일방적으로 혹은 율법적으로 사랑을 요구해서는 안 되는 것이다. 그 개인의 양심과 자유와 의지를 발휘하도록 하면 개인은 성장하는 만큼 저절로 사랑을 나눌 수 있는 것이기 때문이다.

방 신부의 영성이 대단히 개인의 책임과 자유를 중요하게 여기는 영성이나, 동시에 공동체 생활에서의 사랑과 '형제애'를 강조함으로써 균형 있는 성장을 도모하고 있다. 방 신부 영성의 정점은 면형무아인데, 이 면형무아는 결국 빵이 되어 인간에게 먹히는 신의 모습이 우리 인간들의 원형이신 하느님의 모습임을 강조하면서 서로에게 내어주는 빵, 영육의 빵이 되기를 지향하는 영성이므로 공동체성을 강조한 영성이다.

　이 공동체성은 개인이 각자 자아로부터 해방되어 무아가 되어가는 정도로 이루어진다. 예수가 꿈꾼 아름다운 하느님 나라 건설의 꿈을 실현하도록 초대되는 것이다. 방 신부는 그러므로 개인의 양심불과 면형무아의 형제애로 공동체성을 동시에 강조함으로써 개체성과 공동체성을 자신의 영성 안에 통합하였던 것이다. 면형무아 영성은 많은 차원에서의 대립과 양극성을 통합한 통합 영성이다. 그러므로 방 신부는 통합의 대 귀재라고 부를 수 있다.

　이외에도 방 신부의 영성체계 안에는 통합의 주제들이 많이 있지만 다른 곳에서 다루었으므로 여기서는 이만 줄인다.

4. 창조 영성이다

　무아 방유룡 신부의 창조론은 이미 신적 창조가 끝난 것이 아니라, 지금도 창조되고 있고, 앞으로도 끊임없이 계속되는 신적 창조사업에 대하여 강조점이 있다. 또한 이미 창조된 만물은 보이지 않는 신적 세계의 상징이라고 했다. 하느님의 인간 창조라는 측면에서 첫 번째 사업은 창조사업이며, 두 번째 사업은 구원사업이며, 세 번째 사업은 성화사업이라는 것이다. 구원사업과 성화聖化사업을 하나로 묶어서 보통 말하기도 한다.

　앞으로의 사업은 하느님과 내가 함께 창조하는 사업이다. 이미 만들어진 나는 내 의사가 없이 부모와 환경에 의하여 조건화되었다. 이제 자아 극복을 통하여 초월적·신적 세계로 발을 들여놓는 성화사업, 즉 개인이 성화되어 가는 창조 사업이 계속 이어진다는 것이다. 그것은 하느님의 일방통행도 아니요, 나의 일방통행도 아닌 신과 나가 교류하며 새롭게 나를 창조해 나가는 것이다. 성화사업의 계획은 하느님의 본래 사업이지만 둘의 관계와 소통을 통해 새 창조가 이루어지는 것이다. 이러한 의미에서 방 신부의 영성은 창조 영성이라고 말할 수 있다. 새 인간으로 끊임없이 새롭게 태어나는 창조 영성인 것이다.

　방 신부는 인간뿐만 아니라 세상도 끊임없이 새롭게 되어 간다고 말한다. 우주 만물의 창조는 지금도 계속되는, 살아 움직이고 성장하고 진화하는 것이라는 말이다. 우리는 미시적 시각에서 보기 때문에 우주 만물의 생성과 퇴화와 진화의 그 모든 과정을 보지 못할 뿐인 것이다. 방 신부의 영성은 하느님의 이 성화사업, 새 창조 사업에 협조하는 삶을 살자고 강조한다. 이 성화사업이 성공적으로 이루어지면 우주만물을, 이 창조의 세계를 보는 의식과 시각에 변화가 오는데, 이는 진정 우주 만물에 대한 경외심과 사랑이 회복되고 그 창조계의 근원, 말하자면 보이지 않는 세계까지 보게 되는 것이다.

　또한 창조성의 의미에는, 개인은 성화 진화하여 이 우주 창조의 과정에 적극적으로 참여하게 되는데, 나를 창조하면서 새로운 창조를 낳게 되는 것까지를 포함한다. 성모 마리아처럼 예수를 잉태하고, 탄생시키고, 세상에 전해 주는 창조사업을 해야 하는 것이다. 이는 또한 신의 창조성에 동참하여, 활발하게 세상에 창조적 결과물을 내어 놓게 되는 것이다. 예를 들면 방 신부의 삶에서 예술, 과학, 학문, 영성 등 다방면에서 보여지는 것처럼 활발하게 창조 행위에 참여하게 하는 영성이다.

5. 성인학聖人學적 수도修道영성이다

　방 신부의 영성의 시작은 "나는 오늘부터 성인된다!"라는 선언에서 출발한다. 성인이 될 확고하고도 분명한 입지를 세우고는, 그 강한 욕구를 위해 강한 의지를 발휘하였던 것이다. 신학교 시절 그는 하나하나 성인되는 길을 묵상하고, 탐구하고, 성인되는 길을 찾아내며 걸어갔다. 심지어는 제의에 새겨진 십자가에 입맞춤하면 성인이 될 것 같아, 몰래 그대로 따라 하였던 사람이다. 일상의 모든 초점은 성인되는 것으로 모아졌던 것이다.

　그는 성인이 되려면 수도자가 되어야 좋을 것 같다고 생각하게 되면서 수도자의 삶을 어린 나이 때부터 흉내 내기 시작했다. 누가 가르쳐 준 것도 아니요, 그야말로 성경을 묵상하고 관상하며, 아마도 많은 책과 성인전도 읽었을 것이다. 그는 영적 체험을 통해 깨닫기 시작하면서 자신이 발견한 길을 나누기 위하여 수도회를 창설해야 되겠다는 결론에 도달했다.

　서양의 전통적 수덕신학이 발달하여 왔지만 그는 그것을 그대로 따라갈 수 없었다. 그리하여 한국적 수도회를 창설하고 자신이 직접 체험한 것들, 자신이 해 봐서 확실한 것들을 뽑아서 체계화하고 이론화하여 수도자들에게 전수하였다. 수도원은 성인 만드는 전문 기관인 학교라고 그는 말했다. 그러므로 무아 방유룡 신부의 영성은 성인이 되기 위한 학문인 것이다. 성인학적 영성인 것이다. 성인이 되는 학문이라는 표현을 쓰는 이유는 방 신부 영성의 출발이 성인이 되려면 어떻게 살아야 하는가라는 질문에서 출발하고 그 답을 제시했는데, 그 길이 되기 위한 지침과 가르침이 학문처럼 조직적이며 체계성을 갖고 있다는 의미이다.

수도생활은 성인이 되기 위하여 택하는 길이고, 성인이 되기 위해서는 수도적 생활을 해야 한다고 방 신부는 주장했다. 그리고 실제로 수도자로서의 삶을 살아 수도성인의 모델이 되었다. 결국 면형무아 영성은 성인을 창조하기 위해 창안한 영성인 것이다. 좀 더 부언하면 그리스도교 영성에 면면히 흐르는 전통적 '수도자 영성', '수덕신비신학'을 포괄하면서도, 자신의 독특하고도 탁월한 성인학聖人學을 창안한 것이다.

6. 생태학적 영성이다

무아 방유룡 신부는 자연과 적극적인 교류를 하며 그 신비를 즐긴 사람이다. 그는 주변에 있는 물, 돌, 나무, 개, 고양이, 물고기, 새들과 깊은 교류를 한 사람이다. 자연과 만물은 착취의 대상이 아니라 함께 서로 의존되어 있으며, 서로를 돌보고 사랑을 나누는 관계인 것이다. 우주 만물과의 더 깊은 교류를 위해서 지금 인간은 영적으로 진화해야만 하는 긴박한 도전과 초대를 받고 있다.

자연은 순환적 생태를 지내고 있듯이 인간과 식물, 동물, 광물 등 모든 만물은 서로 먹고 먹혀 도움을 주는 생태학적 먹이사슬을 갖고 서로를 위해 존재한다. 이들의 교류는 먹이사슬적 상호 의존과 상생과 나눔의 생리를 가지고 있다. 그래서 모든 우주 만물은 유기체적 관계를 주고받는 것이다. 무아 방 신부는 생태 순환 영역에 신의 영역까지, 즉 불가시적 세계도 포함시켰을 뿐만 아니라 사람들이 생명이 없다고 생각하는 물질들까지도 서로 교류 순환하는 관계에 포함시켰다.

무아 방유룡 신부의 점성정신은 만물의 최소단위를 점이라고 이름 붙였다. 점은 가장 작다고 하는, 원소를 더 이상 쪼갤 수 없는 극 최소를 점이라고 했다. 그 점에서 선이 나오고 선에서 길이, 넓이, 높이, 깊이라는 공간을 갖게 되면서 만물이 형태를 취하게 된다는 것이다. 점은 보이지 않으며, 정신적 존재요, 하느님이라고 선포한다(p. 592).

그러므로 모든 우주 만물은 하느님 자신이다. 인간과 광물, 식물, 동물, 신이 동격인 셈이다. 이러한 시각은 분명 생태학적 시각에 새로운 지평을 열어 주는 영성이라고 생각한다. 모든 경계는 허물어지고 하나의 유기체가 되는 것이다. 생명과 비 생명이 하나이며, 죽음과 삶이 하나이며, 창조자와 피조물이 하나인 것이다. 이것은 내재적 신관이나 초월적 신관, 범신적 신관, 우주론적 신관 등 모든 신관을 아우르며 인간학과 생태신학에 새로운 의식의 전환과 확대를 가져다준다.

방 신부의 면형무아 사상은 방 신부 영성의 정점인데, 이 면형무아는 바로 하느님이 빵이 되고, 인간이 신이 되고, 빵이 하느님이 되고, 인간이 빵이 될 수 있음을 말하고 있다. 이는 곧 신이 인간이며, 돌이며, 석유이며, 나무이며, 새이며, 그 모든 것이다. 방 신부의 영성은 점성정신에서 주장하는 자연관과 우주관 그리고 인간관과 신관에 새로운 지평을 열어 주면서 면형무아 사상으로 종합하였다. 신이 물질이 되고, 물질인 빵이 신이 되고, 마찬가지로 인간이 신이 되며, 동시에 물질인 빵이 될 수 있는 것이다. 신도 누군가에게 먹히는 먹이사슬에 꿰어 있으며, 당연히 인간도 누군가에게 먹히는 무아가 되도록 초대하고 가르친다. 인간은 그 모든 것을 탐욕에 의해 마구 먹어치우고 착취하면서 자신은 먹히지 않기 때문에 결국 지구는 앓고 있는 것이다. 성인은 결국 면형무아 빵이 되어 다른 이들의 음식이 되어야 하는 것이다. 이러한 방유룡 신부의 철학 사상은 생태영성에 획기적인 비전을 제공한다.

생태문제의 심각성은 먹을거리의 위험성, 먹이사슬의 파괴와 지구 온난화 현상, 지구 생태계 파괴와 더불어 인류 집단의 생존의 위협이라는 결과를 나왔다. 여기서 해결점은 무엇인가? 물론 의식의 전환과 삶의 태도의 전환, 가치의 전환 등이 따라야 한다. 사람들은 고대 농경 사회의 모습으로 되돌아가려는 움직임도 있다. 그러나 그것은 도움이 될 수 있지만 해결점일 수는 없다.

필자는 어떻든 지구의 위험과 악조건에도 살아남는 인간이 출현해야 한다고 생각한다. 독을 먹어도 죽지 않고 뱀에게 물려도 죽지 않는 인간, 방 신부와 같은 영적 인간들, 성인들이 많이 출현하여 지구를 살려야 한다고 생각한다.

아무리 좋은 영성과 정신이 있다 해도 소용없다. 인간이 '영성화' 되지 않는다면 무용지물이다. 신과 물질과 자연과 인간 중에 인간만이 먹히지 않으려고 욕심을 부려서 먹이사슬이 끊어진 것이므로, 인간이 사욕을 해결하여 무아가 되면 다시 먹이사슬의 원운동을 회복할 수 있다고 본다. 즉, 면형무아 빵이 되는 인간이 많아지면 많아질수록 지구 생태계가 달라질 것이다. 성인(신인)들의 대거 출현만이 핵심적 답이라고 본다. 아울러 영성의 시대가 앞당겨져 와야 할 것이다. 이러한 관점에서 방 유룡 신부는 생태영성의 선구자라고도 할 수 있다. 생태문제의 해결은 '영성'의 부활 그리고 '성인'이라고 본다. 방유룡 신부의 생태학적 영성 부분은 앞으로 다양한 사람들의 흥미 있는 연구가 될 만한 풍부한 주제라고 확신한다.

7. 자아초월 심리학[72]적 함의가 풍부한 영성이다

　무아 방유룡 신부의 영성은 인간성에 우선적 초점을 맞추고 있다는 점에서 많은 심리학적 함의를 품고 있다. 역사적으로 신학은 인간성은 도외시하고 신성만 강조되었던 때가 있었고, 아직도 그 영향에서 벗어나고 있지 않은 측면이 많이 있다. 그의 영성은 인간 안에 있는 풍부한 잠재적 능력인 천성을 인정하는 데서 시작하며 동시에 인간성을 정직하게 탐구하는 자세에서 출발하고 있다. 그의 영성은 인간의 몸, 정서, 사고와 지성, 자유의지, 욕구, 양심, 신성 등 어느 것 하나라도 무시하거나 축소시키지 않으며, 이 자원들을 모두 충분히

---

[72] 자아초월 심리학이 지향하는 궁극적인 목표는 우주 의식과의 동일화, 생사生死를 포함한 모든 것에 대한 집착성의 탈동일화脫同一化 등이다. 둘째는 심리학의 범위를 초월해서 개인성을 횡단해 가는 의미로의 관계성이 넓어지고 집단과 사회에로의 관계가 넓어지는, 즉 타인이나 조직, 집단, 사회와의 협동성, 연대성이란 의미가 포함되어 있다. 자아초월 심리학은 건강한 주체성의 확립을 위해서 정신 분석, 상담, 교류 분석, 자아 심리학 등 전통적인 서양 심리학의 성과를 충분히 받아들이고 있다. 자아초월적 상태로의 과정을 촉진시키는 대표적인 치료는 과정 지향 심리학, 사이코신세시스, 샤머니즘, 호흡법 등 공히 도가, 요가, 선, 티베트 밀교 등의 동양의 전통 사상 등이 서로 보충하고 있다고 할 수 있다. 사람이 살아가면서 고통과 절망, 무감각, 방향 감각 상실, 의미 상실을 느끼는 것은 왜 그럴까? 융Jung은 그것을 무의식과의 접촉 상실 때문이라고 말한다. 특히 현대인은 주로 과학과 이성을 삶의 지표로 삼고 있기 때문에 무의식을 희생시키면서 한 쪽으로 치우친 것 때문이라는 것이다. 융Jung은 그리하여 현대인은 비인간화되었으며, 의미감의 상실과 공허감에 싸이게 되었다고 말한다. 자아초월 심리학은 바로 무의식과 영적인 접촉을 통해서 건강한 의식을 회복하는 안내자일 것이다. 도전과 도피 행동 혹은 경쟁과 자아 강화 행동을 통해 도달하고자 했던 기존의 지평이 결과적으로는 강력한 적응력을 가진 자아의 개발 혹은 자아 통합ego integration이라는 수준에 그치는 것이었다면 영원한 철학을 추구하는 영성 치료자spiritual therapist들은 결국 인본주의 심리학을 거쳐 자아초월 심리학transpersonal psychology이 추구하는 자아초월 심리치료 혹은 자아초월 정신치료를 실제화하기에 이르렀다.

활용하는 영성이다. 이러한 시각은 인간의 몸, 마음, 영성을 함께 강조하는 자아초월 심리학과 충분히 상통하는 부분이다. 즉, 자아초월 심리학과 방 신부의 영성은 인간을 통합적 시각으로 조명한다는 것이다.

그의 통합신비 영성은 인간 존재에 있어서 자아의 문제에 초점을 맞추고 자아와 동일시되어 자아에 집착하고 있는 자아의 문제성을 꿰뚫었다는 데 심리학적 큰 의의가 있다. 그리고 면형무아 영성은 무아가 되는 것을 영성의 목표로 삼고 있기 때문에 자아의 문제에 초점이 맞춰져 있다고 볼 수 있다. 이는 상당히 심리학적 주제가 풍부한 면이며, 무엇보다 현대의 심층 심리학과 대상관계 이론, 자아 심리학, 자아초월 심리학과 얼마든지 대화할 수 있는 부분이며, 이들과 상보적 관계를 가질 수 있는 것이다.

자아초월 심리학은 자아의 미분화된 상태에서 자아가 출현하여 자아가 성장, 발달하고 자아가 완성되는 과정을 중요시하는데, 방유룡 신부도 이러한 관점에서 그의 영성이 출발했다. 무아가 되기 위해서는 먼저 유아有我가 되어야 한다. 철저하게 '나'가 있는 사람, 즉 자아가 충분히 발달, 성장해야 한다는 관점인 것이다. 그래서 그는 점성, 침묵의 단계에서 자아의 성장, 무의식의 조건들을 해결하는 문제, 욕구의 중요성 그리고 자유의지의 발달을 무척 강조한다.

마지막으로 대월 단계에서 이 인간성의 모든 문제를 해결하고 완성하는 영성체계를 제시한 것이다. 그는 대월 단계에서 완성된 자아를 떠나는 초월의 단계가 시작된다고 밝히고 있다. 자아의 완성, 그 다음 단계인 면형무아에서는 영성의 완성이 일어나는 것이다. 자아가 충분히 완성되지 않으면 자아 집착에 끝까지 허덕일 것이다.

방 신부 영성의 또 하나의 심리학적 큰 이슈는 인간의 욕구를 수용하고 인정하는 관점을 취했는데, 이는 현대 심리학자들이 인간 해방을 향해 공헌한 부분이다. 종교적 수행이나 수도를 하는 사람들은 동양이든 서양이든 인간의 욕구에 대해 무조건적으로 억압한다든가, 무시하고 회피하는 쪽으로 기울였던 것이 사실이다. 그러나 방 신부는 이와 달리 인간의 천성과 욕구에 대해 존중하는 관점을 취한다. 방 신부의 영성의 방향은 다만 개인의 성장을 방해하고 개인의 인격에 나쁜 영향을 미치는 해로운 욕망, 즉 사욕에 대해 직면하고 바라보기를 촉구하는 것이다. 면형무아 영성에 있어서 사욕은 인간 성장을 가로막고 있는 큰 사안인데, 이 사욕의 저장고는 바로 무의식인 것이다. 방 신부는 심리학을 전문적으로 공부한 사람이 아니라서 사욕에 대하여 세세한 심리학적 설명을 제시하지는 않았으나 장애요소를 정확하게 통찰한 것이다. 사욕은 무의식에 많은 뿌리를 두고 있다고 생각한다. 그것은 개인의 무의식의 저장고에 유아기 때부터 경험한 모든 것들이 동기화되어 현재의 행동에 작용하기 때문이다.

정체성의 문제와 자유 그리고 의지의 문제는 방 신부의 영성에 중요한 자리를 차지하고 있는데, 자아초월 심리학자들 중 로베르토 아싸지올리Roberto Assagioli와 빅터 프랭클Victor Frankl 그리고 에릭 에릭슨Eric Erikson은 인간의 자유의지의 문제를 중요하게 다루고 있다. 이 자유의지와 그리고 양심불의 이론은 앞으로 더욱 확대, 발전할 수 있으며, 자아초월 심리학은 면형무아 영성으로부터 이러한 측면에서 도움을 받을 수 있을 것으로 전망한다.

융Jung과 아싸지올리Assagioli를 비롯하여 많은 현대 심리학자들은 인성에 있어서 분열성의 극복, 양극성의 통합이 치료의 목표요, 인간 성장을 위하여 통합은 매우 중요한 관건임을 주장하고 있다. 의식과 무의식의 통합과 여기에 영성의 통합을 추구하고 있는 것이다.

이런 맥락에서 본다면 방유룡 신부는 여러 측면에서의 대통합을 시도한 영성으로 자아초월 심리학적 함의가 큰 것이다.

방 신부의 점성정신은 '지금 여기'를 승화하는 영성인데 매 순간 지금 여기에 존재하기 위해 요구되는 것은 심리적 건강함이다. 심리적으로 허약한 사람들은 지금 여기에 머물 수가 없다. 방 신부의 점성정신과 침묵 대월은 펄스Perls가 주창한 게슈탈트 심리치료 이론 그리고 융Jung의 이론과의 상호보완적인 대화가 풍부하게 오갈 수 있다. 이미 제3장에서 방유룡 신부의 통합신비 영성의 심리학적 함의는 자세히 다루었다.

8. 심중천국 지복직관을 추구하는 영성이다

무아 방유룡 신부의 면형무아 영성의 특징 중 하나는 그의 삶 자체가 보여주는 것처럼 근본적으로 인간의 고통이나 제한적인 면에 초점을 맞추지 않는다. 오히려 인간 안에 있는 잠재력과 천성과 신성에 큰 비중을 두고 있다. 참으로 그는 긍정적인 사람이었다. 그는 당당하게 자연적인, 세상적인 즐거움도 누렸다. 그의 영성은 보통 수준 이하로 떨어지는 병적 증세의 극복에 초점이 맞춰지고 있는 것이 아니라 보통의 건강한 사람들을 상대로 영성을 구축하였다. 앞으로 방유룡 신부의 영성이 심리적 허약함이나 정신적 질병으로 고통을 당하는 사람들에게도 어떻게 적용될 수 있는가는 연구되어야 할 주제로 남는다.

어떻든 방 신부는 근본적으로 인간은 즐겁게 살아야 할 것을 제안하지만 이 즐거움이 전부가 아니라 우리가 누릴 더 큰 초자연적 즐거움, 즉 심중천국에서 오는 지복직관至福直觀을 누려야 한다고 강조하는 것이다. 인간이 이 지복직관을 누리지 못한다면 태어난 보람이 없다고 말한다.

요한복음에는 예수가 열두 제자들과 만찬을 나누기 전 마지막 대화를 나누는 장면이 나오는데, 예수는 "내가 이 말을 한 것은 내 기쁨을 같이 나누어 너희 마음에 기쁨이 넘치게 하려는 것이다."(요한 15:11)라고 말한다. 해산할 여인이 고통을 받아들여야 함은 아기가 태어나는 기쁨을 누리기 위해서인 것이라고 비유적으로 말하고 있는데, 예수는 이런 의미에서, 삶에서 감당해야 할 십자가를 잘 짊어지고 당신을 따르기를 바란다. 십자가 없이는 부활도 참 기쁨도 어려운 것이다. 심리적으로 그렇다. 고통을 겪고 난 후의 기쁨은 매일 즐거웠던 사람보다 훨씬 기쁨의 정도가 극대화된다. 보통 사람들은 이 고통의 십자가가 두려워 회피하기 때문에 전화위복이 되는 더 큰 기쁨의 경지로 들어가지 않는 것이다.

> "천당에서만 천국이 있고 타볼산[73)]에 이루어진 천국만이 천국은 아니다. 타볼산에서 본 천국은 사도들이 정신을 잃은 천국이었으나 내 심중의 천국은 그렇지 않다."
> p. 416.

방 신부는 "하느님의 본시 뜻은 에덴 복지가 아니고 심중(心中)의 천국이다. 성화 신비계에서 성화하면서 지상천국에서 하느님을 모시고 살다가 하느님께로 가는 것, 이것이 하느님의 본 사업이다. 에덴은 준비사업 일부일 뿐이다."(p. 400)라고 말하면서 결국 에덴 복지에서 누리는 그런 천국이 아니다. 사도들이 탈혼상태에서 맛본 황홀

---

73) 마태 17:1-8, 마르 9:2-8, 루카 9:28-36.

경도 아니다. 심중천국이야말로 방 신부가 추구하는 천국이다. 다시 말하면 에덴으로 상징되는 외적 환경으로부터 오는 행복을 추구하는 것도 아닌, 죽어서 가는 천국도 아닌, 몰아적 황홀경도 아니다. 그가 추구하는 심중천국이란 살아 있는 이 현실 세상에서 맑은 정신을 가지고 몸과 마음으로 누리는 지복직관이다.

그는 황홀경이라는 신비체험도 이렇게 구분을 하여 놓았던 것이다. 흔히 황홀경은 무아지경이 되는 것을 일컫는데, 방 신부는 그러한 체험도 하였지만 그는 그것을 추구할 것이 아니라고 말하면서 일상생활 안에서 천국을 맛보는 지복직관을 추구하였다. 이러한 측면은 다른 영성가들과는 상당히 다른 부분이며 탁월한 부분이다.

9. 아름다움을 추구하는 영성이다

무아 방유룡 신부가 추구한 것은 성인이었다. 그는 어떤 이미지의 성인을 추구했는가? 성인은 무엇보다도 아름다운 인간이다. 그의 평생의 모습을 보면 답이 나온다. 그는 사랑과 진선미의 추구를 영성생활의 중요한 핵심이라고 했으며, 이를 완덕오계에 담았다. 그는 마음이 아름다워지면 용모도 함께 아름다워지고, 반대로 용모를 점성정신과 침묵수련으로 잘 챙기면 마음이 아름다워진다고 했다. 이것은 인간이 본래 몸·생각·정서가 순환성의 구조를 갖고 있기 때문에 매우 합당한 가르침이라고 본다.

그는 시를 쓰고, 노래를 만들며, 감실이나 성광, 건축을 제작하고, 우주 만물 자연과 인간의 아름다움에 심취하며 미를 추구했다. 그는 자신의 영성을 예술성과 창조성과 결합하려고 노력하였다. 그의 모든 영성은 전부 노래로 만들어놓았기 때문이다. 그래서 그의 영성은 아름다운 빛깔을 지니게 되는 것이다. 그는 그저 성인이 아니라 아름다운 성인을 추구하였다.

이러한 그의 정신은 그의 용모와 일상 동작에 그대로 드러났다. 그의 용모를 보는 많은 사람들이 그에게서 풍기는 아름다움에 감탄을 했었던 것이다. 그는 노인이 되어서도 그 아름다움은 더해 갔다. 그는 자연의 아름다움을 즐길 수 있도록 눈이 뜨이고 귀가 열려야 한다고 말하고 있으며, 점성정신으로 사물을 보고 대월의 세계에 들어가면 오관이 열려 상상할 수 없는 신비스런 세계의 아름다움을 맛볼 수 있다고 체험적으로 말한다. 우리는 방 신부의 존재 자체의 아름다움과 그가 남긴 영성을 통하여 자연, 초자연 세계의 아름다움을 마음껏 즐기라고 초대받는 것이다.

10. 미래의 영성이다

미래의 영성이라는 말은 다가올 영성시대를 이끌어 갈 영성이라는 의미에서 하는 말이다. 인류는 그 분열성을 극복하고 통합을 향하여 가기 시작했다. 이 시대의 취약성 극복을 향하여 인류는 전진하여 갈 것으로 전망한다. 앞으로 다가올 미래 인류는 점점 더 디지털 문화의 발달로 인하여 더 많은 교류와 교류의 속도 또한 초음광속을 지나 신속迅速을 향할 것이며, 뇌 과학의 발달의 여파로 지성이 강조되고 인간의 영성을 새롭게 조명하는 시기가 올 것이다.

방 신부의 영성은 동서 통합을 이루면서 앞에서 말한 9가지의 특성, 실천적이며, 심리학적이며, 아름답고 창조적이며, 신비적이며 그리고 현 인류가 심각하게 당면하고 있는 생태학적 문제를 극복할 수 있는 생태학적 의미를 담고 있다. 이 특징들을 풍부하게 포괄하고 통합한 영성이므로 다가올 영성의 시대를 위한 영성이라고 주장하는 것이다.

미래의 인물상은 초인super man and woman이 될 것이다.[74] 구약 성경의 예레미야 예언서에서 미래에는 아무도 하느님에 대해 가르치지 않아도, 배우지 않아도 높은 사람이나 낮은 사람이나 야훼의 마음을 모르는 사람이 없으리라(31:34)는 예언과 "땅에는 야훼를 아는 지식이 차고 넘치리라."(이사 11:9)고 하였으며, 요엘 예언서에 보면 "그런 다음 나는 내 영을 만민에게 부어 주리니 너희의 아들과 딸은 예언을 하리라. 늙은이들은 꿈을 꾸고, 젊은이들은 환상을 보리라. 그날 나는 남녀종들에게도 나의 영을 부어 주리라."(요엘 3:1)고 하였듯이 모든 인간은 신과 자유롭게 소통하고 교류하는 날이 올 것이며, 모두가 초인超人들이 될 시대가 도래할 것이다. 인류의 진화를 위하여 새 창조는 끊임없이 이루지고 있기 때문이다. 이렇게 모두가 초인이 되는 시대를 앞당기기 위하여 방유룡 신부는 아름다운 인간, 조화와 균형과 온전한 인간상을 제시하고, 이를 위한 통합신비 영성을 창안하였으니 이 영성이야말로 다가올 시대의 여명의 빛, 동방의 빛이라고 말하고 싶다.

---

74) 미래 사목 연구소장 : 차동엽 신부(2005)의 '21세기 종교 환경과 미래의 종교 환경'에 대한 강론. 한국 순교복자회 총회 강의록, p. 12.

제 5 장

결론 : 동방의 빛

찬란한 양심불에
성령칠은이 영롱한 황홀경에

황금대로 오르는
면형제사 그지없어라

각 장의 주제에 의한 결론적 고찰

질적 연구 방법론은 연구자가 이 작업을 통하여 방유룡 신부의 인물과 삶에 대한 발견뿐만 아니라 방유룡 신부의 영성에 대한 새로운 이해와 통찰 그리고 여러 각도에서 새로운 해석이 일어나도록 해주었다.

제1장에서는 조선시대의 봉건 사회와, 열강들의 침략 경쟁, 개화의 물결 그리고 일제와 공산 치하를 오롯하게 겪으며 험난한 역경을 뚫고 지나온 방 유룡 신부의 모습을 간략하게 보았다. 방 신부는 회심을 통하여 대전환을 이룬 후, 성인이 되겠다는 강한 입지를 세우게 된다. 그 이후 그는 일생 흔들림 없는 영적 여정을 통하여 깊은 관상적 생활에 몰입하게 된다. 그는 신적 합일의 신비체험을 통하여 자신이 목표한 성인이 되었고 더 나아가 '면형무아'에까지 도달하였던 것이다.

방 신부는 자신의 동양인이라는 정체성을 드러내면서도 서양의 가톨릭 영성을 수용하여 대 통합을 이루었고, 자신만의 고유한 영성적 새로운 물길을 내었던 것이다. 그의 신비체험, 즉 신과의 합일은 일상생활 안에서 자유인의 모습으로 드러났으며, 평범한 일상의 매순간을 성화하고, 그 안에서 신명나는 삶을 살도록 하였다. 또한 이러한 영적 힘은 끊임없이 창조적 작업에 몰두하도록 하였으며 영가와 전례 곡들을 쏟아 내게 하였다. 동시에 주변 사람들의 영적 성장과 변혁 그리고 쇄신을 위해 헌신하는 모습으로 나타났다.

그는 한국 땅에 최초로 순수 방이자 수도회인 다섯 개의 공동체를 창립했다. 일찍이 조선 땅에서 유학의 제한성을 깨닫고 스스로 학문적 성찰을 통하여 유학과 천주학을 통합 작업함으로써 천주교회를 설립했던 위대한 조상들의 정신의 맥을 이었던 것이다. 그리고 자신들이 받아들인 신앙의 진리를 위해서 목숨을 바쳤던 한국 순교자들의 높은 영성을 바탕으로 한국적 수도회를 창립했던 것이다. 그는 성인聖人이 된 정점에서 다시 하강하여 수도원 담 안에서 점처럼 조용히, 대중에게 드러남도 없이 점처럼 무無로 존재하였다. 그는 너무나 작은 점이라서 그의 시대가 그를 알아볼 수 없었고, 그는 너무 커서 오히려 감지될 수 없었다.

방유룡 신부의 영성은 동양의 유불선 문화와 특히 한국 가톨릭교회의 순교 성인들의 순교정신을 바탕으로 했다. 한국 가톨릭교회는 선교사들에 의해 전래된 것이 아니라 한국의 개혁파였던 유학자들에 의해서 우리 스스로 천주교회를 설립했다. 이러한 정신적 영적 작업에 의해 자립적으로 천주교회를 세운 예는 세계에서 유일한 사건이었다. 방유룡 신부의 영적 작업은 이러한 위대한 조상들의 맥을 이어 발전시킨 것이다.

제2장에서는 방유룡 신부의 영성의 근간이 되는 그리스도교의 영적 유산들의 소개로 시작하여 방유룡 신부의 영성의 핵심과 영성체계의 전모가 드러나도록 했으며 새로운 해석적 시각을 제시하였다. 방유룡 신부의 영성의 발달적 체계를 순차적으로 다룬 다음, 방 신부의 면형무아 영성의 중요한 바탕이 된 순교정신과의 연관성에 대해

다루었다.

　이러한 작업은 마치 방유룡 신부의 조각품에 그의 영혼을 불어 넣는 작업에 비유할 될 수 있다. 그는 수도자들의 영적 성장을 안내해 주기 위해서 자신의 모든 영적 체험들을 정련하고 정련하여 체계화하였으며, 이는 마치 영적 여정을 위해 만들어진 입체적 지도地圖를 만들어 낸 것과도 같은 것이다.

　그가 창안한 점성정신은 순간을 성화聖化하는 정신으로 수도생활의 근본이며 바탕이라고 가르쳤다. 일반적 점성정신은 일상의 점 같은 순간순간을 승화하며 맑게 깨어 있도록 함으로써 자각 능력을 높이는 명상적 차원을 풍부하게 가지고 있으며, 일상의 일과 명상을 통합한 측면이다. 신덕 차원의 점성정신은 세상의 귀貴, 비천卑賤의 가치관을 깨부수고 자유로워지기를 훈련하는 것이다. 신비 차원의 점성정신에서 방 신부는 '점은 위대하다.', '점은 정신적 존재다.', '점은 하느님이다.' 라고 천명한다. 그러니 점 같은 순간순간에 마음을 온전히 하느님께 바치라는 것이다. 하느님이 점이므로, 점처럼 되기를 두려워하지 말 것을 요청한다. 점성정신은 동양의 수행적 차원과 명상적 차원, 그리고 서양의 신앙적 차원과 신비적 차원 그리고 심리학적 차원을 하나로 묶은 통합적 영성모형이다.

　다음 단계는 침묵수련의 단계로서, 점성정신의 자각 능력을 가지고 좀 더 적극적으로 높은 단계로 오르는 단계인데, 이 단계는 인간성을 구체적으로 정화, 훈련하고 챙김 하는 수련 방법이며 극기의 단계라고 할 수 있다. 방 신부는 이 침묵수련의 단계에서 완덕오계라는 구체적인 수행 방법을 제시했다. 이는 진선미의 영성을 구현하려는 목표로 지·정·의·몸의 챙김을 통해서 내적 정화淨化를 거치도록 하였다. 완덕오계의 수련은 '증진'이라는 큰 목표를 갖고 있는데, 이는 방 신부의 영성의 탁월함 중의 하나이다. 몸동작 침묵을 제시한 것은 동양적 전통에서 중요하게 다루는 몸 수련 명상을 수용한 차원으로 서구 영성 전통에는 없는 부분인 것이다.

방 신부는 침묵 단계에서 사욕에 대해 주목을 하고 있다. 인간 행동의 근거는 욕구에 의한 것이기 때문에 이 욕구가 정당한 욕구인지 사욕인지 구별한다는 것은 대단히 중요한 사안이 된다. 왜냐하면 욕구는 인간 행동뿐만 아니라 인간 정서와 밀접한 연관을 가지고 있기 때문이다. 그는 사욕을 구별해 내기 위해서 늘 '양심불'을 켜고 점점 그 촉수를 높여 나가야 한다고 강조한다.

또한 자유의지를 대단히 강조했는데 의지가 발동하려면 욕구가 뒷받침 되어야 한다. 욕구를 함부로 없애면 의지와 자유가 발동할 수 없으므로 방 신부는 금욕주의를 배격했다고 생각된다. 자유는 천성이며 천명天命이라고 가르쳤던 것이다. 자유는 자유권에서, 자유권은 위격에서, 위격은 자주권에서, 자주권은 인권으로, 인권은 하늘에서 왔기 때문에 절대 불가침不可侵이라고 가르쳤다. 만약 자유를 침범하면 하늘을 거스르는 것이요, 그러므로 극악대죄極惡大罪라고 강조한다. 이는 서구적 자유사상을 받아들인 측면으로서 매우 탁월한 것으로 본다. 동서 영성 전통에서 자유를 강조한 영성은 필자가 아직 보지 못했다. 모든 종교는 인간이 '자유로워지기'를 추구하나, '자유의지'라는 천성을 이용하여 수련하는 방법은 못 보았다는 뜻이다. 이 또한 방 신부의 통합신비 영성의 탁월한 측면이다.

점성, 침묵의 단계인 정화의 단계를 잘 거치면 드디어 대월 단계로 접어드는데, 이는 관상적 단계이며 신비 단계로서 그리스도교 영성의 목표인 '완덕', 즉 예수가 말한 '완전한 인간', '성인'이 되는 단계이다. 이 단계에서는 강렬한 사랑의 체험이 일어난다. 점점 더 깊은 신과의 합일의 체험을 자주 하면서 초기 단계에서는 비일상적 체험들을 한다. 이 단계가 점점 깊어지면서 지혜와 슬기의 극에 이르게 되고 오관의 열림이 일어나는 시기이다.

대월관상 단계에서는 '자아의 완성'이라는 과업이 달성되므로 더이상 자유의지나 이성의 힘을 동원하는 수행적 차원의 노력이 필요 없어지는 단계이다. 그러므로 영혼은 수동적 단계에로 접어든다. 여기서는 인간 정체성의 대 변화가 일어나는데 남성이든 여성이든 이를 극복하여 '하느님의 연인'이 되는 정체성을 지니게 된다. 이제 자아의 완성이라는 발달 과업을 이루었으므로, 자아를 떠나는, 자아 집착에서 떠나는, 비약과 초월이 발생한다. 이 초월은 일어나는 것이지 수행으로 만들어 내는 것이 아니라고 볼 수 있다. 이 신비적 단계는 동양적 전통과 많이 다른 부분인데, 인간의 의지를 동원한 수행뿐만 아니라 신적 빛을 받아야 도달하는 단계라고 주장하기 때문이다. 인간과 신이 함께 이루어 내는 것이라고 볼 수 있다. 그래서 방 신부는 이 단계에서는 별로 애쓸 필요가 없이 쉽게 넘어간다는 표현을 한다. 이 부분은 그리스도교 영성의 핵심적 특징인 것으로 방 신부도 그 과정을 밟았다. 이 신비적 관상단계에서 수행 혹은 수련이나 자유의지를 동원한 인성의 활용이 급격하게 줄어들면서 완전한 자유와 부드러움, 오관의 열림과 신적 지혜를 지닌 성인聖人이 된다.

방유룡 신부는 여기서 끝나지 않고 성인의 여정을 또다시 계속했는데, 인간의 완전성을 무아無我까지 확대하였다. 이는 다시 정체성의 대변혁을 이루는 단계인데, 신이 자신의 신적 정체성을 떠나 하강하고 자신을 무화하여 인간이 되고, 빵이 되며, 점이 되는 것과 같은 변성과 변혁이다. 대월관상 단계에서 인간이 신적 존재가 된 정체성에서 다시 하강하여 예수처럼 남에게 먹힐 빵이 되는 정체성을 강조한다. 가톨릭 영성에서 성체신비는 핵심적 영성이지만, 방 신부는 전통적 '성인모형'을 확대하면서 성체 신비의 영성과 가톨릭 영성의 전통적 성인모형을 통합, 확대한 것으로 이해할 수 있다.

필자는 이러한 측면을 또한 방 신부가 동양적 무無 개념과 그리스도교의 성체신비 영성을 통합한 부분이라고 보는 것이다. 이러한 영적 여정의 결실로서 나온 영성이 바로 동양 영성과 한국의 순교자들의 영성을 바탕으로 한 면형무아 영성이다. 이는 '면형사제'와 '면형제사' 그리고 '형제애'로 예수 그리스도의 '사랑'을 일상에서 구현하는 실천적 측면으로 종합 귀결된다.

제3장의 주제는 '무아 방유룡 안드레아 신부의 면형무아 영성의 심리학적 함의'이다. 이 장의 목표는 방유룡 신부의 영성에 풍성하게 담겨 있는 심리학적 측면을 캐내고 해석하는 작업이다. 이는 연구자가 면형무아 영성과 심리학을 통합하려는 동기에서 출발하였다.

여기에서는 일반적이며 보편적 심리학 이론의 틀을 사용하였으나 방유룡 신부의 영성과 잘 공명이 되는 융Jung의 분석 심리학과 게슈탈트 심리치료 이론 그리고 모든 심리학 이론을 통합적으로 아우르는 자아초월 심리학을 주된 도구로 사용하였다.

면형무아 심리학이 강조하는 것은 인간성의 천성을 매우 귀중하게 여기며, 이 천성을 이용하여 자아의 성장과 건강함을 목표로 하는 것에 주목해야 한다. 무아는 결과에 의해 '발생'되는 것이지 '추구의 대상'은 아니다. 추구해야 하는 것은 '무아無我'가 아니라 '유아有我'다. 그는 확고한 인간의 정체성, 즉 신성을 물려받은 하느님의 자녀라는 정체성에 확고한 뿌리를 박고 올바른 가치관의 정립을 강조한다. 이는 그리스도교 영성이 대단히 강조하는 부분이지만, 심리적 건강을 위해서도 이 점은 강조되어야 한다. 기존 심리학은 이점에서 취약했는데, 자아초월 심리학은 다시 이 부분에 주목하기 시작했던 것이다.

정체성의 문제는 심리적 '의존성'과 '자아 이미지', '불신감', '정서 문제'와 직결되기 때문이다. 점성정신은 인간이 쓰고 사는 페르조나, 가면으로부터의 해방과, 보이는 것에 집착하고 추구하는 가치로부터 자유로워질 것을 가르친다. 점성정신의 알아차림 능력을 증진시키는 차원은 게슈탈트 치료이론으로 볼 때 상당한 심리적 치유력을 가지고 있다고 주장하는 것과 깊이 공명한다.

면형무아 심리학과 영성은 특히 자아초월 심리학과 상보적 대화를 가능하게 한다. 방 신부가 강조한 침묵수련에서 완덕오계를 통해 자유의지를 충분히 활용할 것을 강조한 측면은 자아초월 심리학자인 아싸지올리Assagioli, 프랭클Frankl, 그리고 아들러Adler 등의 주장과 상통하고 있기 때문이다. 분심잡념을 물리치라는 요청의 심리학적 측면은 여러 가지이나 에너지 효율성의 측면에서 바라보아야 한다는 점, 그리고 사욕은 인간의 무의식과 깊은 관련을 가지고 있기 때문에 인간의 정서와도 연관을 맺는 측면을 다루었다.

인간성의 진흥을 위해서 최대의 장애가 되는 것은 고통을 회피하도록 막는 '두려움'이다. 이 두려움은 대월관상 단계에서 신적 합일을 체험하면서 정복이 가능하다고 보고 있다. 이 신의 사랑을 체험한 사람은 신을 위해서 모든 어려움과 모든 수고로움과, 고통, 죽음까지도 마다하지 않는 치열한 사랑의 포로가 된다. 이 사랑은 인간의 근원적 두려움을 해결할 뿐만 아니라 죽음의 문과 지옥의 문을 부수는 내적 힘과 용맹성을 지니게 되는 것이다. 인간의 모든 문제, 신경증, 정신질환 문제는 결국 사랑의 결핍과 부재에 뿌리가 있으므로 이 사랑의 회복이야 말로 심리학적 대 주제를 해결하는 실마리인 것이다.

이러한 신적 사랑의 체험은 지금까지 심리학이 말하지 못하는 부분이다.

제4장은 면형무아 영성, 즉 통합신비 영성의 빛깔과 특징을 다뤘다. 먼저 방 신부의 신비체험과 신비세계를 따로 다룰 필요가 있기 때문에 여기에 장을 할애하였다. 방 신부의 신비체험과 신비영성의 특징은 신비적 절정 경험을 몇 번 한 것이 아니라 지속적으로 신비 차원에 머물었다는 것이다. 몰아의 경지에만 머무는 것이 아니라 오히려 맑게 깨어 있으면서 지복직관과 심중천국에 머무는 것이라고 방 신부가 자신의 신비체험에 대해 직접 언급하고 있다. 그는 신비적 영적체험을 투명한 이성으로 정련하고 정련하여 발달적 영성체계를 확립하였다. 이는 마치 영적 안내 지도와도 같은 '통합신비 영성모형'을 창안한 것이다.

이 장에서는 특히 통합신비 영성의 통합적 측면과 발달적 차원을 윌버Wilber의 AQAL, IOS 통합모형으로 조명하여 방유룡 신부의 통합적 정신을 종합하였다. 방유룡 신부의 통합신비 영성모형은 윌버 Wilber의 AQAL을 고루 다 갖춘 통합신비 영성모형임을 보았다.

이 장의 결론에서 방 신부의 통합신비 영성의 특성을 크게 10가지로 축약했다. 그의 영성은 구체적 수행을 강조한 실천적 신비 영성이며, 동서의 영성과 심리학적 측면에 예술성 등 다양한 측면에서의 통합을 이룬 통합영성이다. 진선미의 균형과 조화를 이루어 창조적 행위의 중요성과 끊임없이 신의 창조 과정 속에 있는 인간 실존을 중요하게 여기는 창조 영성이다. 아름다움을 강조하는 영성, 성인을 만드는 체계를 세운 성인학적 수도 영성이다. 신은 모든 것이며 동시에 모든 것이 아닌 무無다. 결국 모두가 하나라는 정신은 생태학적 지평을 밝혀 주는 생태 영성이라는 점, 무아지경에 도취되어 현실과 분리가 일어나는 황홀경이 아니라 맑은 정신으로 평범한 일상을 성화하며 심중천국과 지복직관을 추구하는 영성이라고 결론지었다. 이러한 방 신부의 영성의 특징들은 다가올 미래의 영성 시대를 준비하는, 미래를 위한 영성임을 강조했다.

산책하고 있는 방유룡 신부

자아초월 심리학적
'통합신비 영성 발달모형' 제시

　무아 방유룡 신부는 서양 그리스도교의 영성과 동양의 정신문화를 접목하였으며, 근현대 서양의 영향을 강하게 받은 그리스도교 영성의 제한적 측면을 보완했다. 영성 발달에 있어서 심리학적 측면인 인성적 문제의 해결과 아울러 인성의 증진과 통합을 철저하게 다룬 것이다. 말하자면 심리학적 차원과 수행적 차원 그리고 영적 신비 차원을 한 체계 안에 통합한 성장발달 모형을 제시한 것이다. 그의 통합 성장 모형은 인성의 발달적 측면뿐만 아니라 신비적 차원에서도 정교한 발달 모델을 제시하였다. 여기서 통합이란 본문에서 누차 강조한 여러 차원의 통합을 의미한다. 그러나 그 중에서도 특히 자아초월 심리학적 관점에서 의식과 무의식의 통합 그리고 영적 세계의 통합을 의미한다.

　윌버Wilber는 그의 저서《통합 심리학Integral Psychology》에서 '영적 발달이 시작하기 전에 심리적 발달이 완성되어야 하는가?' 라는 주제를 다루고 있다. 그는 영적 발달 라인이 준 독립적이기 때문에 결론적으로 "그러므로 분명히 어떤 식의 영적 발달이 일어나기 전에 전반적인 심리적 발달이 완성될 필요는 없다. 절정 경험을 영성이라고 생각한다면 그런 경험은 어느 때, 어느 장소에서도 일어날 수 있으므로 이런 경험을 위해서는 전반적인 심리적 발달이 완성될 필요는 없다."(p. 188)라고 결론을 내리고 있다.

　무아 방유룡 신부 영성의 관점으로 본다면, 영성 발달이 개화하기 위해서는 우선적으로 심리적 발달과 성장을 통해 발달 과업이 완성되어야 한다는 관점을 취한다. 영성가들을 관찰해 보면 어느 한 지류는 많이 발달했는데, 다른 발달 지류는 수준이 떨어지는 경우가 있다. 온전한 균형을 가진 영성가들은 의외로 드물다. 방유룡 신부의 영성은 불균형을 추구하지 않는다.

　영적 발달이 현실 생활 안에서 사랑과 지혜, 아름다움과 창조성, 개방성, 균형성, 공동체의 쇄신 등으로 구현되어 사람들이 먹을 열매로 드러나지 않는다면, 신비적 절정 체험이나 신비적 능력 등에는 가치를 전혀 부여하지 않기 때문이다. 무아 방유룡 신부는 진·선·미를 실현하기 위해 점성정신과 침묵수련, 완덕오계를 창안하였으며 지·정·의·몸 중 어느 것 하나라도 소홀하게 다루거나 억압하지 않고 균형적이며 통합적 성장을 추구하였다. 그 중에서도 특히 인간이 가지고 있는 천성적 잠재력인 양심과 자유의지의 발달을 충분히 활용해서 영적 관상 세계로 들어갈 것을 제시하고 있다.

　윌버Wilber는 같은 책에서 '영성은 단계인가? 아닌가?'라는 주제를 다루고 있다(p. 181). 방 신부의 통합신비 영성 발달론의 체계는 나무의 성장에 비유해 볼 수 있다. 나무처럼 발달의 선후가 있으나, 점성정신은 나무의 뿌리와 같은 기초이면서도 초기, 중기 과정과 정점까지도 그 뿌리의 역할은 계속 있어야 하는 것과 같은 것이다. 다음 침묵 단계의 완덕오계도 나무의 줄기와 기둥에 비유할 수 있지만, 가지가 하늘을 향해 뻗어 있는 것처럼 그 역할을 계속하고 있는 것이다. 그러나 나무가 성장 단계를 거쳐 꽃이 만발한 다음 열매를 맺듯이 분명 발달 단계를 거친다.

인간의 여러 발달 지류들을 인성적 발달지류와 영성적 발달지류 두 가지로 단순화하여 본다면 두 지류가 서로 상호 작용하며 함께 성장하여 가지만, 초기 단계에서는 인성 발달 라인이 우선적으로, 중점적으로 발달, 성장하여 인성의 과업을 달성하고 난 다음에, 그 힘으로 그동안 차츰 발달하여 온 영성 발달 라인이 이제 왕성하게 발달하는 것과 같다.

단계적 발달을 한다고 해서 각 단계마다 위계적 선명한 경계선이 있는 것은 아니다. 방 신부의 점성, 침묵, 대월, 면형무아는 인성과 영성이 함께 통합적으로 가지만 영적으로 개화하고 열매를 맺으려면 심리적 발달과 인성적 발달을 우선적 전제로 한다는 것이다. 그러므로 무아의 영성은 단계적이나 인성의 여러 발달 지류와 영성 지류의 균형적 발달을 지향하는 통합적 성장 모형이라 할 수 있다.

제4장 결론 부분에서 윌버Wilber의 통합모형으로 방유룡 신부의 통합신비 영성모형을 조명하였는데, 통합신비 영성은 윌버Wilber의 사상한을 모두 포괄할 뿐만 아니라 각 상한 안에서조차도 통합적으로 접근을 하고 있다.

십자표의 수직선은 인간 내면에서 시작하는 그림자의 해결로부터 시작하는 무의식과 의식의 통합, 집단 무의식의 통합 그리고 영성의 활성화를 통하여 마침내 궁극적 존재와 합일을 이루는 선이다. 사상한의 수평선은 인간과 타인, 자연, 생태, 우주와 통합과 일치를 이루는 선이다. 이 상징은 네 상한을 포함한 십자표를 간직한 우주적 만다라를 완성한다. 만다라의 원형은 신의 무無 그리고 육화肉化를 상징하는 하강선과 인간의 초월의지와 신화神化를 상징하는 상승선이 만나 끊임없이 하나의 원운동을 계속하는 것을 나타내고 있음을 상징하고 있다. 이는 실로 심오한 구원의 상징이다.

동방의 빛

무아 방유룡 안드레아 신부님

오! 저분은 누구일까?
해탈한 각자覺者인가? 미소 짓는 성자聖子인가?
백발이 성성한 동안의 미소
일체의 분심잡념을 여읜 끝에
비로소 샘솟는 사랑의 파동
궁극의 고요, 음악의 근원이여
이승에 사시면서 유유히 선하게 피안을 거니시는
그분이 손짓하자 길이 열리누나.
한줄기 빛살처럼 장미의 길이
부드러운, 부드러운 그분의 악수
지극히 평범하고 자연스런 동작이자
동시에 그것은 신비의 의식
왜냐하면 그 순간 이 몸의 어둠은
거짓말처럼 가시고 말았기에
전류처럼 온 몸에 굽이치는 만남의 고마움

이러한 분도 세상엔 있었구나.
오! 그분은 사랑의 도가니, 별들의 보금자리
치열한, 치열한 양심의 횃불
그 속에 정련되어 꽃피는 그분의 빛 품는
그분의 말씀에는
순금의 무게가 깃들일밖에
그 말씀은 주린 살에 잠자던 영혼을 일깨워 준다.
살이 말씀이요, 길이 되어 버린 그분
온 몸이 길인 그분
그분의 무수한 털구멍마다에서
무수한 빛 길이 도처에 구석구석 미치고 있음이여!
그러면서도 그분은 끊임없이 일심으로
상승의 한 길을 치닫는 기도
고요의 샘이자 불붙는 찬미가   박희진(1997).

일찍이 아시아의 황금시기에 빛나던 등불의 하나였던 코리아,
그 등불 다시 한 번 켜지는 날에 너는 동방의 밝은 빛이 되리라…….
무한히 퍼져나가는 생각과 행동으로 우리들의 마음이 인도되는 곳,
그러한 자유의 천국으로 내 마음의 조국 코리아여. 깨어나소서.
                                    타고르의 시.

　인도의 시성 타고르는 한국을 일컬어 "그 등불 다시 한 번 켜지는 날에는 동방의 밝은 빛이 되리라."고 말한다. 한국을 자신의 마음의 조국이라고 부르며, 대한민국이 자유의 천국으로 다시 깨어나기를 염원하고 있다. 열강 세력에 무너지지 않고 이 조그만 나라가 장구한

역사를 이어오고 있다는 것은 우리 민족이 가지고 있는 정신적인 힘 때문이라고 생각한다. 타고르는 미래의 한국을 예언한 것이 아닐까? 지금은 병색이 짙어 모종의 집단 수면 상태에 있어도 이 모든 것을 극복하여 다시 깨어날 날이 오리라고 믿어진다.

한국인들은 종교적인 심성을 깊이 타고 난 민족이라고들 하는데 이런 심성이 더 이상 성장하지 않고 많은 부분 아직도 기복적, 미신적 수준에서 맴돌고 있다. 특히 현대 한국의 그리스도교는 초창기 순교자들의 영적 전통의 맥을 이어가지 못할 뿐만 아니라 한국 사회에서 영적 측면의 역할은 미약한 것으로 보인다.

그동안 예수 그리스도의 정신이 서양의 풍토 안에서는 많은 영성가들에 의해 활기차게 꽃피어 났었다. 이제 동양의 문화 안에서, 한국 민족 안에서도 예수 그리스도의 영성이 훌륭히 꽃필 수 있다는 것을 보여 줄 때가 왔다고 본다. 한국 가톨릭교회는 자생적으로 교회를 세운 자랑스러운 역사를 가지고 있고, 103명의 순교자들이 전 세계 가톨릭이 인정하는 성인품에 올랐다. 이제 또다시 124분의 시성시복 준비가 무르익어 가고 있다. 124위가 시성되면 우리나라의 성인은 227명이 되는 것이다. 이러한 사실은 한국가톨릭교회를 넘어서 세계만방에 우리 민족의 정신적·영적 힘을 보여주는 것이다.

그들의 뒤를 이어 이제 세계를 비추어 줄 신비 영성가가 출현하였다. 그는 가톨릭교회 초기 선조들과 순교자들의 맥을 이어서 그들의 영성을 더욱 풍부하게 발전시켰다. 무아 방유룡 신부의 영성은 초기 교회의 드높았던 의식과 순교자들의 피의 열매인 것이다. 방유룡 신부는 한국적 대 영성가로서뿐만 아니라 한국, 아니 동양 그리스도교회의 최초의 신비가로서 세계 영성사에 빛을 발하고 있다.

그의 영성은 동서고금을 아우르는 탁월함을 지니고 있기 때문이다.

그의 면형무아 빵은 영적 갈증을 가진 사람이면 누구나 어느 나라를 불구하고 모두가 먹을 수 있는 빵이며, 무아 방유룡 신부가 세상 사람들에게 나눠 줄 빵, 면형무아는 동양과 서양을 통합하고 심리학과 영성을 통합하며, 일상과 신비를 통합하고, 영성과 예술을 통합한 대통합신비 영성이기 때문이다.

그는 점성정신으로 인류가 아직도 벗어나지 못하고 있는 페르조나(가면)로부터의 해방을 선언하고, 물질주의와 과학주의 그리고 거대주의라는 우상들에게 절하고 있는 인류에게 점이 우주임을, 점이 하느님임을 선포한다. 이러한 가르침은 인류로 하여금 자기 자신을 버리고 거대주의를 숭상하고 밖으로만 향했던 시선을 작은 것에로, 점에로, 자기 내면으로 향하여 나아가게 하고, 안과 밖 그리고 대와 소를 통합하여 나아가도록 할 것이다.

최종적으로 인류가 해결해야 하는 죽음에 대하여 방유룡 신부는 "죽음이라는 것은 인류의 전염병이요."라고 말했다(p. 350). 그는 '신비적 죽음'을 들고 나와 인류의 고질적 전염병인 죽음을 치유할 수 있음을 알린다. 무아無我가 바로 신비적 죽음의 의미를 가르친다. '신비적 죽음'이란 거짓과 허상들로부터 떠남을 의미하며, 참 자기를 찾아가기 위하여 거짓 자아, 혹은 자아 집착이 생산하는 사욕의 껍질들로부터 떠남을 의미하며 그리고 실존적 증여와 투신 또한 순교를 통해 생명 자체를 던질 수 있는 것까지를 포함한다.

그러기 위해서 무아를 외치며 자아를 부정 소외시키거나, 억누르거나, 억압하는 것이 아니라 충만하게 성장하고 발달시키는 유아有我를 추구해야 한다고 가르치는 것이다. 무아는 추구의 대상이 아니라 자아 완성에 이르면 그 결과로 발생하는 것이다. 또한 자아의 진흥과 성장, 발달을 위해서는 자유의지가 제일 중요하다고 강조함으로써 세계 영성사 안에서 유례없는 독특한 영적 길을 제시했다.

필자는 앞에서 영성이 무엇인가? 신비가 무엇인가? 성인이란 어떤 사람인가?라는 것을 미리 정의하지 않았다. 이러한 질문들의 답이 방유룡 신부의 영성을 통해서 선명하게 드러나도록 하려는 의도였다. 필자가 완성한 무아 방유룡 안드레아 신부의 조각품을 감상하고 평가하는 것은 보는 사람들의 해석적 시각에 의해 달라질 것이다. 이 연구는 다른 사람의 해석적 틀을 사용하는 수평적 작업을 시도하지 않았다. 다만 '심리학적 함의'라는 주제를 다룰 때, 심리학적 함의를 캐내는 도구로서의 심리학적·해석적 틀을 사용했을 뿐이다. 이는 연구자가 수직적으로, 심층적으로 대상을 향해 들어가 순수 직관에 의한 앎이 발생하도록 하려는 의도에서였다.

이 작업을 하면서 타의 공감을 불러일으키기 위한 어떠한 것도 의도하지 않았다. 그것은 추구의 문제라기보다는 어떤 것에 의하여 발생하는 것이기 때문이다. 그 어떤 것이란 대상자에게 조건 없이 다가가려는 개방적 태도와 경청하려는 자세, 그리고 방 신부가 강조한 점성정신이 자연스럽게 구현된다면 저절로 공감은 일어날 것이기 때문이다.

질적 연구의 현상학적·해석학적 관점에 의하면 그렇다. 발견한다거나 발굴한다는 것은 연구자의 '눈'이 없으면 가능하지 않다고 본다. 지금까지 생애를 통해서 끊임없이 편견을 배제(epoche ; 괄호 치기)하며 직관적 앎에 도달하고자 노력했던 과정만큼과 연구자의 해석적·의식적·인성적 빛깔이 드러날 수밖에 없는 작업이었음을 감안해야 할 것이다.

이 땅에 살았던 훌륭한 신비 영성가이며 세계 영성사 어디에 내놓아도 손색이 없는, 아니 오히려 탁월한 그의 통합신비 영성을 한국뿐만 아니라 세계 교회에 소개하는 것은 큰 의의를 갖는다고 확신한다. 우리 민족은 아직도 자신들 안에 있는 영적 보물을 인정하는 데 인색하다. 이렇게 훌륭한 신비 영성가가 한국 사회에 알려지지 않고 있다는 것은 누구를 탓할 것이 아니라, 가깝게 그를 접했던 사람들의 의식의 눈과 노력이 부족했던 것이라고 생각한다.

타고르의 염원과 우리의 염원이 결실을 맺을 때 대한미국은 '그 등불 다시 한 번 켜지는 날에 무한히 퍼져 나가는 생각과 행동'으로 지구촌 사람들의 마음이 인도되는 곳, 자유의 천국이 될 것이다. 옛적에 타올랐던 그 꺼질 듯한 빛을 신성하게 보유하고 다시 밝힌 빛, 무아 방유룡 안드레아 신부는 점點이었기에 너무 작아서 시대가 그를 알아 볼 수 없었고, 너무 큰 존재라서 시대의 눈에 들어 올 수 없었다. 앞으로의 시대는 동방에서 은은하게 빛나고 있는 이 무아의 빛을 알아 볼 수 있으리라고 믿는다. 어둠이 점점 짙어지고 있기 때문이다.

가톨릭교회가 나아갈 비전

　현대 한국 가톨릭교회는 젊은이들을 잃어버리고 있다. 무아 방유룡 신부는 본당 사도직 현장에 있을 때, 젊은이들에게 매력적인 신부였으며 그가 어딜 가나 그의 본당에는 젊은이들로 넘쳤다. 교회는 많은 젊은 사제들을 활용하여 젊은이들을 위한 사목 연구에 총력을 기울여야 한다고 본다.

　또한 가톨릭 미래사목연구소는 앞으로의 선교 방향을 문화 선교 쪽으로 잡아야 한다는 분석을 내어놓았다. 현대와 미래의 젊은이들을 포용하려면 젊은이들이 쉽게 공감할 수 있는 성가나 노래들이 활발하게 작곡되고 연주되어야 한다고 생각한다. 앞으로 교회는 방 신부처럼 창작문화 의식을 높이며 각종 문화 예술 활동을 신앙과 접목하여 현대인들과 공감을 형성하며 예수 그리스도의 축복을 나누는 데 힘써야 할 것이다.

　무아 방유룡 신부는 한국의 순교정신을 바탕으로 그의 영성을 꽃피웠다. 이 영적 보화를 세계 교회와 나눌 수 있어야 할 것이다. 이제 한국 교회는 한국만을 생각하는 패턴에서 전환이 필요하다고 본다. 그러려면 순교정신을 포함한 한국의 영성을 드높이는 것이 선행되어야 할 것이다. 한국 교회는 무아 방유룡 신부에 대해 연구하고, 그가 이룩한 영적 샘물을 마실 수 있도록 해야 한다. 그러려면 하루 빨리 서구 신학 일색에서 해방되어 동서 영성을 통합하고 확대한 방유룡 신부의 통합신비 영성으로 영적 진흥을 가져와야 할 것으로 본다.

현대 그리스도 교회는 영적 신비 차원을 잃어버렸다. 또한 심한 불균형과 분열이 존재한다. 이 시대를 살리고 있는 사조는 통합 사상이다. 무아 방유룡 신부는 동서 통합은 물론 역사를 통해 잃어버린 신비 차원과 근현대 가톨릭에서 부족했던 정화 수행적 차원과 심리학적 차원, 사랑을 강조한 관계적 차원, 몸의 정화와 행동의 실천적 차원, 영적 신비 차원 그리고 대 사회를 향한 구조적 기능과 시스템 차원을 통한 인류공동체 형성 등, 윌버Wilber가 말한 사상한의 통합적 정신을 자신의 실천적 통합신비 영성에 모두 포괄하였다.

방유룡 신부는 '젊은이들과의 통교' 회복, '문화영성', '한국 순교 정신' 그리고 '통합 정신'으로 세계 교회와 한국 가톨릭교회가 나아가야 할 비전을 제시한다.

5

무아 방유룡 신부
영성의 보급을 위한 제언

　방유룡 신부의 영성 연구의 목적은 세상에 방 신부의 영성을 알리고자 하는 데 있었다. 이를 위해 관련된 대복자 수도 공동체와 한국 가톨릭교회에 제언하고자 한다. 서론에서 밝혔듯이 시대와 교회가 어려울 때마다 성인이 출현하였고 그들에 의해 공동체가 창설되었다. 동양적 영성과 순교자들의 영성 그리고 서양의 수많은 영성가들의 전통이 하나로 합류하여 면형무아 영성으로 개화되었으니, 이 시대를 극복할 성인이 나온 것이다.
　복자 공동체는 이러한 자각과 자긍심을 가지고 활기차게 방 신부의 영성을 살아내고 알리는 일에 열정을 가져야 할 것이다. 이러한 차원에서 무아 방유룡 안드레아 신부의 시복시성 준비를 구체적으로 시작할 필요가 있으며, 시복시성 준비위원회 발족이 필요하다고 본다. 아울러 여러 방면의 학자들이 방유룡 신부에 대한 연구를 할 수 있도록 연구재단이 설립되어야 한다고 생각한다.
　방유룡 신부는 복자수도회의 가장 우선적·사도적 사명으로 학교를 건립하는 것을 교황청 인가를 위한 서류에 명시하였다. 이러한 뜻을 이어받아 그의 영성을 가르치고 연구하는 대학 설립을 제안한다.

방 신부의 영성의 특징을 살리는, 심리학과 영성과 예술을 통합하는 학교가 필요하다.

젊은이들을 양성하고 이들 중에서 수도생활을 갈망하는 이들을 받아들여 지속적인 양성을 하여 미래 시대의 주역들로 키워야 한다고 본다. 이들의 논문들은 무아 방유룡 신부의 영성 연구에 활성화를 가져 올 것이다. 또한 무아 방유룡 신부의 영성의 보급을 전담하고 연구하는 특수한 수도 공동체를 구성하는 것도 좋은 방법일 것이다. 전문가들로 구성하여 공동체를 건설할 필요도 있다. 반드시 전통적 수도회의 모습이 아니라 자유롭게 전문 활동을 할 수 있는 다양한 소그룹 공동체가 더 많이 필요하다고 본다. 그리하여 방유룡 신부의 영성의 보급을 위한 교재와 교육, 영성, 피정 등의 프로그램을 개발할 것을 제안한다.

또한 번역 팀을 운영하여 방유룡 신부의 생애와 영성을 각 나라 말로 번역, 출판하여 갈증에 허덕이는 서방 교회와 세계 교회에 알리는 작업이 시급하다고 본다.

책을 마치며……

　필자는 천안에 있는 한국순교복자 수녀들이 운영하는 중·고등학교를 다닌 인연이 되어 한국순교복자수녀회를 알게 되었다. 그 후 영성생활의 깊은 매력에 빠지면서 1975년에 무아 방유룡 신부님이 창설한 한국순교복자수녀원에 입회하였다. 방유룡 신부님에 대해서는 전혀 모르는 채 입회하였다. 지금 생각하면 내 생애에 일어난 작고 큰 하나하나의 사건들은 알알이 하나로 꿰어져 한 개의 묵주가 만들어지고 있는 것 같이 느껴진다. 수녀원 입회 후 이내 방 신부의 존재를 알게 되고 그분을 좋아하게 되었다.
　이 논문을 시작한 이래 중요한 시점에서 여러 차례에 걸쳐 무엇인가 선택하고 결정해야 할 중요한 기로에 있을 때마다 상징적인 꿈이 나타났다. 그 꿈들은 결정하는 데 큰 도움이 되었고 힘이 되어 주었다. 이러한 꿈은 무의식의 저 깊은 지혜의 층에서 나오는 것이라고 믿는다. 모든 꿈이 다 그런 것은 아니지만 때로는 그런 도움이 되는 꿈들이 나오는 것이다. 사람은 누구나 자신의 내면의 지혜를 퍼 올릴 수 있다고 생각한다. 나에게는 그 도구가 꿈이었다.
　방 신부님이 선종하고 얼마 있다가 꿈을 꾸었는데 - 방 신부님은 생전에 '미소의 왕'이었다. - 방 신부님이 아주 흡족해하며 환한 미소를 띠고 절두산 성당75)원에서 나오시는 것이었다. 어떤 수녀가 음식을 해 주어서 아주 맛있게 드셨으며 매우 기쁘다는 것이다. 그때 그러한 방 신부님에게 "신부님, 저도 무엇인가 맛있는 것을 해 드리고 싶어요."라고 혼자 말을 하고는 꿈이 깼다. 어떤 수녀가 해 드린 것은 음식이 아니라 진정 당신을 기쁘게 한 '어떤 것'의 상징이었고 나 또한 나도 해 드리고 싶다고 말했던 것도 음식은 아니고 '어떤 것'이었다. 그 꿈은 선명하였다. 처음에 그 꿈은 그저 좋은 꿈이었다. 왜냐하면 신부님의 그 멋진 미소를 보았고 신부님이 내 꿈에 나타났다는 그 자체가 좋았던 것이다. 나는 그 꿈에 매달리지도 않았지만 가끔 생각이 났다.

심리학을 공부하면서 성경 말씀과 심리학의 연결 작업이 필요하다는 절실한 생각을 하게 되었다. 동시에 방 신부님의 영성도 역시 이러한 작업이 필요하다는 것을 느끼게 되면서 이상한 부담감이 마음 속에부터 생겨나기 시작했다. 누가 짐 지워 주지 않은, 내가 스스로

---

75) 서울특별시 마포구 합정동 일대의 한강변에 자리 잡고 있다. 이 지역은 한강변 최고의 절경으로 유명하며 봉우리의 모양에 따라 가을두加乙頭 · 용두봉龍頭峰 · 잠두봉蠶頭峰 이라고도 불렸다. 절두산이라고 불리게 된 유래는 1866년 병인양요丙寅洋擾 당시 프랑스 함대가 이곳 양화진楊花津까지 진격해 온 적이 있었는데, 이에 흥선 대원군은 "양이洋夷로 더럽혀진 한강의 물을 서학西學 무리들의 피로 씻어야 한다."고 하면서 전국 각지에 척화비斥和碑를 세웠으며, 이와 함께 수많은 교인들을 붙잡아 양화진 근처의 이 산봉우리에서 목을 잘랐다고 하는 데서 비롯되었다. 절두산에서 가장 먼저 순교한 사람은 이의송李義松으로 1866년 10월 22일 부인 · 아들과 함께 처형당했다. 그 후 신원을 알 수 없는 사람까지 헤아려 보았는데, 천주교 측에서는 약 1만 명 가량의 순교자가 이곳에서 처형당했다고 한다. 특히 선참후계先斬後啓라 하여 심문 과정 없이 바로 처형했기 때문에 많은 인명 피해가 있었다고 하며, 이 때문에 처형당한 사람들에 대한 자세한 기록이 전해지지 않고 있다. 잘린 목은 그대로 한강에 던져졌고 머리가 산을 이루고 강물이 핏빛으로 변했다고 한다. 순교 100주년이 되던 해인 1966년 순교자 기념관이 건립되었다.

짊어지기 시작한 부담감인 것이다. 그때 정말 꿈에서 한 말이긴 했지만, 방 신부님에게 약속을 했던 것 같은 그런 부담감이었던 것이다. 이런 부담감이 없었으면 아마도 나의 성격에 이 수고스런 과정을 시작하지 않았을 것이다. 하여튼 그 약속을 지키고 싶었다.

논문의 기본 틀을 짜야 하는 중요한 시점에 또 꿈을 꾸었다. 의미를 알 수 없는 이상한 상형 문자들이 한 줄로 쭉 나타나더니 신기하게 그 중에서 세 개가 차례차례 뽑혀서 크게 확대되며 내 눈앞에 줄을 섰다. 그리고는 꿈에서 일어나자마자 그 의미를 알아차렸다. "그래, 논문을 세 부분으로 하자!" 그것이 얼마나 어려운 것인지 그때는 짐작하지 못했다. 그저 마음을 결정하게 됨이 우선 속이 시원했던 것이다. 한 장은 생애사, 또 한 장은 영성, 나머지 장은 영성을 심리학과 통합하는 것으로 결정하였다. 그러나 1년 안에 논문을 끝내려고 작정하고 있었기에 아쉽지만 영성 부분과 심리학 부분은 논문의 양이 많아지고 벅차니 약간만 하기로 했다.

문제는 계속 발생했다. 전기를 쓰는데 어떻게 쓰느냐가 또 대두되는 것이다. 한 고개 넘으면 또 넘을 산이 나타나는 것이다. 꿈을 꾸었다. 어떤 그림이 흐릿하게 나타나며 나는 그 사람의 얼굴을 만지며 조각하여 가는 꿈이다. 나는 덴진Denzin의 해석적 전기를 소개한 글을 읽었고, 그 전기는 그 사람의 초상화를 그리는 것이라는 비유적 말을 읽게 되었다. 이것이다! 이는 질적 연구에 속하면서도 현대 사조를 수용한 상당히 자유로운 접근인 것이다. 이러한 자유가 허용되지 않으면 조각을 할 수 없고, 생애사를 쓸 수 없을 것 같다는 생각을 하게 되었다.

연구계획 발표를 앞두고 두 교수님들 앞에서 시현을 했는데 논문계획의 근본이 흔들리는 경험을 하게 되었다. 정식 발표가 이틀 정도

남았을 뿐이었다. 또 갑자기 큰 산이 나타났던 것이다. 다급했다. 자기 전에 꿈의 인도를 받을 것을 기도하며 잤다. 그런데 새벽에 꿈을 꾸지 않은 채로 깨었던 것이다. 아! 아침 기도와 미사를 제쳐 버리고, 꿈을 꾸기 위하여 다시 이불 속으로 들어가 잠을 청했다. 드디어 꿈을 꾸었다. 우리 수녀님들과 나는 아주 높고 가파른 산을 올라가고 있었다. 앞에 올라가고 있는 수녀님들이 밑을 향하여 외쳤다 "베이스 켐프를 쳐라, 베이스 켐프를 쳐라!" 나는 올라가다 말고 뒤를 돌아다보니 옆쪽 밑으로 평평한 땅이 보였다. 나는 "옳지, 저기에 베이스 켐프를 세워야지!" 하며 꿈을 깼다. 나의 몸이 그 꿈의 의미를 먼저 이해했다. 나는 그 꿈 때문에 기분이 좋아져서, 힘을 받고 기초 작업에 박차를 가하여 프로포절을 준비해 갔다.

방 신부님에 대한 꿈은 더 있었다. 불교대학원에 오기 전 우리 수도 공동체는 큰 혼란과 아픔을 겪는 일이 있었다. 나도 큰 고통과 낙담을 겪었다. 그런 와중에 방 신부님이 꿈에 나타났으며, 나는 신부님 앞에서 통곡을 하였던 것이다. 방 신부님은 내 수도생활의 위안이었고 희망이었다. 그러던 어느 날 뜻밖에 김명권 교수님이 보낸 자아초월 심리학과 박사 과정이 열린다는 안내 메일을 뒤늦게 보았던 것이다. 방 신부님에 대한 작업을 포기하고 있었는데, 그 메일을 받고는 무슨 열정이었는지 무조건 총원장 수녀님에게 달려갔다. 신부님에 대한 논문을 쓰고 싶다는 청을 드렸다. 여러 가지 여건 상 그리고 나이가 많은 나의 현실로 보면 사실 의외의 허락이었다. 서류 마감은 내일이었는데 신기한 것은 제출해야 하는 많은 서류, 외국에서 마친 대학 성적증명서 등이 여기저기에서 다 나왔다. 서울불교대학원 대학교와의 인연이 이렇게 시작된 것이다.

논문 예비심사를 거치며 수정, 보완 작업에 들어갔다. 1차 심사를 마치고 나오며 이제는 더 이상 못할 것 같다는 기분이 들었다. 포기하고 싶었다. 그날 밤에 꿈을 꾸었다. 밖에서 내 방보다 높은 곳에 있는 사람들이 나보고 일어서서 무엇을 하라고 협박하는 분위기였다. 나는 그럼에도 불구하고 엄마 옆에 누워버리고 계속 밖의 사람들에게 내가 누워있는 것을 볼까봐 신경을 쓰고 있었다. 그러니까 엄마가 벌떡 일어나 창문을 확 닫아 버렸다. 그리고는 당신은 온 생애를 통해 모든 고통을 극복하며 지나왔다고 말하면서 엄마는 나에게 의논을 하였다. 막내 남동생이 초등학생인데 새 학기에 그의 학업을 중단하고 일 년을 쉬게 할까 생각한다는 것이다. 나는 쉬지 말고, 그냥 계속했으면 좋겠다고 말하고는 꿈에서 깨어났다. 일어나서 생각하니 기막힌 꿈이었다. 지금 나에게 필요한 메시지를 꼭 집어 주는 것이었다. 나는 미룰 수 없다고 되새기며 마음의 창문을 닫고 다시 골방으로 들어가 논문 작업에 박차를 가했다.

심사 마무리 단계에 들어가면서 방 신부님과 포옹하는 꿈을 꾸었다. 아버지의 얼굴도 나타났다. 아버지는 옛날에 꿈에 나타나서 융Jung을 공부하라고 했었다. 근데 이 작업을 통해서 융Jung과 방유룡 신부님의 영성이 이렇게까지 깊은 연관을 가진다는 것은 이 논문을 쓰면서 알게 되었다. 오래 전 그 꿈이 의미 있는 것이었다는 것을 알게 되었다. 방 신부님과 부모님은 늘 도와주시는 것 같다. 꿈은 내면의 무의식이 메시지를 보내는 것이다. 무의식의 깊은 층에 내재된 지혜는, 때로 천상 세계와 접선을 한다고 믿는다. Jung을 좋아하는 이유 중 하나가 이러한 꿈의 이미지들을 중요하게 생각하기 때문에 더욱 좋아하게 되었던 것이다.

이 논문이 방 신부를 기쁘게 할 맛있는 음식이 될지는 모른다. 다만 학문적인 관점에서 진실하게 접근하는 것만이 유일한 길이라고 생각했다. 한 인물을, 더구나 위대한 영성을 온전하게 드러낸다는 것은 사실 어려운 일이라는 것, 그 한계를 분명히 알고 시작하는 작업이기에 모든 두려움을 떨쳐 버릴 수 있었다. 할 수 있는 만큼만 하고 나머지 부족한 부분이나 못다 한 부분에 대해서는 앞으로 많은 사람들이 방유룡 신부의 풍부한 영성에 다양한 학문적 접근이 있게 되기를 기대하며 편안한 마음으로 작업했다.

> 한 알의 모래 속에서 우주를
> 들꽃 속에서 천국을 보려거든
> 그대 손바닥 속에서 무한을
> 한 시간 속에서 영겁을 붙잡으라. 　　　　윌리엄 블레이크William Blake.

　진·선·미를 꽃피우며 균형과 조화와 통일을 이룬, 대극 합일의 도를 구현한 온전한 님, 점이기도 하고 무無이기도 하며, 영겁을 살아 신속으로 살아오는 이다. 우리 사부 방유룡 신부님은 천진한 어린이와도 같은, 영롱한 물방울과도 같은 얼굴 모습 그대로 투명한 만다라이다. 윌리엄 블레이크William Blake의 한 알의 모래 속에서 우주를, 들꽃을, 천국을 보려거든 한 시간 속에서 영겁을 붙잡으라고 한 이 시는 지금 이 순간, 점같이 작은 일, 점같이 작은 것에서 하느님을 보라고 초대하는 방유룡 신부님의 점성정신을 잘 표현해 주는 것 같다.
　사과를 보지 못했거나 먹어 보지 못했다면 사람들은 사과를 바라지도 않는다. 영적 세계의 맛을 느껴 보지 못한 사람은 영적 세계를 바라지도 않을 것이다. 그렇기 때문에 영적 세계를 추구하는 사람들은 모두 무아 방유룡 신부처럼 여러 사람들이 맛을 보도록 해 줘야 할 것이다. 그래서 사람들이 맛을 알고 좋음을 알게 되면, 그들도 그것을 원하고 추구하려는 욕구를 가지며, 자신 안에 있는 천성적·영적 잠재력을 쓰려고 할 것이기 때문이다.

 이 책이 나오게 되기까지는 생각해 보면 수많은 사람들의 노고가 있었다. 낟알을 심기 위해 땅을 일군 사람들과 씨를 뿌린 사람들, 햇빛과 구름과 바람과 비를 내려 주신 주님과 추수한 사람들, 밀가루를 사기 위해 돈을 번 사람들도 있었다. 필자는 빵을 만든 역할을 한 것이다. 우리 대복자수도 공동체가 앞으로 무아 방유룡 안드레아 신부님에 대한 자긍심을 가지고 마음을 고양시켜, 영적 갈망을 가진 사람들에게 이 면형무아 빵을 나눠주고 영적 샘물을 퍼 나르는 일에 열정을 가졌으면 하고 두 손을 모은다.

참고문헌

강영계(1992), 기독교 신비주의 철학, 서울 : 철학과 현실사.
고진호(2002), 게슈탈트 심리치료와 위빠사나 선의 상보성, 종교교육학연구 15집, 225-246.
김동연·공마리아(2000), HTP와 KHTP 심리 진단법, 대구 : 도서출판 동아문화사.
김정규(2000), 게슈탈트 심리치료, 서울 : 학지사.
노길명(1988), 가톨릭과 조선후기 사회변동, 서울 : 고대민족문화연구소 출판부.
문규현(1994), 민족과 함께 쓰는 한국천주교회사 1, 서울 : 도서출판 빛두레.
문규현(1994), 한국천주교회사 1, 서울 : 도서출판 빛두레.
방효익(2007), 영성사, 서울 : 바오로딸출판사.
심상태(2000), 제삼천년기의 한국 교회와 신학, 서울 : 바오로딸출판사.
이부영(2007), 분석심리학, 서울 : 일조각.
이숙자(2006), 면형무아의 길, 서울 : 도서출판 순교의 맥.
이죽내(2005), Jung심리학과 동양사상, 서울 : 하나의학사.
이준섭(2005), 고대신화와 신비주의의 세계, 서울 : 고려대학교 출판부.
전달수(2005), 그리스도 영성역사 1권·2권, 서울 : 가톨릭출판사.
정인석(2003), 역경의 심리학, 서울 : 나노미디어.
정인석(2003), 트랜스퍼스널 심리학, 서울 : 대왕사.
조효남(2008), 의식, 영성, 자아초월 그리고 상보적 통합, 서울 : 도서출판 학수림.
차동엽(2005), 21세기 종교 환경, 서울 : 미래사목연구소 발행.
토마스 머톤(2003), 삶과 거룩함(남재의 역), 서울 : 생활성서사.
토마스 머톤(1968), 묵상의 능력(윤종석 역), 서울 : 두란노출판.
한국그리스도사상연구소(2000), 제삼천년기와 한국 교회 복음화 진로 II. 제15차 학술회의 자료집.

참 고 문 헌

한국그리스도사상연구소(2008), 생태위기와 종교적 대안 : 그리스도교와 불교와의 대화. 제30차 학술회의 자료집, 새천년복음화 사도회 발간.

한국 종교문화와 그리스도(1996), 한국문화신학회편 1집, 서울 : 도서출판 한들.

황종렬(2008), 가톨릭교회와 생태복음화 패러다임과 모델연구, 하남 : 두물머리미디어.

Assagioli, R.(2003), 정신통합[Psychosynthesis](김민예숙 역), 울산 : 춘해대학출판부, (원전 1965).

Aumann, J.(2007), 가톨릭 전통과 그리스도교 영성[Christian spirituality in the Catholic tradition](이홍근·이영희 역), 왜관 : 분도출판사(원전 1985).

Berns, G.(2006), 만족[Satisfaction](권준수 역), 서울 : 북섬(원전 2005).

Blakney, R. B.(1994), 마이스터 에크하르트 1·2[Meister Eckhart](이민재 역), 서울 : 다산글방(원전 1941).

Boorstein, S.(2006), 자아초월 정신치료[Transpersonal psychotherapy](정성덕 역 외 10), 서울 : 중앙문화사(원전 1997).

Boorstein, S.(2005), 자아초월적 정신치료 사례분석집[Clinical studies in transpersonal psychotherapy](정성덕·김익창 역), 서울 : 하나의학사(원전 1997).

Borchert, B.(1999), 초월적 세계를 향한 관념의 역사[Mysticism](강주헌 역), 서울 : 예문출판사(원전 1999).

Buddhapala(2006), Buddha 수행법, 김해 : 무량수.

Catret, J.(2006), 십자가의 성 요한의 영성(서울 가르멜 여자 수도원 옮김), 서울 : 가톨릭출판(원전 1981).

Charpman, A. H.(1996), The treatment techniqes of Harry Stack Sullivan. New York : Brunner / Mazel, Publishers.

Clift, W. B.(1984), Jung의 심리학과 기독교[Jung and Christianity](이기춘 · 김성민 역), 서울 : 대한기독교출판사(원전 1982).

Corey, G.(2001), Theory and practice of counseling and psychotherapy, America : Brooks / Cole.

Corey, G.(1998), 심리상담과 치료의 이론과 실제[Theory and practice of counseling and psychology](조현춘 · 조현재 공역), 서울 : 시그마프레스(원전 1991).

Davis, M. & Wallbridge, D.(1989), 울타리와 공간[Boundary and space](이재훈 역), 서울 : 한국심리치료연구소(원전 1981).

Winner, E.(2004), 예술심리학[Invented worlds the psychology of the arts](이모영, 이재준 역), 서울 : 학지사(원전 1982).

Epstein, M.(1995), Thoughts without a thinker, New York : Basic Books.

Erikson, E.(1982), The life cycle competed, New York : W.W. Norton.

Evans, F. B.(1996), Harry Stack Sullivan, London and New York : Routledge.

Fox, M.(2006), 마이스터 엑카르트는 이렇게 말했다[Passion for creation](김순헌 역), 왜관 : 분도출판사(원전 1991).

Faricy, R. L. SJ.(2001), 떼이야르 드 샤르댕의 신학사상[Teihard de Chardin's Theology of the christian in the world](이홍근 역), 왜관 : 분도출판사(원전 1967).

Frankl, V. E.(2002), 죽음의 수용소에서[Man's search for meaning], 서울 :

참고문헌

청아출판사(원전 1978).

Gendlin, E. T.(1986), Focusing-oriented psychotherapy, New York, London : The Guilford Press.

Greenberg, J. R., & Mitchell, S. R.(1999), 정신분석학적 대상관계 이론[Object relations psychoanalytic theory](이재훈 역), 서울 : 한국심리치료연구소(원전 1983).

Groeschel, B. J.(1999), 심리학과 영성[Spiritual passages : The psychology of spiritual development](김동철 역), 서울 : 성바오로출판(원전 1983).

Hamilton, N. G.(2008), 심리치료에서 대상관계와 자아기능[The self and ego in psychotherapy](김진숙 · 김창대 · 이지연 · 윤숙경 역), 서울 : 학지사(원전 1996).

Humphreys, T.(2008), 셀프 심리학[Whose life are you living](이한기 역), 서울 : 다산초당(원전 2006).

Hutin, S.(1996), 신비의 지식, 그노시즘[Les Gnostiques](황준성 역), 서울 : 문학동네.

Irvine, W. B.(2008), 욕망의 발견[On desire](윤희기 역), 서울 : 까치글방(원전 2006).

Jaffe, L. W.(2006), 마음을 해방하기-Jung 심리학과 영성[Liberating the heart : Spirituality and Jungian psychology](심상영 역), 서울 : 한국심층심리연구소(원전 1990).

James, W.(2005), 종교체험의 여러 모습들[The varieties of religious experiences](김성민 · 정지련 역), 서울 : 대한기독교서회(원전 1902).

Jung, C. G.(2003), 인간과 무의식의 상징[Man and his symbols](이부영 외 역), 서울 : 집문당(원전 1964).

Jung, C. G.(1995), 심리학과 종교[Psychology & religion](이은봉 역), 서울 : 도서출판 창(원전 1937).

Kohut, H,(2005), 자기의 분석[The analysis of the self](이재훈 역), 서울 : 한국심리치료연구소(원전 1971).

Kornfield, J.(2006), 마음의 숲을 거닐다[A path with heart](이현철 역), 서울 : 한언(원전 1993).

Kuing, H.(2003), Freud와 신(神)의 문제[Freud and the problem of God](손진욱 역), 서울 : 하나의학사(원전 1987).

Levenson, H.(1995). Time-limited dynamic psychotherapy, New York : Basic Books.

Linn, D. & Linn, S. F., & Mathew Linn, SJ.(2003), 내 삶을 변화시키는 치유의 8단계[Healing the eight stages of life](김종오역), 서울 : 생활성서(1988).

Loste, B. M.(2000), Life stories of artist Corita Kent(1918-1986) : Her spirit, her art, the woman within. Dissertation of Doctor of Philosophy. Gonzaga University.

Mcginn, B.(2000), 서방 기독교 신비주의의 역사[The foundations of mysticism](방성규·엄성옥 역), 서울 : 은성(원전 1990).

Missildine, W. H.(1987), 몸에 밴 어린 시절[Your inner child of the past](이종범·이석규 역), 서울 : 가톨릭교리신학원.

Nakken, C.(2008), 중독의 심리학[The addictive personality](오혜경 역), 서울

참고문헌

: 웅진지식하우스(원전 1996).

Ponce, C.(2005), 카발라[Kabbalah](조하선 역), 서울 : 물병자리(원전 1978).

Richards, P. S., & Bergin, A. E.(1999), A spiritual strategy for counseling and psychology, Washington DC : American Psychological Association.

Riessman, C. K.(1993), Narrative analysis. London : SAGE publication.

Rogers, C. R.(1997), 상담과 심리치료[Counseling and psychology](김기석 역), 서울 : 중앙적성출판사(원전 1942).

Rogers, C. R.(1983), 엔카운터 그룹[Encounter groups, harper and row] (한국인성개발연구원 역), 서울 : 도서출판 한국인성 개발(원전 1970).

Rogers, N.(2007), 인간중심 표현예술치료: 창조적 연결[The creative connection ; Expressive arts as healing](이정명 · 전미향 · 전태옥 역), 서울 : 시그마프레스(원전 1993).

St. John of the Cross(1973), 영적찬가[Declaracion](박병해 역), 서울 : 도서출판 만남(1570 년경).

St. John of the Cross(1971), 가르멜의 산길[Subida del monte carmelo](최민순 역), 서울 : 성바오로출판사(원전 1570년경).

St. John of the Cross(1973), 어둔밤[The dark night of the soul](최민순 역), 서울 : 성바오로출판사(원전 1570년경).

St. Theresa of Avila(1992), 완덕의 길(최민순 역), 서울 : 바오로 딸(원전 16세기).

St. Theresa of Avila(1993), 영혼의 성(최민순 역), 사울 : 바오로 딸(원전 16세기).

Saul, L. J.(1988), 아동기 감정양식[Childhood emotional pattern](이근후 · 박영숙 · 문홍세 역), 서울 : 하나의학사.

Satchidananda, S. S.(2006), 빠딴잘리의 요가 쑤뜨라[The yoga sturas of patanjali](김순금 역), 서울 : 동문선.

Scharff, J. S., & Scharff, D. E.(2002), 대상관계 개인치료 I · II : 이론[Object relations individual therapy], 서울 : 한국심리치료연구소(원전 1988).

Siegel, H. & Allen M.(2002), 하인즈 코헛과 자기 심리학[Heinz Kohut and the psychology of the self](권명수 역), 서울 : 한국심리치료연구소(원전 1996).

Segal, H.(1999), 멜라니 클라인[Melanie Klein](이재훈 역), 서울 : 한국심리치료연구소.

Scotton, B. W., Chinen, A. B., Battista, J. R.(1996), Textbook of transpersonal psychiatry and psychology, New York : BASIC BOOK.

Swami Rama R. Ballentine, & Ajaya, S.(2004), Yoga and psychotherapy, Honesdale, Pennsylvania : USA Himalayan Institute.

Tanquerey, A.(1999), 수덕신비 신학1권, 2권.[Precis de theologie ascetique et mystique](정대식 역), 서울 : 가톨릭크리스챤출판(원전 1923, 1924).

Taylor, E.(1999), Shadow culture : Psychology and spirituality in America, Washington DC : Counterpoint.

Taylor, E.(1997), A psychology of spiritual healing. Wester Chester : Chrysalis.

Underhill, E.(1990), Mysticism, New York : IMAGE BOOK.

참고문헌

Underhill, E.(1994), 실천적 신비주의[Practical Mysticism](최대형 역), 서울 : 은성(원전 1915).

Wehr, G.(2001), 유럽의 신비주의[Europaische mystik](조원규 역), 고양 : 도서출판 (원전 1995).

Welwood, J.(1994), 동양의 명상과 서양의 심리학[The meeting of the ways](박희준 역), 서울 : 범양사출판부.

Welwood, J.(1983), 심리치료와 명상[Awakening the heart](최해림 역), 서울 : 범양사.

윌버Wilber, K.(2008), 켄 윌버Wilber의 통합 비전[The integral vision](정창영 역), 서울 : 물병자리(원전 2007).

윌버Wilber, K.(2008), 통합심리학[Integra psychology](조옥경 역), 서울 : 학지사(원전 2000).

윌버Wilber, K.(2006), 의식의 스펙트럼[The spectrum of consciousness](박정숙 역), 서울 : 범양사(1977).

윌버Wilber, K.(2005), 모든 것의 역사[A theory of everything](조효남 역), 서울 : 대원출판(원전 1996).

윌버Wilber, K.(2004), 아이 투 아이[Eye to eye](김철수 역), 서울 : 대원출판(원전 1983).

윌버Wilber, K.(2005), 무경계[No boundary](김철수 역), 서울 : 도서출판 무수(원전 1979, 2001).

윌버Wilber, K.(2006), Integral spirituality. Boston & London : Integral books.

윌버Wilber, K.(2000), Integral psychology ; Consciousness, spirit, psychology, therapy, Boston & London : Shambhala.

윌버Wilber, K.(2000), 감각과 영혼의 만남[The marriage of sense and soul](조효남 역), 서울 : 범양사출판부(원저 1998).

Winnicott, W.(1998), 그림 놀이를 통한 어린이 심리치료[Therapeutic consolation in child psychiatry](이재훈 역), 서울 : 한국심리치료연구소(원전 1971).

Wolters, C., 무지의 구름[The cloud of unknowing](성찬성 역), 서울 : 바오로 딸출판사.